한 국 에 서 의

정치
투쟁

한 국 에 서 의

정 치
투 쟁

펴낸날 2022년 9월 20일

지은이 안성용
펴낸이 주계수 | **편집책임** 이슬기 | **꾸민이** 김소은, 김태안

펴낸곳 밥북 | **출판등록** 제 2014-000085 호
주소 서울시 마포구 양화로 7길 47 상훈빌딩 2층
전화 02-6925-0370 | **팩스** 02-6925-0380
홈페이지 www.bobbook.co.kr | **이메일** bobbook@hanmail.net

© 안성용, 2022.
ISBN 979-11-5858-180-0 (03300)

1987년 ~ 2022년까지 선거를 중심으로

한 국 에 서 의

정치
투쟁

안성용

혁명의 시대에서 개혁의 시대로의 전환
개혁의 실패와 제6공화국의 본격 균열
평등·평화·생태의 시대정신

— 서문 —

1. 오늘 우리 사회는

같은 노동을 하면서도 온갖 차별을 받는 비정규직 노동자, 장시간 노동에도 불구하고 파산의 길을 갈 수밖에 없는 소상공인, 뿌리째 뽑히고 있는 농민, 사회안전망에서 벗어나 있는 빈민이 경제활동인구의 2/3를 이룬다.

대학을 가기 위해 10대는 졸린 눈을 비비며 학교로 학원으로 뺑뺑이를 돈다. 대학생들은 학비와 생활비를 위해 거친 알바 노동에 나서나 졸업생들을 기다리는 것은 비정규직과 실업뿐이다. 사회생활의 출발은 부채를 갚기 위한 저당 잡힌 노동뿐이다. 청년은 인간의 기본생활인 연애와 결혼, 출산이라는 3포를 넘어 내 집 마련, 취업, 인간관계, 희망을 포기하는 7포를 강요받고 있다. 중년은 세계 최장 시간의 노동을 하며 가정생활은 포기한 채 모든 시간을 일에 바치나, 노후대책 없이 자녀교육비와 결혼비용으로 고통을 받는다. 그리고 반수 이상의 노년은 가난과 질병, 고독 속에서 삶을 마감한다.

한국인은 세계에서 가장 적게 잠을 자면서 모든 것을 빨리빨리 해야 하는 치열한 경쟁 사회에 살고 있다. 장시간 노동, 산업재해율, 교통사고율, 경제문제로 인한 이혼율, 암 발생률, 가족해체로 인한 1인 가구 증가율, 세대에 관계없이 스스로 생을 마감하는 자살률도 세계 최고이다. 얼마나 큰 절망이 무겁게 우리 안에 존재하고 있는지 많은 통계가 말한다.

소수의 이익을 위한 각종 개발사업, 핵 및 화력발전, 골프장 건설 등으로 사람들은 토지를 강제로 빼앗기고 삶의 터전에서 쫓겨나고 있으며, 천혜의 생태계는 급격히 파괴되어 기후재난과 전염병이 삶을 위협하고 있다. 여성, 장애인, 소수자, 이주민 등에 대한 인권 개선 속도는 매우 느리다. 일상화된 종북몰이와 왜곡된 역사를 주장하는 수구 정치세력은 지금도 목소리를 높이고 있다.

소위 IMF 이후 한 세대에 걸쳐 이렇게 우리 사회는 약탈적인 자본주의 시스템의 일반화, 그로 인한 부의 양극화와 사회적 불평등의 확대, 이에 생존을 위한 삶의 형태 변화로 인한 저출산과 초고령화, 1인 가구 급증 사회가 되면서, 내일의 희망은 없어 보인다. 이대로라면 모든 세대가 연결된 경제 사회 문화적 문제들은 앞으로 더욱 심화할 것이다. 왜? 이런 문제들을 제 할 일로 인식하고 해결하기 위해 필사적으로 노력하는 정치인과 정치세력이 없기 때문이다.

오랜 세월 수많은 대중이 좌절하는 한편 분노하고 저항을 했다. 그간 각개약진에 머물렀던 사람들이 2016년 겨울 대규모로 일어섰고 그 힘으로 박근혜를 탄핵했다. 물론 탄핵은 광장의 힘을 받은 국회와 헌법재판소의 공조로 헌법 틀 내에서 이루어졌다. 혁명이 되지 못하였다. 하지만 중요한 것은 2016-2017 대규모 촛불시위가 길게는 97년 IMF 체제에 대한 거부이고, 가까이는 2008년 국제 금융위기 이후 선진 자본주의 국가들에서 공명처럼 일어난 사회모순에 저항하는 대중행동 및 정치행동과 그 궤를 같이한다는 점이다.

2. 후세에게 물려줄 세상은 지금과는 달라야 한다

일하는 사람들은 산업재해로부터 벗어나야 하며, 같은 노동을 하면 같은 임금과 대우를 받아야 하고, 도시든 농촌이든 고난도의 노동이 사회적 경제적으로 존중되어야 한다. 충분한 휴식과 휴가, 저녁이 있는 삶이 이루어져야 한다. 사회와 국가가 개인을 위해 존재하는 것이지 개인이 사회나 국가를 위해 존재하는 것이 아니다. 자본을 위한 이윤 창출 도구로서의 노동이 아닌, 인간의 자기실현을 위한 노동이 이루어지는 사회가 되어야 한다.

부모의 재산 유무와 관계없이, 본인의 처지와 능력에 따라 모든 어린이와 학생은 어린이집부터 대학원까지, 원하는 만큼 자유롭고 평등하게, 사회가 의무적으로 보육하고 교육해야 한다. 보육과 교육은 상품이 아니기 때문이다. 국가가 기본적으로 제공해야 하는 것이다.

누구라도 질병을 고치는 데 돈 문제로 고통받아서는 안 된다. 건강과 보건 그리고 의료는 인간이 공동체를 이루고 살아가는 데에 필수적인 것으로서 사회가 책임을 져야 하는 것이다. 의료 또한 상품이 아니다.

모든 사람이 세대 구성원 숫자에 관계없이 주택문제에서 자유로워야 하며, 돈 때문에, 집주인 때문에 눈치 보고 눈물짓는 일이 없어야 한다. 지금처럼 허리띠 졸라매고 돈을 악착같이 모아 전월세 오른 것을 해결하고, 대출을 끼고 집을 사는 시대는 막을 내려야 한다. 중앙과 지방 정부가 상당 부분을 책임져야 하고, 사회적 연대에 기초한 주택공급이 되어야 한다. 일본의 사례처럼 저출산 고령화로 인해 현재까지의 주택정책은 큰 재앙으로 돌아올 가능성이 매우 크기 때문이다.

젊은 세대의 임신 출산 육아 문제를 사회적으로 해결해야 한다. 모든 어린이는 모든 어른의 아이이기 때문이다. 또 노인 모두는 경제적 걱정 없이 사회적 존경 속에서 품위 있게 생활해야 한다. 모든 노인은 모든 젊은이의 어버이기 때문이다. 세대 간 연대가 살아있는 사회여야 한다. 의견이 다른 소수자, 장애 성별 지역 학력 국적에 따른 차별이 없는 사회이어야 한다.

모든 사회 구성원들에게 건강을 위한 체육활동, 즐거운 예술활동, 소양을 높이고 배움의 즐거움을 누리는 도서관, 박물관, 다양한 체험시설과 프로그램을 사회는 제공하여야 한다. 문화 또한 상품이 아니다.

모든 이가 핵무기와 핵발전소가 없고 미세먼지 및 기후위기에 잘 대응하고 있는 건강한 생태환경 속에서 살아야 한다. 자연과 인간이 하나의 생태공동체로서 모두가 정당한 생명권을 실현하는 공동체가 되어야 한다.

농업의 가치를 존중하고 식량 자주권을 확보하며, 농산어촌을 생태 및 민족문화의 토대로서 보호 육성하며, 60여 년간 왜곡되어 온 대기업, 수출, 도시 중심의 산업정책과 구조를 바꿔, 서울-지방 간 문제, 도시-농촌 간 문제를 근본적으로 전환하여야 한다.

전쟁 없이 평화롭게 통일된 나라에서 외세의 간섭 없이 호혜 선린의 외교를 하며 타국의 시민들과 연대하며 사는 세상이어야 한다.

이런 사회! 당당하고 벅찬 마음으로 '우리나라'라 부를 수 있는 사회가 되어야 한다.

이것은 꿈인가? 아니다. 시대의 요구이다. 이 요구의 해결은 먼 미래에나 가능한 일인가? 아니다. 함께 꾸는 꿈은 현실이 된다고 했다. 함께 고민하는 시대의 요구는 먼 미래가 아니라 가까운 시간에 현실로 만들 수 있다. 이미 많은 나라의 사람들이 이렇게 살고 있다.

정책적 대안은 있다

그동안 많은 사람이 정치 경제 사회 문화 모든 분야에서 많은 정책을 연구하고 준비해왔다. 보편적 복지국가, 생태사회, 평화와 통일, 평등하고 자유로운 문화, 이 4대 과제에 대해 많은 준비가 되어 있다. 대안정책이 없는 것이 아니고 대안정책을 실현할 제대로 된 정치인과 정치세력이 없었을 뿐이다.

정치적 대안은 만들면 된다

국민의 힘과 더불어민주당의 정치인들이 시대의 요구에 부응할 수 있을까? 시대를 바꿀 수 있을까? 자신을 내던지고 국민의 피눈물 나는 아우성을 치유하기 위해 자신의 과제로 삼고 나설 수 있을까? 세상을 바꾸는 데 헌신할 수 있을까?

프레임을 벗어나야 한다. 정당 지지율과 의원단 숫자가 중요하지 않다. 기존의 정치 문법을 벗어나야 한다.

시대를 바꾸자! 세상을 바꾸자! 를 중심으로 정치 공학이 아닌, 시민과 함께 세상을 바꾸는 데에 힘을 모으자고 호소해야 한다. 명백하고 절박한 현실문제에 대해 집중하여 발언하여야 한다. 대중이 공감할 수 있는, 작지만 울림 있는 정책을 가지고 행동해야 한다. 이 과정에서 인지도가 생기고, 지지자가 생긴다. 지지율이 생긴다.

지금은 기존 정치세력에서 볼 수 없었던 신진으로 등장하는 것을 핵심으로 해야 한다. 미래는 이 신진세력만이 책임질 수 있다는 여론을 형성하여야 한다. 구질서를 완전히 깨뜨리고 새로운 사회를 만들 수 있는 사람은 신진일 수밖에 없다. 역사를, 시대를, 세상을 바꾼 것은 언제나 신진세력이었다. 대다수 시민은 오래된 체제와 정치 작동방식에 대해 분노의 에너지를 차곡차곡 쌓고 있으며, 새로운 정치 질서를 꿈꾸고 있다. 새로운 정치적 대안을 지지할 준비가 되어 있다.

3. 대중의 정서와 의식

대중은 거대 양당의 정치 방식에 대해 식상한 지 오래다. 오랫동안 들어온 '00계'라는 표현과 주류 비주류, 당권파 비당권파 등의 표현들에 넌덜머리를 낸다. 정치는 매일 여야로, 계파로 나뉘어 다툰다. 그들은 실제 일을 하지 않는 것처럼 보인다. 언론에서는 이를 매일 중계 방송한다. 그래서 대중은 현실정치인들을 평소 싫어하고, 싫어하는 것처럼 보인다. 게다가 정치혐오감을 거대 정당들은 능숙하게 조성하거나 활용하기도 한다.

그러나 대중은 절대 정치 활동을 쉬지 않는다. 대중이 원하는 것은 삶의 구체적이고 실질적인 변화와 개선이기 때문이다. 드러내 놓고 크게 자신들의 의견과 행동을 집중 표출하는 것은 가끔이다. 하지만 평소 온라인을 통해 또 삼삼오오 모인 자리에서 자기의 의견을 개진하며 정당과 정치인, 정책을 지지 또는 비판한다. 기존 정치 시스템을 바꾸면 좋겠다는 의사를 적극적으로 밝히고 있다. 이는 모바일시대를 맞아서 더욱 진화하고 있다.

오늘 우리 사회의 문제들은 개선되고 있지 않다. 그러나 2016-2017년에 우리는 강력한 촛불의 경험을 하였다. 대중이 스스로 나서서 우리 사회의 문제가 무엇인지를 여러 달 동안 거리에서 외쳤고 어느 정도의 성과를 냈다. 그리고 2018년 우리 사회에는 또 하나의 중요한 사회의식이 형성되었다. '미투'와 '위드유'가 그것이다. 정치 경제적인 영역을 넘어 사회문화적 의제들에 대한 본격적인 문제 제기가 진행되고 있다. 한편 청년세대만이 아니고 중장년과 노년 세대의 의식도 변화하고 있다. '경험으로부터 형성된 사회의식'은 절대 후퇴하지 않는다. 왜냐면 대중은 '새로운 세상을 보았기' 때문이다. 새로운 세상을 본 사람들은 구질서를 넘어서고자 한다. 이는 역사가 우리에게 알려주는 사실이다.

4. 선거의 중요성

2022년 3월 9일 치러진 대선은 윤석열의 당선으로 끝났다. 그의 지지자들은 환호했고, 그의 반대자들은 깊은 충격과 상처를 받았다. 이어진 6월 1일 지방선거에서도 국민의 힘이 크게 승리했다. 왜 이런 일이 벌어졌을까? 2017년 박근혜 탄핵 이후 문재인이 집권하였고, 2018년 지방선거에서 민주당이 압승했으며, 2020년 총선을 통해 국회 의석의 2/3를 민주당이 차지했는데 말이다. 유권자들은 왜 이런 선택을 했을까? 또 우리가 사는 세계는 무엇이 어떻게 달라졌기 때문일까?

2016-2017년 이른바 '촛불혁명'은 1987년 이후 30년 만의 일이었다. 자각한 대중의 투쟁이, 거리에서, 새로운 미래를 직접 크게 여는 일은 자주 일어나지 않는다. 그래서 선거가 중요하다. 선거는 우리가 획득한 매우 중요한 역사적인 권리이다. 현재의 질서가 계속 온존되기를 희망하는 세력과 부분적인 변화를 요구하는 세력과 새로운 세계를 원하는 세력들 간에 온 힘을 다해 투쟁하는 것이 선거이다.

특히 현대 한국 사회에서 선거는 각 정당 및 정파 간에 사활을 건 정치 투쟁의 장으로서 기능하고 있다. 주기적으로 대규모로 치러진다는 점에서 평소 일반적인 거리에서의 소규모 투쟁보다 훨씬 격렬하며 그 내용 또한 포함하여 치러진다. 그리고 선거는 우리에게 상상 속의 대중 대신 현실의 대중을 이해하게 한다. 또한 서로 다른 계급 계층의 대표자들을 부상시키거나 몰락시키며, 각 계급 계층의 생활, 의식, 의지, 행동 전반의 1년을 1주일로 집약하여 표출시켜 드러낸다. 따라서 많은 점에서 선거는 매우 중요하다.

그런데 우리 사회에서 특히 진보적인 활동을 오래 해 온 사람들일수록 의외로 선거에 대한 이해가 깊지 않다. 단지 언론에 보도되는 수준 정도로 인식하는 경우를 많이 보게 된다. 이는 진보적인 정당이나 정파일수록 선거에 대한 평상시 연구가 많이 부족하고 또 그 결과도 깊이 있게 공유하고 그에 따른 개선의 방향으로 실천하지 않기 때문이라고 생각한다. 또 평소 정치에 관심이 많은 사람도 일상 시기와 선거 시기에 나타나는 정치 투쟁의 격렬함에 대한 차이에 대한 이해가 낮은 경우도 많이 보게 된다. 또 오랫동안 새로운 사실에 관심을 쏟지 않으면서 많은 추정을 당연한 것으로 받아들여, 일종의 확증편향을 가지고 진영 논리를 수용하고 재생산하는 태도를 취하고 있음도 많이 보게 된다.

그러나 선거는 학습과 연구가 필요하다. 선거마다 그러하고 또 선거와 선거 사이에 있는 사회 변화, 대중의 삶과 의식의 변화를 꾸준히 이해하는 노력이 필요하다. '대략 그러할 것'이라는 태도로는 안 된다. 한 장의 성명서를 내거나, 서명을 받거나, 피케팅을 하거나, 농성을 하거나, 파업을 하거나, 집회 및 시위를 할 때 이상으로 준비해야 하는 것이 선거이다. 그래야 한 선거가 끝나고 그다음 선거까지의 실천 활동을 또 준비할 수 있다.

5. 당대사 서술의 어려움

우리는 역사의 한복판에 있으면서도 역사가 어떻게 진행되고 있는지를 파악하는 데 매우 큰 어려움을 겪는다. 따라서 가까운 미래에 어떤 일이 벌어질지를 예측하는 일은 더욱 힘들다고 생각한다. 그래서 특정 신념을 가지고 사건들을 바라보고 해석하거나, 아니면 많은 경우 소위 전문가들에게 의존하거나, 예측하는 것을 포기하기도 한다.

"특정 시기의 경제사에 대한 명확한 개관은 결코 동시대에 이루어지지 않는다. 그러한 개관은 오직 자료의 수집과 정리가 이루어진 후에야 결과적으로 얻을 수 있다. 여기서 통계는 필수적인 보조 수단인데, 그것은 항상 사건 발생 이후에야 나온다. 그렇기 때문에 진행되고 있는 동시대사를 고찰하기 위해서는 가장 결정적인 요소를 불변의 것으로 취급하고 관련된 시기의 초기에 발견되는 경제적 상태를 그 시기 전체에 해당되는 변경 불가능한 것으로 취급하거나, 그렇지 않으면 그 상태에서 우리의 눈앞에 확실히 존재하는 사건 자체로부터 발생하는, 따라서 마찬가지로 뚜렷이 목격될 수 있는 변화만을 주목하는 것이 종종 필요하다. 그러므로 이 경우 유물론적 방법은 정치적 갈등을 경제적 발전의 결과로 생겨난 사회계급과 각 계급에 속하는 분파들의 이해관계 사이의 정치적 투쟁에까지 소급 추적하고 개별 정당들을 이 같은 계급들과 각 계급에 속하는 분파들의 다소 적절한 정치적 표현으로서 제시하는 데 그쳐야 할 것이다.

　연구 대상이 되는 모든 경과의 진정한 토대인 경제적 상태 가운데서 당시에 일어나는 변화를 이렇게 불가피하게 무시하는 것이 틀림없이 오류의 근원이 된다는 것은 자명한 사실이다. 그러나 당대의 역사를 포괄적으로 기술하기 위한 모든 조건 속에는 불가피하게 오류의 근원이 내포되어 있다. 그렇다고 해서 아무도 당대사를 기술해서는 안 된다는 것은 아니다." 프랑스 혁명사 3부작. 카를 마르크스 지음. 임지현 이종훈 옮김. 소나무. 2017. p18-19 엥겔스 서문에서 인용

　인용문처럼 당대사에 대한 정확한 이해, 분석, 서술, 예측은 매우 어렵다. 당대사 분석을 업으로 하는 학자들이나 분석가들도 객관성, 과학성, 총체성을 뒷받침하는 자료들을 사건 발생 후 어느 정도 지난 시점에서야 일정 정도 확보할 수 있기 때문이다. 이 또한 그 노력을 장기간 해야만 가능하다. 하지만 '역사학에서 증거의 부재가 부재의 증거는 아니다'는 말은 자료 확보 이전 추론의 중요성을 강조한다.

　그럼에도 당대의 정치 특히 진행되고 있는 현실정치를 다루는 일은 더욱 어렵다. "정치는 생물"이라는 말에 걸맞게 서술하려면, 단지 정당들 사이의 대립과 투쟁만 관찰하는 것만으로는 턱없이 부족하다. 정치의 '변화무쌍함'은 사회의 근본 토대인 경제구조의 성격 변화 및 사회를 구성하고 있는 서로 다른 계급, 계층의 부의 형태와 사회적 존재 조건의 변화에 따라 기본적으로 규정되기 때문이다. 또 사회 및 문화의 여러 가지 중요한 요인들의 변화와 그로부터 상호작용하여 형성되고 발현되는 인간의 본능,

감정, 환상, 사고방식 등도 포함된, 정치 분파들 사이의 대립과 변화도 함께 고려해야 하기 때문이다. 또 분석에는 특정 계급이 자신들의 계급적 이익, 사회적 이익, 정치적 권력을 유지 또는 획득하기 위한 투쟁을, 어떤 이유로 어떻게 진행하는지도 포함해야 하기 때문이다. 또 그것을 모든 당대 사람들이 이해할 수 있도록 그들의 언어, 표현, 문화적 행태 등을 통해 서술해야 하기 때문이다.

하물며 이런 일을 밥벌이나 유명세를 위해 미디어에 나와 매일 떠드는 평론가도 아니고, 고수인 척 직함 뒤에 숨어서 그럴듯한 훈수를 두는 교수의 입장도 아닌, 당장 눈앞의 사건들에 대해 즉각적인 대응과 향후 예측과 실천을 해야 하는 운동가에게는 더욱 어려운 과제이다. 그러나 운동가는 사건들이 구체적인 결과들로 완결될 때까지 기다릴 수는 없다. 고통받는 대중이 너무나 많고, 해야 할 일도 많기 때문이다. 그러면서 결과를 뒤따라가는 추수주의의 오류나 정세와 무관하게 앞서가는 주관주의의 오류에도 빠지지 않아야 한다. 이를 위해 '주관성'과 '객관성'을 어떻게 변증법적으로 통일시켜 분석할 것인가도 중요한 과제이다. 그것은 결국 당대 정치 운동의 진로에 대해 예측하고 준비하는 것이기 때문이다.

6. 집필의 취지와 책의 구성

인간은 스스로 선택한 환경이 아니라 주어진 환경 속에서 역사를 만들어 가는 것이다. 따라서 운동가에게 요구되는 것은 이미 '결론 내려진 이상理想'에 대한 반복적인 재확인이나 신념을 되뇌는 것이 아니다. 상황을 타개해 나갈 정확한 정세분석이 중요하고, 이를 발전시켜 당대사를 서술하는 능력과 우리 사회의 미래를 예측하고 그에 맞는 정치 운동을 계획하고 실천하는 능력이 중요하다. 필자의 모자람과는 별도로 필자는 이 능력을 기르는 것의 중요성을 알리고, 현실 운동가들 그리고 다음 세대 운동가들에게 역사의 디딤돌을 놓는 심정으로 이 책을 쓴다. 그리고 민주당과 진보정당의 적극적인 지지자들이면서 진영 논리에 빠져 괴로운 정서 상태에서 고민을 하고 있는 분들에게 도움이 되고자 쓴다. 또 각 개인과 소그룹들 간에 점점이 흩어져 있는 지식과 경험들을 연결하기 위함이다.

이 책은 그동안 필자가 쓴 정세분석 글들을 기초로 한 것이다. 글을 쓸 때마다 많은 예측을 했는데, 시간이 지난 후에 그 예측들이 대부분 맞았다. 외람되지만 분석 방법이 적절했고 이를 후학들에게 알릴 필요가 있다는 주위 분들의 격려에 힘입어 집필할 용기를 내었다. 필자의 분석 방법은 주로 우리 사회 각 계급 계층의 처지와 그들의 사회의식의 변화, 또 그들의 정치적 대표자들 사이의 투쟁의 경과를 지속적으로 관찰하고 변화의 이유를 추적한 것이다. 이 과정은 많은 시간이 걸리고 또 혼자서는 하기 어려운 부분들도 있었다. 그렇지만 이 작업을 계속한 것은 우리 사회의 고통받는 수많은 이들에 대한 애정과 우리 사회의 근본적인 변혁에 대한 갈망, 그리고 어려운 조건에서 일하고 있는 운동가들에게 조금이나마 도움이 되고자 했기 때문이다.

1부에서는 1987년에서 2008년까지, 2부에서는 2008년에서 2022년까지 '한국에서의 정치 투쟁'의 큰 흐름에 대한 독자의 이해를 돕는 데 중심을 두었다. 결론에서는 우리 사회가 나아가야 할 방향과 그에 따른 몇 가지 과제들을 다루었다. 한편 이 책은 정치 투쟁의 모든 면을 담고 있지는 않다. 한국 정치에 큰 영향을 미치는 미국을 포함한 국제관계, 정당과 정파 내부의 역사와 현황, 지배세력과 반대세력 내부의 역학 관계의 변화 등을 구체적으로 다루지 않았고, 또 계급 계층의 처지와 의식에 대한 시기별 관련 통계를 충분히 다루지 않았다. 이유는 지면 관계로 담기에는 내용이 방대한 것도 이유이고, 또 앞으로 이 주제들을 다룰 연구자들이 나타날 것으로 믿기 때문이다.

이 책은 주로 '선거'를 중심으로 썼지만 필요할 때마다 정세에 대한 이해를 돕기 위해 직접적인 대중 투쟁에 대해서도 다루었다. 알다시피 정치 투쟁의 근간은 대중행동이지만, 대의민주주의가 어느 정도 작동하는 사회에서, 거리에서 펼쳐지는 대중행동의 영향력은 상당 부분 제한적이고, 대체로 이어지는 선거를 통해 제도 변화 등 많은 결과를 낳기 때문이다.

오랫동안 함께 활동한 분들, 지금도 현장에서 눈물과 분노를 삼키며 활동하고 있는 분들, 과거와 현재를 제대로 이해하고자 하며 미래를 열고자 하는 분들에게 이 책을 바친다.

2022년 뜨거운 여름에
뜨거운 마음으로 저자

목차

2부

한국에서의 정치 투쟁: 2008년에서 2022년까지

- 개혁의 실패와 제6공화국의 본격 균열

1부

한국에서의 정치 투쟁: 1987년에서 2008년까지

- 혁명의 시대에서 개혁의 시대로의 전환

몇 가지 문제 :
우리 사회를 지배해온 이데올로기들

경제발전론 또는 경제성장론

경제는 항상 발전해야 하는가? 또는 성장해야 하는 것인가? 이는 학문적 결과물도 아니고 단지 정치적 목적으로 만들어진 이데올로기에 불과하다고 한국 사회에 알려준 사람이 있다. 미국인으로서 일본에서 오랫동안 특히 오키나와에 거주하며 평화운동을 한 C. 더글러스 러미스 박사이다. 그의 책 〈경제성장이 안 되면 우리는 풍요롭지 못할 것인가〉는 2002년 녹색평론사에서 번역 출간되어 한국에서도 많이 읽혔다. 그의 책 중 2011년 개정판 일부를 소개한다.

"경제는 발전하지 않으면 안 된다는 사고방식은 경제학의 객관적인 결론이 아니라 이데올로기에 불과하다P4.

경제발전 이데올로기는 1949년 1월 20일 트루먼의 취임연설에서 '미국에는 새로운 정책이 있다'고 발표하며 시작되었다. '미개발국가들'에 대해 기술적 경제적 원조를 하고, 투자하여 발전시킨다는 정책이었다. 미개발국가under development country라는 용어는 이전에는 쓰이지 않았다. '근대화'라는 용어 또한 마찬가지이다. 이후 이 두 용어는 학문 용어로 일상용어로 사용되었다 p61.

'발전development'이라는 용어 자체가 트루먼의 연설에 의해 바뀌고, 다시 만들어진 말이다. '발전'이 처음으로 국가 정책이 되었다. 그 이전의 국가 정책에는 '발전'이라는 말이 사용된 적이 없었다. 미국 정부의 표현 중 미국 국내의 상업을 진작시킨다는 표현은 있었지만, 국가 전체를 '발전시킨다'는 표현은 없었다. 이때 처음으로 미국의 정책이 되었고, 얼마 뒤 유엔의 정책이 되었다. 더 중요한 것은 발전을 당하는 나라가 미국이 아니라 다른 나라라는 점이다. 즉 세계의 상대적으로 가난한 나라들, 식민지에서 갓 해방된 나라이거나 아직 식민지 상태에 놓인 나라들이다. '나라 A가 나라 B를 발전시킨다', 'development'라는 자동사가 타동사가 된 것이다 p61.

미국과 서양의 제도에 들어 있지 않은 모든 나라를 '미개발국가'라 부른다. 이는 곧 문명국과 야만이라는 구분법과 같다. 2차대전 직후 식민지를 가져서는 안 된다는 내용이 유엔 헌장에 쓰이고, 그것이 상식이 됐던 때였다. 야만이란 용어도 쓸 수 없었다. 전쟁이 끝난 후 미국은 새로운 투자처를 찾고 있었다 P65.

1933년 미국에서 출판된 〈사회과학 백과사전〉에서, 근본적으로 그 사회를 바꾸지 않으면 착취 불가능한 나라를 유럽인들은 '뒤떨어진 나라'라고 불렀다. 뒤떨어진 나라backward country. 이때 미개발, 근대화라는 용어는 사전에 나오지 않는다. 1968년 사전에는 뒤떨어진 나라 항목은 사라지고, 미개발, 근대화가 이 자리를 차지한다 P70-71.

트루먼 연설 이후 많은 이들이 '발전경제학자'가 되었다. 이 새로운 학문 분야는 미국 정부에 의해 만들어졌다. 경제발전 이데올로기에 대해 미국의 대학생만이 아니라, 제3세계 학생들을 미국에 불러 박사가 될 때까지 길러, 그의 나라로 돌려보내 '경제발전 엘리트'를 길렀다p76.

미개발국가의 목적은 미국을 위해 이익을 올리는 것이다. 발전도상국, 미개발국가는 목적이 주어져 있는 것이다. 자본주의 세계경제시스템은 그 영향을 받지 않는 인간이 지구상에 없을 정도가 되었다. 이것이 경제발전의 본질이다. 경제발전이란 지구상의 모든 인간과 자연을 자본주의 산업경제시스템에 집어넣는 것을 말한다p79."

경제발전, 미개발국가, 근대화 등의 용어가 2차대전 후 미국 정부에 의해 만들어지고 확산된 용어들임을 알 수 있다. 미개발국가는 나중에 저개발국, 개발도상국 등으로 용어가 변화하였다.

근대화이론(近代化理論, Modernization theory)

전통사회와 자본주의 사회를 구분하고, 전통사회에서 자본주의 사회로의 이행 과정을 주로 다루는 이론이다. 또 근대화이론은 전통사회를 전근대사회로 규정하며, 전통사회에서 자본주의적 산업화를 통하여 얼마만큼 벗어났는가를 측정하는 도구 개념으로도 사용된다. 그리고 근대화이론은 공업화, 문화적 변동, 도시화, 서구식 교육, 사회적 분화 등을 근대사회의 지표들로 삼고 다룬다. 이중 대표적인 것이 로스토우 월트 휘트먼 로스토우. Walt Whitman Rostow, 1916년 10월 7일-2003년 2월 13일의 경제발전 5단계론이다. 그는 전통사회가 대중 소비사회로 변화하는 일련의 과정에 있으며, 모든 국가가 보편적으로 이러한 발전과정에 따라 성장할 수 있다고 주장한다. 그는 미국의 경제학자이자 저명한 반공 사상가이다. 미국에서 대소 對蘇 전략과 관련하여 미국식 민주주의를 지상至上으로 제시한, 1958년에 출간

한 〈경제성장의 제 단계: 반공산당 선언〉에서 '로스토우식 경제 도약 모델'을 주장했다. 이 모델은 5개의 단계로 되어있다. 그는 모든 사회를 전통적 사회, 과도적 사회, 도약의 과정에 있는 사회, 공업화 과정을 통한 성숙사회, 고도의 대량소비 단계에 달한 사회 등으로 구분하고, 과도적 사회와 도약단계의 사회에서 근대화를 위한 정치적 지도력의 원천으로 군부를 지목했다. 이러한 로스토우식 경제 도약 모델은 제3세계 지도자들에게 매력으로 다가갔다. 저개발 국가도 선진국처럼 발전할 수 있으며, 그것도 서구 선진국들이 오랜 세월 달성한 경제적인 번영을 저개발 국가들도 단기간에 달성할 수 있다는 일종의 '도약이론'이었다.

이러한 근대화론이 동아시아지역에 처음 등장한 것은 1960년 8월에 개최된 미·일 하코네회의美日箱根會議에서였다. 이 회의에서 미국 측을 대표한 홀 Hall J.W.은 '근대화 개념을 통해서 본 일본'이라는 주제발표에서 근대화의 개념을 사회발전의 양적量的 측면에서 파악하려 하였다. 이에 반해 일본의 마루야마丸山眞男는 '근대화는 곧 자기 의식화'라 했으며, 도야마遠山茂樹는 '근대화는 곧 민주화'라 하여 반론을 제기하기도 하였다. 이때 미국 측 학자들은 일본을 구미가 아닌 지역에서 근대화에 성공한 유일한 나라라고 찬양하였다. 우리나라에서 근대화론이 처음 나타난 것은 1961년 5·16 군사정변에 의한 군사정권이 등장하여 '조국근대화'를 표방하면서부터였다. 출처. 한국민족문화대백과사전

근대화이론은 사회 진보로서 개발의 개념을 제시하며 1950년대부터 사회과학의 지배적인 주류를 이루었다. 그러나 근대화이론은 서구의 역

사적 경험을 근대화라는 보편적 발전 모델로 일반화하여, 모든 국가가 이러한 단선적인 발전과정을 따를 것이라 전제한다는 점에서 서구 중심적이고, 사회진화론에 입각해 있다는 점과 전통사회와 근대사회의 이분법으로 사회를 지나치게 단순화한다는 점에서 비판받았다.

'근대화', '근대화이론'은 한국에서 문학, 경제학, 역사학, 정치학, 사회학 등 많은 분야에서 다양하게 사용되었다. 또 많은 경우에 '前근대'라는 용어와 대비시켜 마치 악과 선의 대결인 것처럼 구도를 잡아온 것도 사실이다. 한편 대중에게 친숙해진 것은 박정희 정권의 '조국근대화'가 결정적이었다. 박정권의 '조국근대화론'은 위에 나오는 로스토우의 이론을 채택한 것이다.

조국근대화(祖國近代化)

한일협정의 체결과 베트남 전투병력 파병 등에 따른 고비를 넘기면서 경제개발의 추진과 이에 대한 전 사회적 동참을 이끌어내기 위하여 1966년 1월 박정희 대통령이 연두교서에서 제시한 정치이론.

"1966년 1월 8일 박정희 대통령은 전 국민에게 조국근대화에 총력을 기울여줄 것을 당부하는 연두교서를 발표했다. 연두교서에서 한일협정 체결의 의의를 경제적 측면에서는 국제적 경쟁에서 뛰어들어 승리할 수 있는 발판을 마련한 것이며, 국제 정치적으로는 자유세계 전체의 결속과 안전에 기여하는 계기가 되었다고 평가했다. 한편 베트남전 전투부대 증파에 대해서는 베트남의 문제가 전체 자유 아시아의 안전뿐만 아니라 대한

민국의 안전과도 직결되어 있기 때문에 과거 우방의 도움을 받은 한국이 병력을 증파하지 않을 수 없다는 논리를 제시했다. 또한 번영을 추구하는 경제적 실리외교와 안전보장을 추구하는 동맹외교를 통해 국제조류의 격랑 속에서 조국근대화 달성을 위한 대외적 기반을 마련했다고 보았다.

조국근대화 추진계획은 크게 3단계로 제시되었다. 제1차 경제개발 5개년 계획이 끝나는 1966년까지가 제1단계이다. 이 단계는 공업 국가의 기초가 마련되는 시기로 규정되었다. 2단계는 제2차 경제개발 계획이 종료되는 1971년까지로 공업화가 이루어지는 시기이며, 마지막으로 3단계는 제3차 경제개발 5개년 계획이 종료되는 1970년대 후반기로 조국근대화가 완료되어 대량소비가 가능해지는 시대가 열린다는 것이다. 박정희 정부에서 조국근대화의 구호를 내걸고 추진한 경제개발은 외국 자본과 기술을 도입하여 공업발전을 꾀하고 국내의 값싼 노동력으로 생산된 제품을 수출하여 자본을 축적한다는 조립가공형 경공업 중심의 수출주도형 개발전략이었다.

한편 1966년 연두교서에서는 조국근대화를 달성하기 위한 두 가지 선결 요건을 제시하고 있는데, 이는 첫째, 민족주체의식과 밝고 명랑한 사회 분위기를 확립할 필요가 있다는 것이다. 그리고 민족주체의식과 밝고 명랑한 사회 분위기는 역사와 문화가 동원되어야 한다고 역설했다. 또한 문화인들이 이를 위해 앞장서 줄 것을 요청했다. 둘째, 인간개발을 위한 교육의 쇄신이다. 즉, 교육은 적어도 생산에 기여하고 생산에 직결되어야 한다는 것인데 근대화에 생산적으로 기여하는 새로운 인간형의 개발을 교육계가 맡아야 함을 강조한 것이다. 이와 함께 그는 교직자와 학생이 국가발전을 저해할 경우 엄단할 것임을 강조했다.

이와 같이 조국근대화론은 경제개발을 추진하기 위한 전 사회의 단결을 도모하기 위한 것이며 여기에 지식인들이 정부의 정책에 순응하여 국가발전에 기여하도록 적극적인 동참을 요청하고 있는 것이다." 출처, 한국민족문화대백과사전

60여 년간 지배해온 이데올로기

모든 계급 계층을 막론하고, 지금은 '국뽕'이라는 용어가 쓰일 만큼 '국가'는 '일종의 영원성'을 갖는 그 자체로 강력한 이데올로기가 되었다. 이런 '국가'에 발전, 성장, 진보라는 용어가 결합하면 그 힘은 더욱 크게 사람들을 지배한다. 한국에서 경제발전론, 경제성장론은 '조국근대화론'으로부터 본격 시작되어 이후 60여 년간 한국인의 사고를 지배하는 가장 큰 '프레임'이 되었다. 이는 2022년 현재도 지배적인 영향력을 가지고 있다.

한국에서 '근대화론'의 복잡성

사회사상에서 가장 앞서 있던 분야인 한국 문학에서는 일제강점기부터 1960년대까지 '근대'라는 말을 쓰지 않고 신소설, 신체시, 신문학 등의 용어를 썼다. 1970년대에 문학계를 필두로 학계와 언론에서 '한국에서의 근대'가 본격 탐구되기 시작했기 때문이다 당시에는 당대를 '현대'라고 규정했다.

한편 한국에서는 이 '근대화론'이 복잡한 '중층 구조'를 가지고 있다. 먼저 식민사관植民史觀이다. 식민사관은 일제강점기에 일제의 한국 식민지배를 정당화하고 한국인에 대한 통치를 쉽게 하려고 일제에 의해 조직적으로 조작된 역사관을 말한다. 대체로 한민족을 역사적으로 다른 나라에 지

배되었고, 자립 능력이 없는 정체된 민족으로 평가 절하하여 일본의 한국 병합을 정당화하였다.

문제가 복잡해진 것은 식민지근대화론植民地近代化論 때문이다. 일제의 한국 식민지배가 한국의 산업화와 근대화에 기여했다는 주장이다. 이 주장은 일제강점기에 일본 학자들에 의해 다양하게 주장되었지만 한국에서는 1950-1960년대에 일소되었다. 일본에서는 우익 정치인들과 학자들이 간헐적으로 주장하고 있었는데 1980년대에 ─이후 '뉴라이트'가 된─ 안병직, 이영훈 등에 의해 부활되었다. 오랫동안 우리 학계와 반정부 운동가들은 박정희 정권에 대항하는 담론으로 경제학적으로는 일종의 '건강한 자본주의'를 주장할 수밖에 없었다. 이는 민족경제론, 후진국 경제론 등으로 나타났고, 제국일본에서 미국으로 바뀐 것까지 포함해서에서 벗어나려는 '자립화'에 대한 갈망을 표현하였다. 이 과정에서 한국 사회가 '자체적인 자본주의의 동력'을 가지고 있었다는 '내재적 발전론'이 형성되고 받아들여졌다. 이에 맞선 것이 '식민지근대화론'이었다.

문제가 더 복잡해진 것은 '자본주의'를 넘어서는, 즉 '새로운 체제'에 대한 전망이었고 이는 80년대 중후반 젊은 세대에 의해 본격 제기되었다. 젊은 세대는 당연히 '식민지근대화론'에 대해서는 적대적이었다. 하지만 대부분이 '자본주의화'를 곧 '근대'로 파악했다. 이로 인해 서구사회가 역사에서 겪은 '서구적 근대'가 식민지 한국이나 해방된 한국에서 '어떤 수준이었는지'를 학습 연구하고, 연구자들끼리 서로 다투는 상황에 내몰리게 되었다.

동지였던 학자와 반정부 운동가들은 한국 자본주의 및 한국 사회의 성격에 대해 이에 따라 미래에 대한 경로와 예상이 달라지기 때문이다 이견을 보이며 여러 갈래로 흩어지게 된 반면에, '친일친미수구반공세력'의 하나의 이데올로기로써 '식민지근대화론'은 힘을 얻게 되었다. 이는 '어쨌든 일본에 의해서 근대화가 된 것이 아니냐'는 단순한 주장이 '박정희에 의해 된 것 아니냐'와 결합하게 됨으로써 이루어진다. 정작 박정희는 이와는 다른 '조국근대화론'을 주장하고 집행했는데 말이다.

일제강점기에 친일파냐 독립운동가냐의 구도가, 해방 후 정국에서 반탁 찬탁 논쟁을 거치며 독립운동가들의 몰락과 친일파의 회생으로 구도가 변했고, 한국전쟁을 거치며 미국은 공산당으로부터 우리를 구해준 고마운 나라로 격상되고 친일파는 친미파가 되어 신분세탁을 했다. 숭미사상은 80년대까지 압도적인 사회 이데올로기로 지속되었다. 이런 역사와 이데올로기에 대한 문제 제기는 반정부세력 특히 학생운동에 의해 이루어졌다. 민중, 민주, 민족을 일컬어 세 가지 민, 삼민三民이라 부른다. 이는 60년대부터 80년대까지 반정부세력이 공유한 용어이자 일종의 이념이다. 특권층에 맞서 민중, 독재에 맞서 민주, 분단과 미·일 외세에 맞서 민족 개념을 사용한 것이다. 이 용어들 또한 시기별로 그것이 함의하는 바가 약간씩 달라져 왔다. 하지만 87년 6월 항쟁 당시에도 주요한 용어들이었고, 이후 90년대 초까지는 널리 사용되었다. 후에 민중은 점차 시민으로 바뀌고, 민족은 통일과 연결되어 사용된다.

한국사회의 지배세력인 친일파 및 그 후손들은 '일제시대에 친일을 하지 않은 사람이 어디 있느냐?'라고 주장하며 때마다 물타기를 해왔고, 이승만조차 인정한 1919년 임시정부의 대한민국 건국을 부정하고, 1948년 8.15를 건국절로 삼고자 한다. 이들은 90년대부터 본격적으로 새로운 담론을 형성하는데, 박정희 시대의 경제성장을 '산업화', '근대화'로 규정하며, 반정부 운동세력을 '민주화세력'이라고 하며, 산업화세력과 민주화세력의 쌍두마차론을 말하며 '새로운 한국사회 발전론'을 주장했다. 이 과정에서 이들은 역사 속에서 저지른 온갖 악행을 숨기고자 하는 의도가 있었다. 그런데 이른바 민주화운동 세력이 이 담론을 넘어서지 못하고 '새로운 한국사회 발전론' 프레임에 포섭되어, 수구정치세력을 산업화세력으로, 민주당 세력을 민주화세력으로 통칭하는 결과를 낳게 된다. 이는 이명박 정부, 박근혜 정부에서 가장 공공연하게 주장되었다.[01]

이에 대해 '친일파' 문제를 악착같이 제기하고, 친일인명사전을 발간하고, '건국'은 1948년이 아닌 1919년이었고, 또 '누구를 위한 산업화인가? 경제발전인가?'를 강력히 비판하며 제대로 된 주장을 해 온 것은 역사학계 특히 '민족문제연구소'의 연구원들이었다. 현재까지 민족문제연구소의 공헌은 지대하다.

한편 1989-1991년 소련 및 동구권의 붕괴 이후, 한국의 강단 사회주의자들은 '탈근대'를 주장하기 시작했다. 소위 '포스트 모더니즘'이 그것이다. 이즈음 근대주의모더니즘라는 용어가 계몽주의, 개인주의, 국가주의를 핵심 구성 요소로 하는 일종의 이념으로 지칭된다. 이후 근대와 탈근대, 모더니즘과 포스트 모더니즘이 화두가 되면서, 많은 분야에 영향을 미치게 된다. 당시 강단 학자들은 본인의 이론 체계 구성을 위하여 과도한 일반화를 했다. 예나 지금이나 복잡하거나 애매한 것은 '진실' 또는 '사실'과 거리가 멀거나, 때론 의도적인 속임수도 있다.

　　한국 학계에서는 문학을 중심으로 10여 년 전부터 한국에서의 근대의 기원을 계보학적으로 탐색하는 작업이 이루어지고 있다앞에서도 언급했지만 한국 문학에서 '근대성'에 대한 인식이 형성되고 연구되어 발표된 것은 1970년대이다. 오랫동안 문학이 문화/지성을 대표하였다는 사실을 기억해야 한다. 철학, 정치학, 경제학, 사회학 등에서는 진행되는 것이 없거나 미약한 것으로 알고 있다. 상당히 많은 이들이 '불멸의 가치'로 여기고 있는 '근대성'은 과연 무엇이고, 그것이 인간과 사회, 자연에 도움이 되는 것인지에 대해 근본적인 성찰과 연구가 필요한 시점이라고 생각한다.

2 세계 경제와 정치

2008년까지

2007-2008년 터진 일련의 국제 금융 사건은, 크게 보면 미국과 세계가 맺고 있는 과거의 '세계 경제 시스템'이 실제로 무너졌음을 보여준다. 2차대전 후 미국은 소비하고 유럽, 일본은 하청국들을 두어 생산해서 미국에 수출하고, 각국은 벌어들인 달러로 다시 미국의 채권을 구입하는 방식으로 세계 경제가 굴러왔다. 1980년대 이후는 이 시스템에 한국 등 4마리용이 가담하였고, 소련 및 동유럽이 자본주의 체제로 편입된 90년대 이후는 중국이 가담했으며, 브라질, 러시아, 인도, 남아공 등이 조금 다른 방식으로 가담했다. 크게 보면 세계는 미국민을 위해 생산을 하고, 미국민은 카드와 대출을 안고 소비를 하여 세계에 지불하고, 세계는 벌어들인 달러 일부로 자국 내에서 분배하여 소비하고, 나머지는 미국채권을 구입하는 경제시스템이 그것이다.

경제 규모가 커진 레이거노믹스 이후 미국 경제는 구조적인 쌍둥이 적자가 고착되었고, 이로 인한 주기적인 경기침체는 항상 문제였다. 클린턴 정부 때 '신경제'라는 이름으로 IT를 앞세워 경기 부양을 몇 년간 성공적으로 진행했지만, 그 이면에는 IT의 발전으로 인해 가장 득을 보는 산업, 즉 금융자본의 시대가 다우지수의 폭등이라는 얼굴을 가지고 본격적으로 열리게 된 계기가 되었다. 1997-98년의 남미, 아시아에서의 외환위기를 시발점으로 IT를 도구로 한 금융자본의 국제화 금융공학이라는 미명으로는 미국의 정치 경제 지도자들에게 자신들이 가지고 있는 구조적인 쌍둥이 적자를 해결하고, 세계를 군사력만이 아닌 경제력으로 지속적으로 지배할 수 있는 '팍스아메리카나'가 가능하다는 생각을 가지게 하였고, 이것을 '글로벌 스탠다드'라는 이름으로 밀어붙여 소위 세계화를 완성하였지만, 이것은 국제적인 비극을 이미 잉태하고 있었다. 1989-91년 현실 공산주의 진영의 몰락으로 냉전은 종식되었지만, 경제적인 활동만 가지고는 미국의 금융자본, 산업자본의 이해를 계속 관철하는 것은 불가능했다. 미국은 산업자본 중 특히 군수산업의 이해에 따라 세계 곳곳에서 국지전을 치를 수밖에 없었고, 이는 금융자본의 이해와도 매우 밀접한 관계를 맺고 있었다. 전시 특수는 항상 추락하는 다우지수를 방어해주었고, 20여 선진국에는 항상 호재로 작용해 왔다.

그러나 EU의 통합으로 인한 유로화 및 엔화 등 국제 결제통화의 대체가 시작되고, 브릭스 등의 급성장과 이로 인한 국제자원을 둘러싼 국가 간의 경쟁이 치열해지고, OECD 국가들의 성장률이 급격히 감소하며, 또 경제 정치의 블록화가 진행되면서, 미국 금융자본 중심의 경제활동 및 지배체제는 위기를 맞게 되었다. 즉 앞에서 언급한 세계 경제 체제가 종언을 고할 수밖에 없는 상황이 된 것이다. 이런 일련의 흐름은 정치 군사적인 면에서도 미국의 압도적인 우위를 급격히 약화시켰다. 대표적인 사례로 그루지야 사태와 이라크, 아프간 전쟁, 아프리카 및 중동 나라들의 민주화 등을 들 수가 있다.

EU는 경제, 정치, 군사적으로 독자성을 갖기 시작했고, 사회민주당이 다시 영향력을 발휘하고 있다. 보건, 의료, 교육, 주거, 실업 대책, 에너지 대책, 기후위기 대책 등에서 EU는 대중의 경험과 인식이 역사와 전통을 가지고 있으므로, 금융위기 한복판에서도 사회민주주의를 강화할 수밖에 없다. 유럽에서의 사회민주주의 강화는 우리에게도 시사하는 바가 많다. 아래에서 보겠지만 한국은 미국, 일본, 중국과는 다른 국가 비전을 가져야 하기 때문이다.

일본은 산업이 국제화되어 있고, 금융자본 역시 막강한 힘을 가지고 있지만, 중국을 압도할 수 있는 정치적인 파워는 가지고 있지 못하다. 일본은 미국과의 동맹을 기초로 호주, 뉴질랜드 등을 포함하는 환태평양 전략을 기본으로 가지고 있고, 한국 및 동남아시아에 경제적인 영향력을 크게 갖고는 있지만, 아시아의 리더가 되기는 역부족이다. 이른바 '전후체제의 극복'이 일본 정치, 경제 지도자들의 화두라고 보이나, 이들이 미국의 영향력을 벗어나기는 매우 모자라기 때문이다. 한편 일본의 경제적인 문제는 심각해진 지 오래되었다. 이에 대한 자국 내의 논의와 힘을 결집하는 과정이 순조롭지가 못하다. 사회경제 시스템을 과감히 수정하지 않는 한 일본의 미래는 밝지 않다. 그리고 과거 한국을 비롯한 아시아에 끼친 잘못들에 대한 깊은 반성, 미국의 영향에서 벗어나 아시아 나라들과 선린 호혜적인 관점에서 진정성 있는 정책을 꾸준히 집행하는 근본적인 전환 없이는, 일본은 아시아에서 그 영향력을 더욱 잃어 갈 것이다. 현재 일본은 미국을 등에 업고 본격 우경화하면서 한국을 포괄하려는 전략을 가지고 있다. 이 점에서 한국의 진보진영은 그 전략의 분쇄 및 긍정적인 전환으로의 견인에 대해 고민해야 한다.

중국은 지도층이 안정되어 있고 체계적인 인재 충원시스템을 가지고 있고 세상의 변화에 대해 학습을 치열하게 하는 사람들이라, 상당 기간 중국 시대를 열어 갈 것으로 보인다. 아시아, 아프리카, 중남미 등에서 경제를 기반으로 정치적으로도 안정감 있는 지도력을 행사하고 있으며, 다극화 체제에서 확실한 자기주장을 점차 강화할 것으로 보인다. 물론 중국 내에서의 경제발전에 따른 중산층의 급격한 성장과 소수 특권층에 대한 부의 급속한 축적은 향후 새로운 권력투쟁 가능성을 내포하고 있다. 이 지점에서 미국이 지속적으로 중국에 대해 가하는 압박은 실로 대단하다. 미국은 중국의 영향력이 커지는 것을 견제하는 의도를 전방위로 나타내고 있다. 한국으로서는 현재 대중 경제의존도가 높고 앞으로 더욱 커질 것이며, 남북 평화 및 동북아정세의 재정립이라는 관점에서, 중장기 정치 군사 외교적인 면에서의 연구의 필요성이 긴급하다. 또 현재의 국제금융위기 이후 세계 경제의 후퇴와 중국경제의 성장 둔화가 가져올 한국 경제구조의 변화 또한 준비해야 할 과제이다.

현재 각국은 전후 세계동시불황이라는 경험을 하고 있어, 각국의 금융, 산업자본은 재편될 수밖에 없고, 이에 따라 산업구조 재조정이 이루어지게 된다. 중요한 것은 산업구조 재조정의 문제인데, 각국의 정치 경제 지도자들이 어떤 시야를 가지고, 중장기적으로 어떤 정책을 세우는가이다.

이는 대중의 삶을 규정하는 문제이므로 대단히 중요한 문제이다. 이 문제와 관련해서 보면 한국은 지도자들의 시야가 협소하므로 전망이 어두워 보인다.

결론적으로 새로운 경제시스템의 정립을 위한 과정에서 유럽을 필두로 하여, 자국민들의 삶의 기초인 보건, 의료, 교육, 주거, 실업, 에너지 문제 등에 대한 사회민주주의 정책은 강화될 수밖에 없고, 세계적 차원에서의 평화정책에 대한 옹호의 움직임 또한 강화될 수밖에 없다고 보인다. 탐욕스러운 금융자본의 활동, 신자유주의의 폐해가 세계적인 차원에서 폭로되고 대중이 경험하였기 때문에, 실질적인 평등과 민주주의에 대한 요구는 더욱 높아질 것이다.

3

한국경제

2008년까지

한국경제는 알다시피 박정희 정부에서 집행된 경제개발계획에 따라 급성장했다. 박정희 시대의 가장 큰 특징은 국가 주도의 경제개발 및 성장 전략이다. 국가가 산업정책을 만들고 이를 집행할 수 있는 기업들을 육성해서 하나씩 산업군을 만들어 낸 것이다. 물론 처음부터 미·일 자본에 종속되어 국제적인 하청을 받아 진행하는 구조일 수밖에 없었고, 이 때문에 저임금 저곡가 정책을 쓰는 바람에 한 세대에 걸친 대중의 험난한 삶이 있었다. 또한 군부독재정권이 끼친 피해는 사회 전 분야에 걸쳐 이루 말할 수 없을 만큼 컸다. 노동자, 농민, 도시 빈민의 희생을 바탕으로 한 국가 주도의 개발과 성장 전략은 경제적인 면에서 같은 시기 다른 국가들과 비교해 보면, 전후 최악의 후진국에서 중진국으로 발돋움하게 했다. 이 정책은 전두환 정부에 그대로 이어지고, 마침 3저 호황과 맞물려, 한국 사회에 '중산층'을 만들어낸다. 이 중산층의 탄생은 앞으로 다루는데 정치적으로 매우 중요하다.

1962-1987년까지 25년간의 국가 정책은 한국경제를 수출주도형으로 자리 잡게 했다. 항만, 도로, 철도, 전력, 통신 등의 기간산업과 철강, 중

공업, 자동차, 전자, 석유화학 등의 산업군이 육성되었고, 이 산업군은 현재도 한국경제 GNP의 60%를 담당하고 있다.

문제는 87년 이후의 정부들이 국가의 산업정책에 대해 손을 놓기 시작했고, 김영삼 정부 때부터는 소위 '시장에 맡기자'는 견해에 따라 산업정책이 축소되었다. 물론 대기업의 세력이 커진 것도 글로벌 경험을 삼성, 현대, LG, 대우 등이 관료보다 먼저 그리고 체계적으로 했다. 이건희 회장의 프랑크푸르트 발언이 나온 것이 93년 여름이다 하나의 이유이고, 전두환 노태우 정부 때부터 미국 유학 출신 학자들이 '관치 경제' 대신 '시장 주도'를 계속 설파한 것도 이유이다. 특히 이런 학자들의 견해는 여러 가지 버전으로 이후 김대중 정부부터 오늘날에 이르기까지 그 영향력이 지속되고 있다.

IMF 사태 이후로는 김대중 정부 때 벤처기업군을 육성한 것을 제외하면 현재 GNP의 3% 정도를 담당하고 있다. 수출주도형 산업군도 내수와 관련되는 산업군도 신규로 만들어내지 못한 상태에서 현재에 이르고 있다. 노무현 정부 때에는 비현실적이고 실망스러운 '10대 성장 동력 산업'을 주창했을 뿐이고, 이명박 정부 들어 와서는 토목, 건설 개발 말고는 제대로 된 것이 전혀 없는 실정이다. 녹색성장은 구호에 불과하다.[02]

한국경제의 주요 산업군 중 철강, 중공업, 전자, 자동차, 통신 등은 이미 글로벌 기업으로 성장했다. 그러나 이 산업군은 내수 경제와의 결합도가 앞으로 시간이 가면 갈수록 더 약해질 수밖에 없다. 왜냐면 IMF 이후 구조조정 시기에 살아남은 대기업들이 정부의 각종 지원을 받으며 몰락한

기업들을 인수하여 국내에서 압도적인 기업들로 재탄생했고 이후 해외 생산을 계속 확대해왔고, 이에 따라 관련 중소기업들도 동반 진출을 해왔기 때문이다. 동시에 이 주요 산업군은 몇 개 분야를 제외하고는 급격히 국제 경쟁력을 잃어 가고 있다.

대기업 및 수출 중심의 과거형 산업 시스템은 지금 우리가 겪고 있는 불평등과 양극화 문제의 핵심이다. 따라서 이에 대한 근본적인 전환이 필요하다. 이 전환을 가능하게 하는 국가의 산업구조 재조정 정책이 나와야 하는 시점이다. 이에 대한 필자의 생각은 다음과 같다. 첫째 저출산 고령화 및 구조적인 실업 문제를 해결할 새로운 산업군을 만드는 것, 둘째 한국의 중소기업들을 내수와 관련해서 육성하는 것, 셋째 남북 경제협력을 주변 16개국과 연결하여 상설화하는 것, 넷째 당장 급하게 해결할 수 있는 정책들을 추진하는 일 등이다. 이에 대해서는 결론에서 다룬다.

4

한국 정치
1987년에서 2008년까지

1) 중산층의 형성

한국 정치의 구도는 학자, 언론들이 즐겨 표현하는 '87년 체제'가 기본이라 생각한다. 1987년 6월 항쟁과 뒤이은 개헌, 대통령직선제 선거 및 이후 형성된 정치체제를 통칭해서 하는 말이다. '제6공화국의 수립'을 가져온 87년 체제에서 가장 중요한 것은 한국 사회에 '중산층이 형성'된 것이고[03], 이로부터 생긴 '중산층 의식'이 이후 현재까지 사회의 '균형추' 역할을 해왔다. 여러 분야에서 다양한 분석 틀을 가지고 1987년과 이후 중산층을 다룬 연구들은 많지만, 필자는 단순화해서 설명하고자 한다.

필자는 1980년대 특히 1984-87년에 샐러리맨들과 중소상공업자의 소득과 자산이 대폭 늘어난 시점을 '중산층의 형성'으로 본다. 당시는 소위 30대 재벌기업들이 매년 기업을 3-4개씩 새로 설립할 때였다. 대학생은 재학 중에 이미 기업들로부터 학자금과 생활비를 받고 입도선매로 졸업 후 취업을 약속하던 시절이다. 고교 졸업생도 기업이나 공무원으로 절대다수가 취업이 잘될 때였다. 또 대기업과 중소기업 간 임금 격차가 매우 적을 때였고, 중소상공업자들의 수익이 대폭 늘어나던 때였다. 전두환 정부 시절인 이때 '몰래 과외'를 시키는 가정이 매우 많았다.

한편 샐러리맨의 처지에서는 재형저축이 도입된 1976년부터 재형저축 금리의 이자는 연 28.1% 만기 5년 기준였다. 재형저축 금리는 1980년 최고 연 41.6%까지 올랐었고, 1984-88년에는 연 32%였다. 또 아파트 분양 우선권을 주는 등 부가 혜택도 있었다. 요즘 말로 하면 실수요자들의 주택 구매력이 강하던 때였다. 이로 인해 1988년 전국의 주택가격이 13.2%, 1990년에는 21% 오르게 된다. 물론 부동산 가격 급등에는 기업들의 토지와 건물 확보 경쟁도 한 이유이다. 이후 노태우 정부는 부동산 규제책과 신도시 건설 등 대규모 주택공급 방안을 발표하였다.

1987년 당시 한국 인구는 4,162만 명이었다. 지금은 노동자 계급의 분류가 달라져서 정규직 비정규직으로 나누어야 하고, 농민 인구가 2백만으로 대폭 줄었고, 정규직 노동자가 1,150만, 비정규직 노동자가 800만, 자영업자가 570만 명이다.[04]

노동자 계급의 생활 변화

1987년 당시 직종별 노동자 구성은 아래 표에서 확인할 수 있다. 행정사무직은 약 30%, 판매 서비스직은 약 18%였다. 6월 항쟁 당시 낮에 거리를 메운 사람들은 '넥타이 부대'들이었다. 생산직 노동자들은 노동자 밀집 지역에서 퇴근 후 저녁과 밤에 시위에 참여하였다.

〈직종별 노동자 구성의 추이〉

	1984년	1985년	1987년	1989년	1990년	1993년	1995년
전체	7,431 (100.0)	8,090 (100.0)	9,192 (100.0)	10,356 (100.0)	10,864 (100.0)	11,697 (100.0)	12,736 (100.0)
전문기술, 행정, 관리	463 (6.2)	737 (9.1)	864 (9.4)	1,013 (9.8)	1,105 (10.2)	1,427 (12.2)	2,523 (19.8)
사무직	1,610 (21.7)	1,686 (20.8)	1,844 (20.1)	2,126 (20.5)	2,271 (20.9)	2,769 (23.7)	2,365 (18.5)
판매직	411 (5.5)	492 (6.1)	592 (6.4)	732 (7.1)	768 (7.1)	1,008 (8.6)	1,647 (12.9)
서비스직	800 (10.8)	909 (11.2)	1,009 (11.0)	1,108 (10.7)	1,193 (11.0)	1,328 (11.4)	1,647 (12.9)
농림수산직	435 (5.9)	396 (4.9)	365 (4.0)	258 (2.5)	240 (2.2)	176 (1.5)	45 (0.4)
생산관리직	3,712 (50.0)	3,780 (47.8)	4,518 (49.2)	5,119 (49.4)	5,287 (48.7)	4,990 (42.7)	6,154 (48.3)

주: 1992년 직업분류 변화로 인해 1995년도 전문, 기술, 행정, 관리직에는 전문가, 기술공 및 준전문가, 입법자, 고위임직원, 관리자가 포함됨. 또한 판매직과 서비스직은 판매서비스직으로 통합됨.

자료: 통계청, '경제활동인구연보', 각 연도.

출처: 강순희. '한국의 노동운동−1987년 이후 10년간의 변화'. 한국노동연구원. 1998.10.

〈사무직 노동자의 학력별·성별 구성 추이〉

단위: %

		1974년	1980년	1985년	1990년	1995년
전 학력	전체	100.0	100.0	100.0	100.0	100.0
	남자	70.2	62.1	62.2	63.8	60.4
	여자	29.8	37.9	37.8	36.2	39.6
중졸	전체	18.3	11.4	8.0	3.9	3.1
	남자	8.9	5.4	4.7	3.3	2.5
	여자	9.3	6.0	3.3	0.7	0.5
고졸	전체	47.0	64.4	67.1	62.1	58.8
	남자	28.7	34.2	34.5	30.6	26.6
	여자	18.3	30.2	32.6	31.6	32.3
초대졸	전체	6.0	5.2	6.9	10.0	12.0
	남자	5.3	4.3	5.7	7.9	8.0
	여자	0.7	0.8	1.2	2.1	3.9
대졸 이상	전체	28.7	19.0	18.0	23.9	26.1
	남자	27.4	18.2	17.2	22.0	23.3
	여자	1.4	0.9	0.7	1.9	2.8

자료: 노동부, '임금구조실태조사보고서', 각 연도.

출처: 강순희. '한국의 노동운동—1987년 이후 10년간의 변화'. 한국노동연구원. 1998.10.

한편 이 논문에서 강순희는 다음과 같이 한국 노동자 계급을 3계층으로 나누어 추이를 분석한다. 상층, 핵심층, 주변층 노동자가 그것이다. 이는 직종, 종사상 지위, 학력, 기업 규모 등을 종합한 자료로써 의미가 있다고 판단한다. 상층에는 기업 임원, 군인, 경찰, 공무원 등이 포함되어 있다.

〈한국 노동자 계급 3계층의 추이〉

단위: 천명, %

		1980년	1983년	1986년	1989년	1992년
Ⅰ. 상층노동자		1,677 (26.0)	2,050 (31.4)	2,614 (33.1)	2,892 (31.4)	4,193 (41.3)
	상층	448 (7.0)	948 (14.5)	1,305 (16.5)	1,425 (15.5)	2,405 (23.7)
	하층	1,229 (19.0)	1,102 (16.9)	1,309 (16.6)	1,467 (15.9)	1,788 (17.6)
Ⅱ. 핵심적 노동자층		2,469 (38.2)	1,920 (29.4)	2,240 (30.9)	2,911 (31.6)	2,834 (27.9)
Ⅲ. 주변적 노동자층		2,316 (35.8)	2,569 (39.3)	2,855 (36.1)	3,410 (37.0)	3,125 (30.8)
전체		6,462 (100.0)	6,539 (100.0)	7,909 (100.0)	9,213 (100.0)	10,152 (100.0)

주: 1) 상층노동자 상층: 초대졸 이상의 비생산직.

    2) 상층노동자 하층: 고졸 이하 전문기술직 및 행정관리직, 사무직 각각의 상시고.

    3) 핵심노동자층: 10인 이상 사업체의 생산직 상시고.

    4) 주변적 노동자층: ① 고졸 이하의 판매직, 서비스직, 농림수산직 종사자. ② 10인 이상 사업체의 생산직 일고 및 10인 미만 사업체의 생산직, ③ 고졸 이하 전문기술직, 행정관리직, 사무직의 일고.

    5) 1980년은 경제기획원, '경제활동인구연보'와 노동부의 '사업체 노동실태 조사 보고서'를 결합하여 추계한 것이어서 절대 수치는 그 이후와 시계열로 연결되지 않음.

자료: 경제기획원, '고용구조특별조사보고서'(1983./1986./1989.)

    통계청, '고용구조조사보고서'(1992.)

    노동부, '사업체노동실태조사보고서'(1980.)

강순희의 분석에 따르면, 당시 상층 노동자는 대졸 및 일부 고졸 학력을 가진 자로서 공공부문과 민간부문의 전문기술직, 사무직, 관리직들이었다. 이들은 노동과정에서의 지위에 따라 대졸 전문기술직과 고졸 단순 사무직 노동자층으로 나뉜다. 이들은 다른 노동자 계층과는 큰 이질감을 가지고 있고, 노동 측보다는 자본 측에 더 많은 귀속감을 느끼며 스스로 노동자라는 의식을 갖지 않는다. 한편 상층 노동자의 하층인 고졸 중심의 단순 사무직 노동자는 상층과는 상당히 구별되며 핵심 노동자층에 근접해가고 있다. 이는 1987년 이후 화이트칼라 노동조합운동이 이들에 의해 주도된 배경을 일정하게 설명해 준다. 한편 핵심층은 생산직 노동자로서 주로 공업, 광업, 운수업, 건설업 등에서 일하는 고졸, 중졸 중심의 노동자 계층이다. 또 주변층은 영세규모의 사업장 근무자와 농림어업, 단순노무자, 임시 노동자 등을 포함하는데, 사회경제적으로 하층을 이루고 있었다.

강순희에 따르면 1987년 이후 가장 큰 변화는 임금에서 나타난다. 임금 수준에서 1987-95년 8년간 연평균 15.4%가 증가했고 금액으로는 3배이상 뛰었다. 소비자 물가를 감안한 실질임금 상승률은 같은 기간 연평균 8.2% 증가했다. 한편 노동시간은 단축된다. 실질임금 상승과 노동시간 단축이 가장 크게 이루어진 것은 1987-90년이다. 이는 6월 항쟁 이후 7-9월 노동자 대투쟁과 우후죽순 나타난 노동조합의 설립과 노동운동의 급성장이 그 이유이고, 또 당시 기업들이 임금 인상분에 대한 지불 여력이 충분했음을 반증한다.

이에 따라 소비지출구조의 변화가 나타난다. 실질소비 증가율은

1980-86년에 연평균 11.8%인데, 1987년 이후 연평균 15.5%였다. 1989
년에는 26.7%로 정점을 보였다. 소비지출 변화 즉 내구재 구입, 소비재의
확대 보급, 개인 서비스의 증대, 문화 오락 지출비 증대 등 소비와 관련된
개인 소유와 풍요 의식은 새로운 계층의식이 형성되는 하나의 조건이었고,
'중산층 의식'의 물적 기반으로 작용하였다.

중산층 의식의 완성

'중산층 의식'의 완성을 필자는 88올림픽이 만든 자신감, 1987-90년의
소득과 자산 급증, 89년 해외여행 자유화와 집값 폭등, 마이카 열풍, 우후
죽순 생겨난 교외의 가든에서 찾는다. 내 소득과 자산이 이만큼 되고, 해
외에 나가보니 한국 돈이 쓸 만하고, 가족과 교외로 자가용 타고 나가서
음식을 즐기는 것 등이 그것이다.

또 정치적으로는 87년 대선 시 김영삼 김대중 분열과 노태우 당선, 대
선과 88년 총선에서의 지역성 심화, 89년 연이은 방북 사건으로 인한 공
안정국 등을 겪으면서, '정치적 민주화'에 대한 효능감을 느끼는 한편 정치
와 거리를 두는 사회의식도 형성된다. 그리고 90년부터 문화적으로는 소
위 'X세대'의 대두, 트렌디 드라마와 새로운 대중가요의 대유행 등과 맞물
려 '개인주의' '소비문화'가 사회적으로 본격화된다. '과소비' 현상을 넘어 소
비에 문화라는 단어가 결합한 '소비문화'라는 용어가 만들어지고 일반화된
다. 이는 90년대 초 상층 문화의 일부인 '압구정 오렌지족' 현상으로 극적
으로 나타난다. 그리고 사회 의제에 대한 중산층의 우선 가치는 '공동체'로
부터 '합리성'으로 바뀐다.

전두환 정부의 성격

알다시피 전두환은 12·12쿠데타와 광주학살을 통해 물리력으로 권력을 잡았다. 박정희 때 한국 사회의 지배세력이 군부–중앙정보부–고위관료–정치인–재벌–언론–법조–학계 등이었다면, 전두환 때는 중앙정보부 대신 보안사와 안기부가 그 자리를 대신했을 뿐, 그 성격은 같다. 당시는 중산층이 형성되던 때였고, 사회계급에 대해서는 지배세력을 '특권층', 자산과 소득이 많은 층을 '부자'라고 불렀고, 그렇지 않은 대다수를 '서민'이라고 불렀다. 서민 중 상당수가 '빈민'이었다.

전두환 정부의 핵심 구호는 선진조국 창조와 정의사회 구현이며, 국정지표로 정치는 민주주의 토착화, 경제는 복지사회 건설, 사회는 정의사회 구현, 문화는 교육개혁과 문화창달로 삼았다.

전두환 정부는 박정희와 마찬가지로 군부독재였다. 집권당은 민주정의당약칭 민정당이었고, 원내의 압도적인 다수당이었다. 야당은 정권 초기에는 만들어진 '관제야당'이었고 야당 국회의원들은 안기부의 지원 및 통제를 받았다. 85년 2월 총선에서 김영삼–김대중의 신민당이 돌풍을 일으키며 이때부터 의미 있는 야당이 되었다. 이들은 서민층과 중산층의 지지를 받았다.

한편 민중 생존권 확립을 위해 현재의 한국 자본주의 경제체제를 벗어나야 한다는 인식, 미·일 등 외세에서 벗어나 자주적인 국가를 건설해야 한다는 인식 등이 70년대 후반부터 형성되어 80년대 초반이 되면 학생운동에 적극적으로 받아들여진다. 이렇게 된 데는 80년 광주학살 및 민주화운동이 있다.

'광주'는 여러 가지 면에서 70년대 후반 학번 대학생들과 80년대 학생운동에 지대한 영향을 미친다. 간단히 세 가지만 보자. 첫째, 자국 군대가 자국민을 학살한 점이다. 이로 인해 박정희 정권 때까지 반정부시위를 하면 감옥에 가는 정도지만 물론 장기형 선고가 많아 대학생들로서는 '자기 결단'이 필요했다. 이제는 죽음을 각오해야 했다 학생운동이 대중 시위를 촉발시켜 대중 항쟁이 일어나면 군부정권은 군대로 진압할 것이므로. 둘째, 학살을 방조한 미국의 책임이다. 이로 인해 '반미투쟁'이 중요한 과제가 된다. 셋째, 민중 봉기와 민중권력의 가능성이다. 광주항쟁 기간 민중이 보여준 '해방공동체'는 '파리 코뮌'과 같은 민중 봉기와 민중권력의 가능성을 확인하게 했다. 이런 점들로 인해 학생운동은 혁명을 꿈꾸며 급진화한다. 학생들은 '운동가'로서 또 '혁명가'로서 자기 정립을 위해 노력하게 된다. 프랑스, 러시아, 중국, 중남미 혁명사를 학습하고, 자본주의를 비판하는 경제, 정치 서적들을 학습하게 된다. 시위를 하고 감옥을 다녀온 후 공장과 농촌에 가서 '민중 의식화'와 '혁명'을 위한 활동을 한다. 이런 흐름은 80년대 중반에는 일반화된다. 그리고 청년세대에서는 한국 사회의 성격을 어떻게 보는가, 그에 따른 혁명의 경로는 어떠한가를 놓고 내부에서 서로 논쟁한다. 이는 87-88년에 가장 치열해진다. 이런 점에서 80년대 학생운동은 '광주'에 기반해 있고, 공장, 농촌, 빈민 지역에서 활동하는 선배들과 연계하고 있는 점에서 70년대까지의 학생운동, 재야운동과는 그 성격이 다르다. 같은 기간 전두환 정부는 정권에 맞서 집요하게 계속 투쟁한 학생운동에 대해 '좌경극렬폭력세력', '좌경혁명세력' 등으로 부르며 탄압한다. 이런 점에서 80년대는 학생운동과 학생 출신 운동가들, 이와 연결된 기층 출신 민중운동가들에게 '혁명의 시대'였다. 이 운동을 지지하는 '진보층' 대중에게도 그러했다.

학생운동은 항상성, 전투성, 규모, 물리력 등을 가진 유일한 반체제/반정부세력이었다. 학생운동을 필두로 하는 반정부세력은 전두환 집권 시기 내내 격렬하게 투쟁했다. 이 과정에서 살해당하고 실종되고 고문당하고 투옥되고 강제로 군대에 끌려간 이들의 숫자는 박정희 정권 때보다 훨씬 많았다. 그래서 80년대는 가장 '격렬했던 시대'이다. 당시 재야와 야당을 포함한 반정부세력의 가장 중요한 과제는 '군부독재'를 물리치는 '민주화'에 있었다. 반정부운동에 대한 정권의 악행과 억압 정치가 극에 달하면서 성고문 사건, 박종철 고문치사 사건 등이 터지고, 87년 4월 13일 전두환은 민주화 및 직선제 개헌을 원하는 대중의 뜻과 반하는 이른바 '호헌선언'을 한다. 누적된 군사독재정권의 행태에 대해 분노한 사람들은, 재야와 야당이 함께 만든 '국민운동본부'의 반정부운동에 적극적으로 호응하고 거리로 나선다. 1987년 6월 항쟁이 본격화된다.

2) 6월 항쟁

6월 항쟁은 학생들과 재야세력의 힘으로 시작되었지만 중산층의 힘으로 완성되었다. 도시 빈민, 노동자, 농민은 넥타이 부대들샐러리맨과 중소상공인에 비해 훨씬 격렬히 싸웠지만, 시위대 전체의 구호는 '호헌철폐' '독재타도' '민주쟁취'였다. 중산층과 서민층 모두 체육관 선거를 거부하며 군부독재를 거부하고 민간 정부를 원한 것은 같았다. 하지만 '민주쟁취'에 대한 내용은 달랐다. '서민층'은 정치적 민주주의 외에 실제적인 사회경제적 민주주의를 원했다. 하지만 '중산층'은 대통령직선제 개헌, 김대중의 정치 활동 허용, 정치적 민주주의 확대를 골자로 하는 6·29 선언에 환호하면서 투쟁을 끝냈다. 6·29 직후 7–9월 대규모 노동자 투쟁이 진행되고, 노동자들이 사상 최초로 '노동자 계급'으로 탄생하고 있을 때, 중산층은 사회 혼란과 경제를 걱정하며 노동자 계급에 냉담함을 넘어 적대적인 태도를 보였다. 이는 철거민, 노점상 등 도시 빈민에 대해서도, 농민에 대해서도 마찬가지였다. 당시 노동자, 농민, 도시 빈민은 이를 극복할 힘이 없었다. 조직이 매우 약했고 정치적 영향력은 더욱 약했기 때문이다.[05]

6.29 선언 후 국면은 완전히 새로 바뀌었다. 새로운 제6공화국을 만드는 개헌 과정은 국회 중심으로 이루어졌고, 재야는 스스로 관심도 미약했을 뿐 아니라 논의과정에서 배제되었다. 그리고 대통령 선거전이 바로 시작되었다. 군부를 비롯한 집권당인 민정당의 영향력 아래 있는 상층은 중산층을 요리하기 시작했다. 사회안정론과 지역감정론이 그것이었다. 김영삼 김대중의 분열은 집권세력의 의도에 부합하였고, 결국 '지역감정'의 폭발로 나타났다. 두 민주파 대변자들은 중산층이 아니고 그들의 열성적인 대표자도 아니었다. 물론 서민층의 대표자도 아니었다. 민주파는 자신들이 특권계급과 대립하고 있고 그 외의 모두와 함께 국민을 구성하고 있다고 주장했다. 그들이 대변하는 것은 국민의 권리이며 그들이 관심을 갖고 있는 것은 국민의 이해관계라는 것이다. 이를 김대중이 가장 정확하게 정식화했다. 1987년 대선 과정에서 그는 "노동자, 농민, 도시 빈민, 자영업

자, 중소상공인들이 잘살 수 있는 나라를 만들어야 합니다"고 반복하여 말했다.[06]

　　중산층은 출신 및 거주지역에 따라 각자의 후보를 지지하였다. 재야와 학생운동은 시대정신과 선거를 이해하는 관점에 따라 분열되었고 더 이상 서민층과 중산층의 대변자가 되지 못했다. 서민층 또한 급격히 선거와 지역감정에 휩쓸려 들어갔다. 계급과 계층은 중요하지 않았다. 지역이 중요했다. 김영삼 김대중 모두 중산층과 서민층의 대변자임을 자처했지만 승리는 '보통사람'을 주장한 노태우에게 돌아갔다. 그리고 선거는 구정치인 김종필을 복권시켰다. 1980년 광주학살 이후 물리력으로 집권한 전두환 정권에 대한 80년대의 반정부운동은 동력이 약화되었다. 1여 3야의 대선은 이렇게 여당의 승리로 막을 내렸다.[07]

3) 노태우 정부 시기 1988-1992

　　노태우 정부 출범 직후 88년 4월에 치러진 총선에서는 지역감정이 맹위를 떨쳤다. 노태우, 김영삼, 김대중, 김종필은 각각 지역의 맹주가 되었다. 민주정의당, 통일민주당, 평화민주당, 신민주공화당은 299석 중 각각 125석, 59석, 70석, 35석을 차지했고, 무소속 9석이었다. 여소야대였다. 소선거구제로 치러진 선거였다. 김영삼에겐 불운한 결과였다. 전국 득표율에선 통일민주당23.8%이 평화민주당19.3% 보다 앞섰지만 의석수에서 평민당에 11석이나 뒤지며 제3당으로 밀렸다. 87년 양김 단일화를 주장했고,

총선을 앞두고 김영삼-김대중 양쪽으로부터 구애를 받았으나 이를 거부하고 독자적인 창당을 한 한겨레민주당과 대선에서 독자후보론을 주장했던 이들로 주로 구성된 '민중의 당'은 모두 선거 직후 해산되었다.[08]

총선 후 16년 만에 국회의 국정감사가 부활했고, 사상 처음으로 청문회가 개최되었다. '5공비리특위' '광주특위'가 열려, 권력자들의 민낯이 드러나기 시작했다. 89년 3월 노태우는 대선 때 공약한 '임기 중 중간평가'를 연기한다는 담화를 발표한다. 4월 동해시 보궐선거를 '6공 중간평가'로 규정하고 선거에 총력을 기울이던 김영삼은 그의 측근인 당 사무총장이 상대 후보를 돈으로 매수하는 사건이 벌어져 구속되며 상당한 타격을 받는다. 6월 평민당의 서경원 의원이 방북 사건으로 구속된다. 이런 상황에서 정계 개편 움직임이 시작된다. 정권 유지를 위해 '여소야대' 구조를 바꾸고 싶었던 노태우, 권력 획득을 위해 제3당 신세에서 벗어나야 하는 김영삼, 권력 참여를 원했던 김종필, 세 사람이 서로를 원하게 된다. 90년 1월 22일 '민주자유당'이란 이름으로 세 사람은 '3당 합당'을 발표한다. 216석의 거대정당이 만들어졌다. 비호남 기반 정당들의 합당으로 호남 기반 정당을 포위하는 형국이 되었다. 당시 "호랑이를 잡기 위해 호랑이굴에 들어간다"고 한 김영삼의 말은, 이후 한국 정치에서 정치 분파들의 '권력을 잡기 위한 이합집산'을 정당화하는 '정치문화'로 작용한다.

같은 시기 노동자 농민 빈민 등 전국 규모의 대중 단체들이 앞다투어 결성되며 성장하였다. 하지만 '정치적 역할'을 하던 재야세력은 대선 과정에서 큰 타격을 받았고, 이후 새로운 진보정당 결성 운동과 전통적 재야 운동으로 분열되어 약화되었다.[09]

89년 연이은 방북 사건과 뒤이은 공안정국은 민중운동에 질곡으로 작용했다. 90년 말 구속된 양심수가 1,259명에 달하였다. 노사분규 현장에는 의례적으로 경찰이 투입되었고, 대학에도 수시로 경찰이 진입했다. 91년 봄 낙동강 페놀 유출사건, 수서비리 사건 등이 잇따라 터졌다. 그러다가 명지대 강경대 군이 '학원 자주화 및 노태우정권 퇴진' 시위 과정에서 경찰에 의해 타살된다. 이를 규탄하며 '해체 민자당, 퇴진 노태우'를 주장하는 시위가 학생운동 중심으로 전국적으로 일어났다_{이후 이를 91년 5월 투쟁이라 부른다.} 이 과정에서 11명의 학생, 노동자, 시민이 목숨을 잃었다. 당시 학생 및 재야운동은 6월 항쟁의 재현을 원했다. 그러나 김지하 칼럼과 서강대 박홍의 기자회견으로 공격을 받다가, 강기훈 유서 대필 조작 사건과 정원식 총리 밀가루 투척 사건으로 동력을 잃는다. 구속 양심수 숫자는 1991년 한 해 동안에만 1,352명이었다. 한편 이 시기 학생운동과 민중운동에 대해 중산층은 지지를 철회한다.

한편 89년부터 세계사적 대전환이 시작되었다. 동유럽 국가 정권들이 연이어 급격히 붕괴하였고 11월 베를린장벽이 무너졌다. 12월 몰타에서 열린 미소 정상회담에서 냉전 종식이 선언되고었다. 90년 9월 한소수교가 되고 10월 동서독이 통일된다. 91년 9월 남북이 유엔에 동시 가입하고, 92년 8월 한중수교가 된다. 현실 공산주의 국가들의 몰락과 냉전 종식, 새로운 세계 질서의 개막, 한국과 구공산권 국가들의 급격한 교류 확대 등이 한국 사회에 미치는 영향은 매우 컸다.

부동산과 계급상승 욕구의 시작

88-89년 부동산 전월세 및 매매가 폭등으로 인해 큰 사회적 문제가 발생하자, 89년 노태우 정부는 집값 안정과 주택난 해결을 위해 주택 200만 호 건설을 발표한다. 서울 근교인 분당, 일산, 산본, 중동, 평촌 등 5곳에 약 30만 가구, 117만 명이 거주하는 신도시 건설계획과 인천 연수, 대전 둔산, 부산 해운대, 광주 상무지구 등 지방에도 신도시를 건설하고 또 전국 각지에 택지지구 사업을 통해 170만 호를 짓겠다는 내용이었다. 이를 계기로 한국에서 본격적으로 아파트 위주의 주거생활이 정착됐고, 아파트 투기는 특권층의 일만이 아니고 중산층의 대표적인 자산 증식 문화가 된다. 즉 앞서 말한 '중산층 의식의 완성'은 더 나아가 '자산 증식'을 통한 계급상승 욕구당시 용어로는 '계층상승 욕구'로 나타난다.

학력을 통한 계급상승 욕구-명문고, 명문대의 탄생

자녀를 명문대에 보내기 위한 각 가정의 눈물겨운 고투는 사교육으로 나타난다. 명문대에 가려면 '좋은 고등학교'를 '좋은 중학교'를 가야 한다고 대다수 사람이 생각한다. 90년대 말부터는 '좋은 초등학교' 2천년대에는 '좋은 유치원'으로 그 범위가 더욱 확대되었다. 이는 '학력을 통한' 계급상승 욕구이다. 부동산을 통한 자산 증식은 이해가 쉬우나 학력은 '교육문제'로 되어있어 이해하기 어려우니 다소 길지만 이를 살펴보자.

멀리 보면 부모가 자녀를 위해 과외를 시키는 것은 1950년대부터 있었다. 경기중학교, 서울중학교를 가기 위해 초등학생당시는 국민학생들이 4시간 자고 공부하면 입시에 붙고, 5시간 자면 떨어진다고 해서 '4당 5락'이라는 용어가 생겨났다. 전쟁 후 모두가 어려운 생활을 하면서 1962년 1인당 국민소득이 87달러였다 부모들은 허리띠를 졸라매고 자식을 가르쳤다. 농사를 짓거나 도시로 이주해서 불안한 일자리를 구하거나 장사를 해야 했던 절대다수의 가정은 미래를 위해 자식에게 집중적인 투자를 했다. 국가는 '교육문제'에 대해 책임질 능력도 의지도 없었기 때문이다. 산업화가 본격적으로 시작되면서 자녀 중 '공부 머리'가 있는 아이를 진학시키는 것, 특히 '장남을 상급 학교에 진학시키는 것'을 대다수 가정이 선택했다. 장남이 자리 잡으면 집안이 일어날 수 있다는 믿음 때문이었다. 이 때문에 배고픈 농촌의 뙤약볕에서 일해야만 했던 작은 아들들, 도시에서 식모살이를 하거나 공장에서 밤새 코피를 쏟으면서 일해서 번 돈으로 오빠나 남동생의 학비를 대야 했던 딸들의 눈물 나는 사연은 1950년대 중반~1980년대 초반까지 약 30년간 우리 사회에서 흔한 일이었다.

하지만 사교육으로서의 이른바 '과외'는 1970년대 초까지만 해도 대도시의 일부 부유층에서만 가능했던 일이고, 지방 출신이나 서민 출신 대학생의 입주 과외 또는 아르바이트는 사회적으로 볼 때 큰 문제가 아니었다. 한편 입시학원은 재수생 종합학원 몇 개와 단과학원 몇 개가 대도시에 있었고, 중소도시는 그마저도 1-2개 있는 정도였다. 경기고, 서울고, 경복고 시대가 1960년대를 대표한다면 1970년대는 이른바 '지방 명문고'로 대표되는 '신흥 명문고 시대'가 시작된다 1969년에 중학교 무시험 추첨제가 서울에 도입되었고, 1970년 6개 도시로, 1971년에 모든 도시로 확대되었다. 이로 인해 중학교 입시가 사라졌다. 서울과 부산의 고교별 입시가 '고교평준화'로 바뀌는 시점이 1974년이다. 필자가 보기에 '신흥 명문고 시대'의 개막 배경은 세 가지다. 첫째, 경기고, 서울고, 경복고, 경기여고 등 소위 '일류고' 시대가 막을 내린 것, 둘째, 자식을 '일류고'를 보낼 능력은 충분히 되나, 자식이 '실력'이 안 되는 가정이 많이 생긴 것산업화 과정을 거치면서 자산을 가진 층이 형성되었다. 이른바 '사장님'의 시대가 열렸다. 사장님들은 돈은 충분한 데 자식이 공부를 않거나 못하니 답답했다. 이렇게 '상심한 사장님'들이 많은 자리에서 자식 걱정을 했고, 이에 부응하여 제도를 도입했다. '군사독재정권'의 정책을 적극적으로 지지하는 층의 관심사 특히 '자녀 문제'에 관한 것이었다는 점에서 정책의 실효성이 있었다고 판단한다. 셋째, 산업화가 진행되면서 전국에 중점도시가 형성된 것, 이에 따라 지역유지들이 광범하게 형성된 것이다.

한편 1970년대 초까지 서울대의 입학정원은 작았고, 연세대는 상대, 고려대는 법대 등 특정 단과대학이 입시경쟁률이 높았을 뿐 종합대학으로서의 위상은 높지 않았다. 특정 학과들은 폭넓게 경쟁력이 있는 대학들로 광범하게 퍼져 있었다. 예컨대 성균관대 법대, 동국대 국문과, 중앙대 약대 등이 당시에 선호되는 대학이었다. 여학생들은 이화여대, 숙명여대를 전통적으로 선호했다. 지방국립대 중 부산대, 경북대, 전남대 등이 입시경쟁률이 높았다. 기업들이 우후죽순으로 생기면서 대학마다 경영학과가 인기를 끌었다. 이때만 해도 소위 '대학 서열화'는 미약했다1980년대 중반까지도 많은 지방 학생들이 지방국립대를 지망했고, 지방국립대의 상위권 학과는 연고대와 커트 라인이 비슷하거나 오히려 높은 경우가 많았다.

1970년대 중반부터 사립대학들이 정원 늘리기에 나섰다이를 전면적으로 확대한 것이 1980년도 졸업정원제의 도입이고, 학과 및 단과대학의 자유로운 설치, 분교의 설립, 각 소도시에 정치 논리에 따른 신규 대학설립 등으로 90년대까지 계속되었다. 대학정원이 늘면서 사립대학들은 '종합대학'으로 확장을 한다. 이것의 명분은 '베이비 붐' 세대의 등장에 있었다. 즉 '대학을 진학하기를 원하는 사람이 많은 데 받을 수가 없다' 는 것이 명분이었다 반면 80~90년대에는 서울에 집중된 대학을 지방으로 보내 지역발전에 도움이 되게 하겠다는 것이 명분이었다.

대학은 정원 늘리기와 조직 확대를 요구하고, 대학진학을 원하는 층이 크게 늘어나고, '통치의 안정성을 위해' 군사정부는 이를 받아들이는 과정 이 1970년대 '지방 명문고 시대'의 탄생이며 동시에 '명문대'의 탄생과정이 었다. '일류고'가 사라진 자리에 '신흥 명문고'의 '명문대' 진학률은 대단했 다. 8도를 대표하는 고교들의 입시 결과가 해마다 신문을 장식했다. 수석 합격생의 공부비결, 가난한 수재의 눈물겨운 스토리가 국민을 자극하였 다. 또 대다수 국민은 자기 고향 고교가 얼마나 많은 학생을 '명문대'에 진 학시켰는지 관심을 가지게 되었다. 각 대학마다 고교 동문회가 만들어진 다. 이에 자극받은 '일류고'들이 동문회를 '더 쎄게' 조직한다. 사회적으로 같은 고교 출신과 같은 대학 출신의 '동문회'가 광범위하게 조직된다. 한국 사회에서 '학연'이 본격 시작된 것이 1970년대이다. 이 신흥 명문고 시대에 이름을 알린 전국의 고등학교가 서울, 부산을 포함하여 약 50개이다.

한편 '과외'가 과거와는 다르게 확대된다. 즉 70년대 초까지만 해도 '과 외'는 부유층에서 하는 '대학생 입주과외'나 현직교사의 '개인과외'가 주류 였다면, 70년대 중후반에 서울, 부산 등 대도시와 전국 거점도시에서 소 위 '그룹과외'가 생긴다. 현직교사, 학원강사, 과외전문선생 등이 본격적으 로 활동을 한다. 하지만 이것이 나중에 1980년 전두환의 '과외 금지조치' 를 부를 만큼 사회적으로 문제가 되는 것은 아니었다. 1970년대까지는 어쨌든 상층에서 주로 시키던 것이었다. 한편 1978년도에 고교평준화 정책이 전국 거점도시로까지 확대되었다. 1979년 고교입학생 1982년 대학입학생부터 세칭 '뺑뺑이 세대'가 전국적으로 나오기 시작한다. 이로 인해 지방 유지 중에는 자녀를 '바로 서울로 올려보내는 일'이 일부 이루어지나 다수는 최근 몇 년간의 '입시 성과'를 보고 거점도시로 진학시킨다.

문제는 '대학입시제도의 변경'이었다. '예비고사+대학 본고사'의 형태를 예비고사 이름을 '학력고사'로 바꿨을 뿐이다만 치르는 것으로 바꾸었다. 1981년부터 1993년까지 내신 30%+학력고사 70%라는 기본 골격이 이때 만들어졌다. 이 제도의 변경은 사회적으로 많은 변화를 가져온다.

당시까지 사회적인 배경은 이러했다. 1970-80년대에는 인문계고 졸업자가 공무원시험을 통해 행정기관에, 상고 출신이 금융권에, 공고 출신이 기업으로 직행하였고, 가정 형편이 어려운 중졸자는 직업훈련원을 통하여 기업에 취업하였다. 이런 식의 사회진출은 자연스러웠다. 대학진학률은 1970년에 5.4%, 1980년에 11.4%였다. 한편 박정희 시대 국가 주도 산업정책으로 인해, 주요 산업군들이 생성되고 기업들이 우후죽순으로 늘어났다. 한편 금융권 또한 마찬가지였다. 은행, 단자사, 신협, 보험, 증권, 종금사 등의 개수 및 점포 수의 확장도 동시기 마찬가지였다. 또 급속히 도시화가 진행되면서 행정 전반에 필요 인력이 급격히 늘어났다. 한편 제조업 이외 서비스업의 발달로 인해 사회적으로 필요한 인력이 급격히 늘어났다.

80년대에 기업들은 계속 만들어지고 대학졸업자들은 취업이 잘되었다. 명문대를 가기만 하면 '계층상승이 가능'했다. 따라서 대도시에서는 당시 대학생 과외세칭 몰래바이트가 유행했다. 시험제도가 '학력고사'이기 때문에 고등학생들이 '꾸준하게만 공부하면' '성적이 오르기' 때문이었다. 그래서 과거 '부잣집'만이 아닌 80년대에 형성되기 시작한 '중산층'들도 이 대열에 합류한다. 즉 명문대를 가면 계층상승이 보장되고, '아이가 조금만 공부하면 성적이 오른다고 하고' '대학생 과외니까 비싸지 않으니' 많은 가정이 이를 하게 된다. 아마 전두환 정부에 맞서 일반 시민들이 법을 어겨 가면서 가장 강력하게 한 일이 '과외 공부'일 것이다. 아이러니하게 언론을 통해 이 '몰래바이트'가 많이 보도되면서 '과외 시대'가 전국적으로 열리게 된다.

1986-87년이 되면 '학력고사' 경쟁은 매우 치열해진다. 이유는 대학을 졸업하면 미래가 보장되고, 시험은 쉬워지고, 시험 참여자가 늘고, 과외를 시킬 수 있는 '중산층이 사회적으로 형성된' 것 등 때문이다. 1989년부터 재학생 학원수강이 허용되면서 학원시대가 열린다. 서울역, 노량진 등에 있던 대형 단과학원들에 고교재학생들이 줄을 늘어선다. 스타강사들이 출현하고 스타강사의 강의를 수강하기 위해 줄을 대신 서주는 아르바이트가 등장하고, 수강증 암표 장사가 나타난다. 그러다가 수백 명을 한 교실에 집어넣고 하는 수업방식에 만족하지 못한 '돈 있는 학부모들'은 아파트 밀집 지역을 필두로 해서 생겨난 속셈학원, 외국어학원이후 '보습학원'이란 이름으로 합법화됨에서 그룹과외를 본격적으로 시키게 된다. 이 소규모의 국영수 학원이 처음에 압구정동, 반포에서 시작하여 강남, 서초, 송파, 강동 등에 확대되고, 목동, 중계동, 분당 등 신도시에 확대되고, 90년대 중반에

전국도시의 주요 상권마다 생긴다. '대치동 시대'가 이름을 떨치게 되는 것은 90년대 중반부터이다.

'행복은 성적순이 아니잖아요'라는 영화가 있다. 1989년 7월에 개봉된 강우석 감독의 데뷔작이다. 이미연, 김민종, 김보성 등의 하이틴 스타가 발굴된 영화였다. 이 영화는 1986년 성적비관으로 자살한 여고생의 실화를 바탕으로 만들어졌는데 당시 큰 사회적인 반향을 일으켰다. 필자는 이 반향을, 위에서 본대로 독재정권에 의해 대학정원이 대폭 늘고, 대학서열화가 생기고, 고교들에서 강하게 입시 일변도로 학생들을 끌고 가고, 가정에서는 과외를 시키며, '어른들 모두가' 학생들에게 '너의 목표는 명문대를 가는 것이야'라고 밀어붙인 결과라고 본다. 그러나 학생들은 급격히 바뀌고 있는 사회에서 '문화적으로 다른 경험과 인식을 가지게 되고' 그러면서 '나는 누구지? 내 인생은 뭐지?'라는 인식이 생기고, 그 인식과 경험이 또래 집단에서 공유되고 새롭게 일반화되고 있던 시점이었다. 86년부터 '민족, 민주, 인간화 교육'을 주장하며 투쟁해 온 교사집단이 1989년 5월 '전교조'를 창립하는 것 또한 이런 사회적 상황의 반영이었다. 촌지를 받지 않고, 참교육을 하겠다는 전교조의 창립 전후의 노력은 국민 다수의 지지와 응원을 받았다. 특히 청소년들 내에서는 압도적인 지지를 받았다.

특목고 시대-비극의 심화

명문대 진학 통로로서 특목고의 본격 탄생은 언제일까? 특목고의 대표주자인 대원외고는 1984년에 개교하여 1회 졸업생을 87년에 배출하였다. 서울과학고는 1989년에 개교하여 1회 졸업생을 92년에 배출하였다.

대원외고의 80년대 말까지의 명문대 입시 성과는 높지 않았다. 이때까지 서울에서는 소위 강남권 학교를 지칭하는 '8학군' 학교들의 입시 성과가 높았다. 또 전체적으로 서울과 지방 고교의 명문대 진학률이 큰 차이 없이 비슷했다. 외고와 과학고 전성시대가 열리는 것은 1994학년도 입시 때부터이다. 이 해 대원, 대일, 한영외고와 서울과학고의 입시 결과는 전 국민에게 충격을 준다. 당시 신문들은 이런 사실을 대서특필했다. "서울과학고 전원 서울대 합격" "대원외고 옛 경기고의 영광 살려" 등 자극적인 기사를 쏟아냈다. 당시 특목고들이 명문대 입시 성과를 크게 내게 된 것은 첫째 부활한 본고사, 둘째 학력고사에서 대학수학능력시험으로의 제도 변경, 셋째 내신의 상대적 반영 약화 때문이었다.

이 특목고 지정 배경에는 노태우 정권의 의도가 있었다. 노태우의 주지지기반은 지역을 논외로 하면 계급적으로는 상층과 중산층이었다. 특히 50년대에 출생하여 화이트칼라의 상층을 형성하고, 전문직을 갖고 있던 이들은 입시 명문고에 대한 향수가 강했다. 이들은 평준화에 큰 불만을 가지고 있었고 자녀들의 명문대 진학을 매우 선호했다. 이를 반영하여 노태우는 평준화 폐지를 원했으나 문교부는 평준화 폐지가 어렵다고 판단하고 보완 쪽으로 방향을 잡았다. 그 결과 1990년 8월 "각종 학교 형태의 외국어학교를 정식 교육과정으로 채택, 92년부터 외국어학교 신설을 인가하며 신입생 전형방법과 절차는 현행 과학고, 예체능고와 마찬가지로 특례를 인정한다"는 내용이 담긴 '고교평준화제도 개선안'을 발표했다. 그리고 김영삼 정부에서는 특목고 학생의 점수를 일반고 학생의 점수에 견줘 내신등급을 부여하는 비교내신제를 적용하였다. 이에 따라 1999년까지 유례없는 '특목고 전성시대'가 펼쳐진다. 그런데 이 결과는 1991년에 발표된 '1994년 대입전형' 이후 상층이 자녀를 대거 특목고에 보냈고, 학교에서는 학부모들로부터 정식 등록금 이외의 재정지원을 받으면서 일관하여 '대학입시'에만 집중했기 때문이다 대기업 오너 및 경영자, 정치인, 고위관료, 교수, 언론인, 법조인, 의사 등의 자녀가 많았다. 또 학부모들은 자녀들을 '팀을 짜서' '유명학원 강사'에게 지도를 맡겼다. 당시 '팀 가격'이 한 팀당 10명, 주 1회 3시간 수업, 4주 기준으로 '월' 250만 원–500만 원짜리가 많았고, 1000만 원짜리도 있었다 90년대 초 4년제 대졸자 '연봉' 초임이 1,000만 원이 안 된 직장이 대부분이었다.

'대학수학능력시험'은 '학력고사'가 '주입식 교육', '암기식 교육'의 원흉이라고 하면서 '창의력 배양'을 명분으로 하여 미국의 SAT를 모방하여 도입한 것이다. 도입 초기에는 문제의 내용과 형식이 낯설고, 과학탐구 사회탐구라는 이름으로 통합교과로 출제되면서 학교에서는 준비를 제대로 해줄수가 없었다. 따라서 부모들이 마침 성장하고 있던 학원들에 의존하면서, 학교우선–학원보조 관계가 학원우선–학교보조로 뒤바뀌게 된다. 이렇게 관계가 역전된 것은 '수능'이 결정적이다. 학력고사 때는 학교에서도 지도가 가능했고, 학생의 자기주도학습이 가능했다. 또 EBS는 그때도 이미 있었기 때문이다. 수능제도 도입에 미국 유학 출신 교수들, 학회들, 그들과 연결된 관료들, 기업들, 정치권의 이해관계가 있었던 것으로 알려져 있다 이는 이후 2천년대에는 입학사정관제로 또 한 번 업데이트 된다.

90년대 중반부터 특목고 입시를 위한 전문학원이 본격 형성된다. 서초, 강남, 송파, 강동, 목동, 중계동, 분당, 평촌, 일산 등에 중학생과 초등학생을 위한 '특목고 전문학원'들이 우후죽순으로 생겨난다. 중학생은 고교평준화 이후 학교에서 보충수업 및 자율학습이 없었다. 중학생 대상의 학습지도 학원도 없었다. 그런데 이제 상황이 달라졌다. 특목고 입학의 시대가 도래한 것이다. 학교는 특별한 변화가 없었다. 이때부터 달라진 것은 '학원'이었다. 독자들은 학원에서 수준별 반편성을 한다는 사실을 대부분 알고 있을 것이다. 자기가 돈을 내고 교육을 받으므로 자기 수준에 맞는 반을 선택하여 수업받는 것이 당연하다고 생각할 것이다. 그러나 아이들의 세계에서는 다르다. 학교에는 '수준별 반편성'이 없었다 우열반 편성이 금지되고 나서 영어, 수학 과목의 '이동식 수업'이라는 것이 2000년대에 고등학교에서 생기고 후에 중학교에서도 생긴다. 그런데 학원에는 우열반이 있는 것이다. 이것이 아이들에게 엄청나게 큰 스트레스가 되었다. 친구보다 낮은 반에 있는 아이가 느끼는 스트레스, 상위반에서 떨어지지 않으려고 받는 스트레스는 어른들이 생각하지 못할 정도로 큰 것이었다.

또 이때부터 '선행학습'과 '경시대회'가 본격 시작된다. 특목고가 대입 열풍을 가져오기 전만 해도, 학력고사만 치러지던 시대에는 중학생들의 고교과정 선행학습은 없었다. 영어 선행학습이 본격적으로 등장한다. 영어는 수능에 도입된 '듣기평가'의 영향이 크다. 과거 학력고사나 이전의 본고사, 예비고사에는 '듣기'가 없었다. 외국인과의 '회화능력이 중요하다'면서 '듣기평가'가 도입되었다. 한국 사람 중 일상생활에서 '영어 회화'가 필요한 사람이 얼마나 되는지 궁금하다 영어 전문학원이 본격적으로 생긴다. 영어는 '어른이 되어서도 평생 해야 하는 과목이므로 미리 해야 한다'는 주장이 자리 잡는다. 여기에 '민족사관고'의 입학을 위해 토플, 토익 점수가 필요하게 되고 외고들에서도 이 성적을 요구한다. 민사고나 외고들이 스스로를 '명문고'로 자리 잡으려고 진입장벽을 강화한 이유이다. 이 때문에 방학 때 미국, 캐나다 등으로 가는 어학연수가 시작된다 90년대부터 대졸자의 대기업, 공사 등의 입사 지원항목에 어학 인증서 제출이 필수가 된 것도 한몫한다. 대학생, 중고생, 초등생의 어학연수 바람이 '특목고 열풍'과 비슷한 시기에 맞물려 일어난다. 이로써 한국에 영어 학습법이 넘쳐나게 된다. 영어 선행학습은 무서운 속도로 확산되어 초등학생 대상 학원 프랜차이즈가 생기고, 유치원과정에 영어가 도입되고 아예 영어 유치원도 생긴다 영어로 돈을 번 학원들이 기업화하고 산업화된다. 코스닥 등에 상장한 교육기업 중 다수가 영어 관련 기업이다.

한편 수학 선행학습도 시작된다. 특목고 입시에서는 고교과정 문제가 일정 비율 출제되었기 때문에 중학생들이 고등학교 과정을 학습할 수밖에 없었다. 이로 인해 초등학교 5-6학년 때부터 입시 준비를 시작하는 학생들이 생겼다. 게다가 과학고에서 초기에는 외고에서도 요구 '수학경시대회' 입상자를 내신이나 선발시험과 관계없이 뽑는 제도를 만들면서 '경시대회'가 폭발한다. 이런 경시대회는 권위를 갖추기 위해 대형 언론사가 주관해서 치러졌다. 이것이 '장사가 되자' 대학과 언론사마다 앞다투어 '대회를 창설한다'. 대학에 입학할 때도 특혜를 주었다. 이런 일은 2000년대 초반까지 지속된다.

부모들은 '다들 시키니 안 시키면 불안하고', 어린 중학생, 초등학생들은 학교는 뒷전이고 학원 숙제를 하느라 여념이 없었다. 고등학교나 중학교에서 학생들은 교실에서 잠을 자거나 학원 숙제를 한다. '교실이 붕괴되었다'고 언론에서 난리를 친다. '왕따'나 '조직화된 학교 폭력'이 다 이즈음에 나타나는 일들이고 놀이터에 아이들이 사라진 것도 이때부터다. 90년대 내내 '행복은 성적순이 아니잖아요'를 외치며 많은 어린 생명들이 사라져 갔다. 고교생만이 아니고 중학생, 초등학생으로 더 낮아졌다. 이런 현상은 지금도 계속되고 있다. 2012년 기준으로 전국에 외고는 31개, 과학고 21개, 국제고 6개, 자립형사립고 50개로 특목고 범주에 들어가는 학교가 총 108개이다. 과거 신흥 명문고가 약 50개였다. 김대중 정부 때부터 교실 정원이 30-35명으로 줄어들었다. 70-80년대에 한 반에 60-70명이었던 것을 고려하면 과거의 신흥 명문고를 특목고가 완벽히 대체하고 있음을 알 수가 있다.

90년대-2000년대의 특목고 열풍은, 과거 일류고 시대에서 신흥 명문고 시대를 거쳐, 특목고 시대로 바뀐 것을 뜻한다. 중요한 것은 앞 시기보다 뒤로 갈수록 경쟁의 참여자가 늘고 훨씬 깊고 큰 경쟁이 나타나고, 고등학생만이 아니라 중학생, 초등학생으로 범위가 넓어지는 데에 문제의 심각성이 있다. 이제 대입 경쟁은 초등학교 5학년이면 시작된다. 그때부터 중고생 시절 전체를 대학입시 준비에 바친다. 대학을 진학하면 또 각종 스펙 쌓기와 시험 준비에 몰두한다. 그래도 절반은 취업이 어려운 시대이다. 기업과 국가는 모든 가정의 희생 위에서 아무런 노력 없이 '인적 자원'을 손쉽게 획득한다. 게다가 학교들은 소수 지배세력에 의한 사회통제의 장으로 기능한다. 이런 나라를 '문명국가'라고 부를 수 있을까? 이런 비극적인 흐름의 근본에는 명문대로 지칭되는 대학 서열화 및 이런 입시 구조에서 이익을 보는 집단이 각 단계마다 있다. 그리고 이런 현실이 개선되지 않고 계속 악화되어 온 것은, 사회의 상층으로부터 시작된 계급 재생산

욕구에 중산층이 뛰어들고, 서민층까지 합류하여, 모두가 학력을 통한 계급 상승 욕구를 나타내고 있기 때문이다.

4) 김영삼 정부 문민정부 시기 | 1993-1997

앞서 본 정국 흐름에서 92년 대선에서 인적 물적 자원을 장악한 거대 여당 후보 김영삼이 이기는 것은 당연했다. 결과는 김영삼 42%, 김대중 33.8%, 정주영 16.3%, 박찬종 6.4%, 백기완 1%였다. 김영삼의 득표율이 낮아진 것은 정주영과 박찬종의 출마 때문이었다. 정주영은 김대중의 기반인 호남과 김영삼의 기반인 부산 경남을 제외한 다른 지역에서 득표율이 상당히 높았고, 박찬종은 후보 중 아무도 연고가 없는 대구와 대전에서 본인 평균 득표율의 두 배를 받았다.

김영삼 정부 당시 한국 사회 지배세력의 구성과 서열에 변화가 생긴다. 먼저 오랜 세월 자리를 차지했던 군부가 물러나고 안기부, 보안사, 경찰 등이 후퇴하고 그 자리를 검찰이 채웠다.

검찰 출신 정치인들도 성장한다. 한편 노태우 정부 때부터 주요 사건은 검찰이 처리했다. 검찰총장도 존재감이 커졌고 노태우 정부에서 처음으로 임기제가 실시되었다. '검찰 공화국'이라는 말이 언론을 장식했다. 하지만 검찰은 노태우 정부 때는 물론이고 김영삼 정부 때까지는 권력의 하수인 역할을 했다. 검찰이 정치권력에 대항한 것은 김영삼 임기 말에 김영삼의 아들 김현철 사건이 터진 뒤의 일이었다. 그리고 김영삼 정부 때부터 재벌이 앞 순위로 올라온다. 즉 정치인-관료-재벌-언론-법조-학계-전문가 집단의 순으로 재편된다. 김영삼 정부에서 재벌에 대한 규제책은 강화된 것이 없고, 업종 전문화 시책에 따라 재벌 주력 기업에 대한 출자 총액과 여신 관리 등의 '특혜'가 계속 주어졌다. 재벌들의 문어발과 경제력 집중이 갈수록 심해졌다. 94년 기준으로 30대 재벌 중 상위 5대 그룹 _{현대·삼}성·대우·LG·선경은 30대 재벌의 자산총액에서 55.7%, 연간 매출액에서 66%를 차지했다. 특히 자동차, 조선, 석유화학, 반도체 등 한국경제의 호황 업종을 독점하고 있는 5대 재벌의 당기 순이익은 전체 30대 그룹의 87%에 달했다. 그리고 경제관료와 재벌은 매우 밀착되었다.

'문민정부'를 표방한 김영삼은 대통령으로서의 권력 행사를 현재까지도 필적할 사람이 없을 정도로 확실히 행사하였다. 임기 초반 김영삼은 인기가 매우 높았다. 청와대 앞길과 인왕산 개방, 고위공직자 재산공개, 하나회 척결, 금융실명제 실시 등은 중산층의 의식에 부합했다. 심지어는 성수대교 붕괴, 삼풍백화점 붕괴 등 대형 사건 사고가 끊이질 않은 것도 일반 국민은 과거의 탓으로 이해를 해줄 정도였다.

거대 여당 김영삼 정부 시기에 전통적인 민중운동 기반의 반체제세력은 약화되었고, 정치 투쟁은 많은 부분이 제도권에서 이루어졌다. 일부 재야인사는 정부에 참여하여 제도적 민주화, 장기수 북송과 한반도 평화를 위한 역할 등을 했다. 전노협에 이어 1995년 민주노총이 탄생하며 노동운동은 세를 확대해 나갔지만 임금 인상과 제도 개선 투쟁에 집중했다. 농민운동은 농산물 개방 반대 투쟁에 집중했다. 70-80년대 학생운동 출신

운동가들은 현실 사회주의 붕괴로 인한 충격으로 혼란을 겪었고, 민중운동의 대규모 성장에 따라 역할이 축소되고, 동시에 나이가 들며 많은 이들이 '생활을 위해' 흩어졌다.[10]

재야세력은 정치적인 영향력이 더욱 약화되었다. 학생운동은 전대협에 이어 1993년 한총련을 만드나 대중의 동의를 수반하지 않는 표현과 투쟁 방식으로 영향력이 약화되다가 1996년 연세대 사태와 1997년 한양대 사건으로 세력도 크게 약화된다. 김영삼 정부 시기에 많은 이들이 "혁명의 시대는 끝났고 개혁의 시대"라고 말했고, 반체제세력의 대다수가 이 말에 동의했다. 혁명을 원하는 이들은 극소수가 되었고 '제도권 정치'가 중요해졌다.

김영삼의 경쟁자인 김대중은 1992년 대선 다음 날 정계 은퇴를 발표하고 1993년 1월 영국으로 출국한다. 이후 귀국하여 기회를 보다가 1995년 6월 지방선거에서 민주당이 승리하고 나서 7월에 정계 복귀를 선언하며 새정치국민회의를 창당한다. 그러나 1996년 총선에서 새정치국민회의는 79석을 얻었고, 비례대표 14번이었던 김대중은 낙선한다. 이후 김대중은 97년 대선 준비에 부심한다.

한편 노태우-김영삼 정부 시기에 80년대 반정부운동을 했던 이들 중 일부가 경실련, 환경운동연합, 참여연대 등 각종 시민운동단체를 만들었다. 이제 서민도 아니고 민중도 아니라고 생각하던 중산층은 '시민'이라는 새로운 단어의 주체가 되었다. 중산층 중 합리적인 사회개혁을 원하는 이들이 시민단체에 적극 참여하기 시작하고, 단체들은 이른바 '구체적인 정책 대안'들을 내놓게 된다. 기존의 운동단체들처럼 공안 기관에 잡혀갈 걱정을 안 해도 되고, 소액의 후원회비만 내도 충분했기 때문에 시민단체들은 급성장한다. 이 시민단체들의 활동은 '권력을 바꾸는 일'에 집중하는 것이 아니고, '권력을 견제하는 일'에 집중한 것이 특징이었다. 하지만 사회의 잘못된 관행에 대한 문제 제기나 재벌문제, 환경문제 등에 대해 이 시기에 제기하는 것은 진보적인 활동이었다. 한편 같은 시기에 사회적으로 두드러지는 것은 많은 사람이 '봉사단체'에 가입하고 활동하거나 후원하는 일이었다. 언론에서는 '꽃동네' '소쩍새 마을' '부스러기 선교회' 같은 곳을 발굴해서 사람들에게 눈물과 감동을 주는 보도를 많이 했다. 많은 중산층이 이 활동을 시작했다.

김영삼은 임기 말 쌀개방 문제와 노동법 날치기, 한보 비리, 아들과 측근 비리가 터지면서 정권이 흔들리고 급락한다. 그리고 외환위기를 맞는다.[11]

5) 김대중 정부 국민의 정부 시기 1998-2002

97년 대선은 김영삼에게 배신당한 김종필과 절치부심한 김대중의 연합으로 충청-호남 지역연합의 승리로 볼 수 있다. 결과는 김대중 40.27%, 이회창 38.75%, 이인제 19.21%, 권영길 1.19%였다. 이회창의 아들 병역 의혹이 터진 후, 지지율 급락을 이유로 이인제가 여당인 신한국당을 탈당하고 출마하였다. 이후 김종필이 후보를 사퇴하며 김대중과 손을 잡았다.

김대중-김종필연합과 이회창의 대결은 '정권교체'냐 '3김 청산'이냐를 핵심 주제로 하여 치열하게 진행되었지만, 이회창-이인제가 분열된 상황에서 역으로 김대중-김종필이 하나가 된 구도였던 것이 승패에 결정적이었다. 김대중은 서울, 경기, 인천, 충청, 호남, 제주에서 승리했다. 1992년 대선에는 서울과 호남에서만 1위를 했지만, 97년에는 김종필과의 연대로 지지세를 경기, 인천, 충청, 제주까지 확대한 것이었다. 반면 이회창과 이인제의 표를 합하면 호남을 제외한 전 지역에서 김대중을 앞섰는데, 여권 분열로 김대중이 당선된 것이었다. 김종필은 김대중에게 씌워진 오래된 '과격분자', '공산주의자'라는 프레임을 벗어나게 한 일등공신이었다.

한편 87년부터 당시까지 10여 년간 김대중과 가까운 재야인사들은 김대중의 당에 입당하거나 선거 때마다 그를 지지하였다. 97년 대선을 계기로 그간 쇠락의 길을 걷던 재야세력의 정치적인 힘은 사실상 소멸하였다. 같은 시기 독자적인 진보정당 운동은 아직 의미 있는 세력 구축을 하기에는 어렵다는 것이 확인되었다.[12]

97년 선거를 통해 유신 때부터 이어져 온 '민주화 대 독재'라는 대립 구도는, 김영삼에 이어 김대중이 당선되어 '체제 내에서 제도화되면서' 유효성이 상당 부분 사라지게 되었다. 또 97년 대선은 지역 기반 중심 선거로서는 마지막이었다. 물론 지역 기반 정치행태는 그 뒤에도 거대 양당에 의해 때마다 반복되어 활용되었다. 즉 계급 계층별 이해관계에 따른 정당 운영 및 정당 간 정치 투쟁이 아니라, 거대 양당이 모두 '국민정당'을 표방하면서 실제로는 자신들의 일차 지지기반을 '지역성'에 두는 행태는 계속 유지된다. 하지만 2000년대 들어서 불평등과 양극화 심화, 그에 따른 계급 계층의 고착화, 제3당으로서 민주노동당의 약진 등을 통해, '지역성'은 많이 약화되는 현상을 보인다.

97년 'IMF 사태'는 한국인의 삶과 가치관을 크게 바꾸어 놓았다. '준비된 경제대통령'을 자처한 김대중의 '국민의 정부'는 '외환위기 극복', '자유민주주의와 시장 경제 병행 발전'을 천명하였다. 외환위기는 외채의 조기 상환으로 벗어났으나, 이 과정에서 신자유주의 경제 정책을 본격화하여 국부유출과 노동 유연성 확대 비정규직 확대, 금융의 대외종속화, 중산층 약화 등이 나타났다. 또 이른바 '모피아'의 시대가 본격적으로 개막되었다. 이들의 이론은 정치권과 언론을 장악하여 사회의식을 지배했고, 이들의 정책은 불평등─양극화 구조를 심화시켰다. 이들은 재벌, 외자와 결탁하고, 퇴임 후 로펌에 들어가 영향력을 계속 행사했다. 그러다가 다시 공직에 등용되는 '회전문 인사' 시대를 연다. 이 방식은 이후 정부 부처 종류에 관계없이 모든 고위관료로 확대된다.

그리고 재벌들 중 살아남은 재벌들이 망한 재벌들의 자산을 인수하며 슈퍼 재벌이 되어 힘과 영향력이 매우 커진다. 한편 벤처기업 육성정책과 코스닥 상장을 활용하여 과거 전통적인 방식의 정경 유착 비리와는 다른 형태의 각종 '게이트'들이 생겨났다. 김대중 정부는 이외에도 세 아들 모두의 비리 사건과 신용카드 정책, 부동산 정책 등이 비판의 대상이 되었다. 모두가 '돈 돈 돈' 하는 세상이 되었고, 2001년 말 BC카드의 TV 광고 '부자 되세요'는 새해 최고의 덕담이 되었다.

한편 1999년 터진 옷로비 사건은 당시 외화밀반출 혐의를 받고 있던 신동아그룹 최순영 회장의 부인 이형자가 남편의 구명을 위해 고위층 인사들의 부인들에게 고가의 옷로비를 한 사건을 말하는데, 의혹의 핵심은 김태정 법무부 장관 부부였다. 이 사건의 조사를 위해 역사상 처음으로 특별검사제도가 도입됐다. 김태정 장관은 총장 시절인 1999년 2월 하순, 청와대 사정 관계자로부터 '옷로비 내사결과 보고서' 원본을 건네받은 뒤, 신동아그룹 박 모 부회장에게 보고서 사본을 건네준 혐의를 받았다. 같은 해 12월 김태정 전 장관은 공무상 비밀누설 및 공문서 변조 행사 혐의로 구속됐다. 옷로비 사건은 김대중 정권 도덕성에 치명타였다. 김태정 장관은 김대중 정권 창출의 '1등 공신'이었다. 김영삼 정부 마지막 검찰총장이었던 그가 97년 대선을 앞두고 '김대중 비자금 의혹'이 터져 나오자, 이에 대한 수사를 유보했기 때문이다. 그 덕에 김대중 정권 출범 후에도 총장직에 유임됐고, 법무부 장관으로 기용된 것이다.[13]

정치인-재벌-관료-법조-언론-학계-종교계-전문가 등이 지배세력이 되었다. '평생직장'은 무너지고, '명예퇴직' '정리해고'라는 용어가 새로 등장했다. 사라진 은행 직원들의 절규, 양복을 입고 산을 오르는 사람들, 가정 해체, 노숙인의 등장 등은 많은 이들을 불안하게 했다. 80년대부터 세력을 키운 대형교회의 영향력이 매우 커졌다. 직장을 잃은 많은 이들이 자영업을 선택하며 프랜차이즈 시대가 본격적으로 열린다. 대학생에게는 '스펙 쌓기'가 본격적으로 시작된다. 이런 사회상은 2003년 '이태백'20대 태반이 백수, '삼팔선'38세 퇴직, '사오정'45세 정년, '오륙도'56세까지 일하면 도둑 등의 신조어를 만들어 낸다.

김대중 정부 시기 조직화된 노동운동, 농민운동, 빈민운동에 기반하여 민주노동당이 창당된다.

김대중 정부는 2000년 사상 최초의 남북 정상회담 및 6·15 공동선언, 금강산 관광 등 남북 간 긴장 완화와 화해 협력을 진전시킨 것과 국민연금 확대, 국민기초생활보장제 도입, 국가인권위원회, 여성부 설치 등은 성과로 평가된다.

2002년 5월 31일부터 6월 30일까지 월드컵이 열렸다. 광장과 거리는 '붉은 악마'로 가득 채워졌다. 한국에서 과거와는 다른 청년들이 주도하는 새로운 응원문화가 나타났고, 월드컵 기간 내내 한국은 세계의 주목을 받았으며 한국인들은 일상에서 들떠있었다.

6월 13일 지방선거가 치러졌다. 집권당인 새천년민주당은 김대중의 임기 말 레임덕으로 지지율 하락을 겪고 있었다. 차기 대선 후보 경선에서 나타난 노무현 열풍으로 반전을 꾀했으나, 김대중의 아들들이 연루된 게이트가 터지면서 당 지지율은 다시 크게 하락한다. 또 투표일인 6월 13일은 한국과 포르투갈 대표팀의 조별 예선 경기를 하루 앞둔 날로, 48.8%라는 역대 최저 투표율을 보였다. 선거 결과 이회창의 한나라당은 광역단체장 11석, 기초단체장 140석, 광역의원 467석을 얻어 압승했다. 집권당인 새천년민주당은 광역단체장 4, 기초단체장 44, 광역의원 143, 김종필의 자민련은 광역단체장 1, 기초단체장 16, 광역의원 33을 얻어 패배했다. 여당의 노무현 대선후보는 "영남권 광역단체장 당선자가 나오지 못하면 재신임을 묻겠다"던 공약에 따라 재신임을 받았으나, 이후 8월 재보선까지 참패하면서 11월까지 계속 사퇴 압박을 받게 된다. 반면 한나라당 이회창 총재는 당 장악력을 강화하며 대선까지 탄탄대로를 달리게 된다. 자민련은 충남 외에 광역단체장 후보가 전원 낙선하고, 정당 득표율도 원외 정당인 민주노동당에 밀리는 결과를 얻었다. 민주노동당은 기초단체장 2, 광역의원 11석을 얻었다. 득표율은 8.1%로 자민련을 제쳤고 광주, 전남, 전북, 울산에서는 득표율 2위를 차지했고, 경남, 부산에서도 2위인 새천년민주당과 경합했다.

그런데 같은 6월 13일, 14살 여중생 신효순 심미선이 경기도 양주의 한 도로에서 미군 장갑차에 치여 숨지는 사건이 발생했다. 모두가 월드컵 열기에 빠져 있어 두 학생의 죽음은 큰 주목을 받지 못했다. 사건 당일 미 8군 사령관은 성명을 내고 "우리는 이번 비극적인 사고에 깊은 슬픔을 느낀다. 유가족들에게 진심으로 조의를 표하며 철저한 조사를 약속한다"고 말했고, 6월 19일, 미 제2사단은 한미합동조사결과를 공식 발표했다. 그들은 사고의 우발성을 강조했다. 그러나 조사결과는 한미합동으로 이루어진 것도 아니고, 철저하게 이루어지지도 않았고 상당 부분 허위였다. '미군 장갑차 여중생 고 신효순·심미선 양 사망사건 범국민대책위원회여중생 범대위'가 만들어지고 미 2사단 앞에서 범국민대회를 개최한다. 이때 시민단체 활동가들 외에 교복 입은 중고생들이 많이 참여하여 '진상을 규명해라' '미군은 사과하라' 외치며 달걀을 던졌다. 매주 토요일마다 의정부역 광장에서 집회가 열렸고 학교들은 교장과 교사들을 동원하여 학생들의 집회 참석을 막았다. 우여곡절 끝에 두 가해자인 미군 2명은 11월 무죄를 받고 한국을 떠난다. 11월 30일 광화문에서 촛불시위가 시작된다. 참여자 수는 계속 늘어 12월 7일에는 약 5만여 명이 경찰 저지선을 뚫고 미국 대사관 앞에서 시위를 했다. 12월 14일 시청 앞 광장에서 열린 범국민대회에는 10만에 가까운 사람들이 참석하고 전국적으로 40만 명에 이르는 사람들이 'SOFA 개정'과 '부시 대통령의 사과'를 요구했다. 한편 외교부, 국방부는 주한미군 주둔의 필요성과 긍정적 이미지를 홍보하는 데 집중했고, 김대중 정부는 소파 개정 문제에 미온적이었다. 여론에 밀려 내놓은 소파 개선안에 재판권 문제는 포함돼 있지도 않았다. 그러면서 정부는 여중생 사망 항의 운동에는 강경하게 대처했다. 진상 규명 요구를 "각종 근거 없는 의혹과 유언비어 유포"로 규정하며 시위자들을 연행하고 구속까지 했다. 반미 여론이 크게 확산되었다. 12월 13일 부시는 김대중과의 전화 통화에서 유감을 표시하며 사과의 뜻을 전했다. 그리고 12월 19일 대선이 치러졌다.

두 어린 여중생의 죽음은 오랜 세월 쌓여온 불평등한 한미관계에 대해 한국인이 대중적으로 본격적인 문제제기를 하는 큰 계기가 되었다. 특히 청년층의 자주적인 정치적 각성에 큰 계기가 되었다. 월드컵과 촛불시위를 통해 청소년과 청년세대는 이후 미국 일본 중국 러시아에 대해 자주적인 태도를 확립한다. 이회창은 천주교의 여중생 추모 미사에 나타났다가 주최 측으로부터 '떠나 달라'는 모욕을 당했고, 참석자 일부는 그에게 계란을 던졌다. 반면 "'반미면 어떠냐'고 했던 노무현 후보에게 반미 정서가 강한 20-30대의 표가 대거 몰렸다 출처. 중앙일보. 2002년 12월 20일." 그러나 대통령에 취임한 후 노무현은 2003년 4월 미국의 이라크 전쟁에 군대를 파병하기로 결정한다. 이 결정은 그의 지지자들에게 커다란 배신감을 불러일으킨다.

6) 노무현 정부 참여 정부 시기 2003-2007

2002년 대선에서 필자는 노무현의 승리를 당연하게 보았다. 대선 1년 전부터 노무현이 후보가 되고 승리할 것으로 예상했다. 이인제는 집권세력 내부의 권력 지형과 대중 지지의 미흡 때문에 불가하다고 봤고, '민주화운동'의 대표적 인물인 김근태는 시대의 조류에 맞는 정치적 입지를 만들지 못했기 때문에 어렵다고 보았다. 반면 노무현은 당시의 서민층과 중산층에게 '부채의식'을 갖게 만든 유일한 정치인이었다. 10년간을 노무현은 안되는 선거에서 계속 부서졌다. 하지만 명분이 국민에게 감동을 주었다. "지역감정 해소가 나의 필생의 정치적 목표이다"라는 말이었다. 이는 김영삼-김대중을 넘어서려는 메시지였다. 진보정당이나 민주당을 지지하는 노동자, 농민, 도시 빈민, 중산층에게 이 부채의식은 '보상하는 마음'으로 나타났다.

노사모와 저금통은 김대중에 대한 예전 지지자들의 행태와는 상당히 다른 새로운 문화였다. 이는 인터넷의 보급과 사용으로부터 생겨난 것이었다. 즉 인터넷 사용 인구는 2000년 말에 1천만 명을 넘고, 2002년이 되면 카페 활동, 댓글 쓰기 등을 충분히 경험한 사람이 2천만 명이 되었다. 수많은 흩어져 있는 개인들이 온라인에서 '합리성'과 '매너'를 가지고, 의제에 대해 서로 주장과 반박을 수행하였다. 전통적인 민중운동단체나 시민단체와는 달리 발언의 내용과 형식도 달랐고, 그에 따라 형성되는 정치적 권위도 달라졌다. 이 과정을 통한 시민들의 힘이 모여 '노무현 현상'을 만들어냈다. 정치 분파들 사이의 전통적인 정치 투쟁 방법인 국회의원과 지구당 위원장의 당원 장악력보다, 또 민중운동단체나 시민단체와는 거리를 둔, '시민 자체'의 큰 여론 주도세력이 나타난 것이다 물론 주도 인물 중 상당수는 과거 '운동권'이었거나 사회단체, 민주당과 가까운 이들이 있기는 했지만 조직적인 연계는 미약했다. 새천년민주당이 국민참여 경선을 도입하면서 이는 현실화되었다. 대선 7개월 전 노무현은 집권당의 후보가 되었다. 이 흐름에 월드컵 관련하여 좋은 이미지를 가지고 있던 정주영의 아들 정주영은 김대중 정부때 인 98년 6월, 10월 소 1,001마리를 끌고 방북했고 이후 금강산 관광이 시작되었다. 이후 정주영은 '존경받는 기업인'으로 재탄생하였다. 정몽준과의 단일화는 노무현의 승리를 만들기에 충분했다. 새천년민주당이 노무현을 후보로 선출하고도 적극적으로 지원하지 않고 여러 사건으로 지지율이 낮았음에도, 유권자 내부에서 스스로 조직된 강력한 '여론 주도 흐름' 때문에 노무현은 드라마틱하게 후보단일화에서 이기고, 선거 전날 정몽준의 약속 파기에도 불구하고 이회창을 이길 수가 있었다. 노무현 48.91%, 이회창 46.58%, 권영길 3.89%이었다. 투표율은 직전 대선 80.7%보다 9.9%가 낮은 70.8%였다.

이때 많은 유권자가 선거 전날 권영길에서 노무현으로 지지 후보를 바꾸었다. 이회창의 당선 가능성이 커졌다고 판단했기 때문이다. 또 노무현의 위기로 생각한 훨씬 많은 이들이 투표에 적극적으로 참여했다. 즉 노무현으로의 결집 및 노무현 지지자의 결집이 결정적인 승리의 요인이었다. 선거 과정을 보면 권영길은 노무현보다 이회창에게 불리하게 작용했다. 첫째, 민주노동당 권영길의 뚜렷한 진보 색깔은 노무현을 중도로 보이게 만들었고, 이회창은 수구 이미지를 갖게 했다. 이는 노무현의 진보적 이미지에 거리감을 느끼고 고민하던 유권자들 당시 무당파 지금은 스윙 보터라 불림에게 노무현을 선택하게 했다. 둘째, 권영길은 이회창, 노무현을 모두 '기득권'이라고 공격했다. 양비론 같아 보이지만 개인 노무현은 기득권이라고 보기 어려웠고 당은 기득권이지만 노무현의 이회창 공격에 겹쳐져 당연히 한나라당이 '오래되고 더 심한 부패세력'으로 보이게 됐다. 그래서 선거의 핵심 의제는 '정권교체'가 아닌 '낡은 정치 청산'으로 변화했다. 그 결과 이회창이 약화되었다. 셋째, 권영길은 노동자 밀집 지역인 부산 울산 경남에서 이회창의 지지를 약화시켰고, 거대 양당에 불만을 가진 서민층도 전국적으로 투표소에 끌어냈다. "국민 여러분 살림살이가 나아지셨습니까?"가 유행어가 되었다. 즉 권영길은 노무현의 자리를 좁힌 것이 아니라 노무현을 밀어 이회창을 약화시킨 것이다. 이것이 2004년 민주노동당 약진의 기초이며, 노무현 정부가 민주노동당에 우호적이게 된 이유였다. 비판적 지지론자들은 이 사실에 눈을 감고 모르는 체를 한다.

세 가지 계층과 세 가지 사회의식

필자는 1987년부터 한국 사회에는 크게 세 가지 계층과 세 가지 사회의식이 존재한다고 본다. 이 계층과 사회의식은 일대일 대응하지는 않는다. 또 일상생활에서는 일치하지 않는 경우도 많다. 하지만 선거 때는 상당 부분 일치하고 특히 중산층에서는 일치하는 경향이 크다고 본다.

먼저 세 계층이다. 계층 즉 사회경제적인 것으로 자산, 소득, 학력 기준으로 상층, 중산층, 하층 서민층이다. 상층은 0.1%의 이권 장악 집단, 1%의 이권 비호 집단, 10%의 이권 추종 집단으로 이루어져 있다. 이들은 지배력의 유지 강화를 위해 그 아래층을 끊임없이 포섭하는 전략을 사용한다. 그래서 보통 상위 20%까지를 이권 추종 집단화하며, 주요 정치적 행동 때에는 상위 40%까지를 장악하려 노력한다. 이어 중산층은 상위 10-70%이고, 하층은 나머지 30%이다.[14]

다음은 세 가지 사회의식이다. 역대 선거에서 나타나는 유권자 인구로 본 것이다.

하나는 20% 안팎의 근본적인 사회 변화를 바라는 층이다. 이른바 진보층이다. 이 층을 필자는 편의상 '80년대 과제의 해결을 원하는 층'이라 부른다. 즉 민주주의, 민족의 자주성, 민중 생존권 문제의 구조적 해결을 원하는 층이다. 70-80년대 학생운동과 재야운동이 줄기차게 주장했던 과제들에 대해 민감한 층이라 하겠다. 계층으로는 하층도 일부 있지만 중산층이 많고, 이른바 '강남좌파'로 불리는 일부 상층도 포함된다.[15]

둘은 25% 정도의 이른바 '조중동'의 사회의식을 전파하는 층이다. 한국의 지배 이데올로기를 유지하는 층이다. 한마디로 진보층과 반대편에 있는 이들로서 정치적으로는 이른바 '수구층'이다. 박근혜 탄핵 당시 이를 반대하던 층이고, 직후 치러진 대선에서 홍준표를 지지한 층이다. 이들 중 계층적으로 상층10%은 이른바 '신자유주의'하에서 '의식적으로' '부의 문제'의 중요성을 느끼고, 자산을 늘리기 위해 모든 노력을 집중하였다. 이들과 사회의식을 공유하는 상위 10-20%의 계층과 하층 30%에서도 상당 부분 존재한다.[16]

이들은 '반북친미친일' 성향을 가지며, 독재 정부의 역사를 미화한다.

'수구층'의 숫자는 '진보층'보다 대부분 선거에서 항상 많았다.

셋은 나머지 55%의 사람들로 다양한 가치를 중요하게 여기며 주로 '합리성'을 기준으로 삼는 층이다. 이 층은 1987년부터 형성된 개인, 가족, 건강, 종교, 봉사 등의 중요함을 인생과 사회의 주된 가치로 삼는 사람들이다. 이 층이 실제로 사회를 바꾼 예로 '환경문제', '건강한 먹을거리의 문제', '인권 및 소수자의 문제', '행정의 간소화', '우리 문화의 중요성 문제' 등을 꼽을 수 있다. 이것이 가능하도록 힘을 모아 준 층이 이 층이다. 계층으로는 주로 중산층이다.

필자는 이 세 번째 55% 층의 선택이 상당 부분의 의제를 좌우해왔다는 점에 주목한다. IMF 이후 언론을 통한 가족 해체 보도는 모두에게 엄청난 충격을 주었다. 의학의 발달과 의료보험제도로 인해 한국인의 수명은 많이 늘어났다. 회사에 충성을 다해 일해야 한다는 인식도 깨졌고 따라서 나와 우리 가족이 건강하고 행복하게 사는 것이 모든 사회적 가치에 앞서 중요하다는 인식이 자리 잡았다. 게다가 '불안을 벗어나는 돈 문제'가 매우 중요해졌다. 이는 대단히 큰 변화이다. 이 층은 탈정치적이지 않다. 오히려 모든 생활 면에서 사회 속에서 '생활 정치'를 해나가고 있다. 이 층은 사회적 의제를 본인들이 처한 입장에서 제기하고 조직한다. 이런 사례는 너무나 많다. 종교 생활이 일상화되었고, 봉사단체 활동이나 후원도 일상화되었다. 건강을 위한 운동은 안 하는 사람이 없을 정도이다. 이들의 인권의식 덕분에 외국인 노동자나 다문화가정에 대한 인식도 많이 개선되었다. 이들이 또한 인터넷 글쓰기와 커뮤니티의 주도자이다. 이들의 이런 사회의식을 정당들과 사회운동 단체, 언론들이 제대로 담아내지 못하고 때로는 오히려 왜곡해왔다. 즉 이 층이 어떤 환경에서 무엇을 매개로 어떻게 의제를 설정하고 힘을 조직하는지에 대해, 특히 정당들은 과거의 습관으로 재려 하니 대중에 대한 이해가 항상 늦었다.

노무현 정부의 출범 이후 권력 스스로가 대중에게 이해되지 않는 정치 행보를 한 것–검사와의 대화 등 권력분립 주장, 대북 특검 등—을 제외하고, 55%의 층은 조중동의 집요한 대정부 공격에 처음에는 동의하지 않았다. 오히려 김대중 때 못한 개혁과제들을 김영삼 때처럼 해주기를 원했다. 그러나 대중과 함께 가는 정치를 노무현 정부는 하지 못했다. '도대체 저럴 걸 왜 집권했냐?'가 주된 반응이었고, '386의 아마추어리즘'은 부차적이었다.

야당들이 노무현을 탄핵한 후에 열린우리당과 노무현의 총선승리는 당연한 것이었다. 핵심은 '합리성'이었다. 진보 20% 층은 물론, 합리성을 추구하는 55% 층에서도 노무현 탄핵은 이해할 수 없는 일이었기 때문이다. 당시 아파트값이 비싼 강남 3구를 포함하여 강동, 분당, 일산, 목동 등에서도 열린우리당 표가 많이 나왔다. 문제는 알다시피 그다음부터였다. 행정과 정치의 총체적인 난맥상이 반복된 것이다. 자신의 지지자 및 사회경제적 하층을 끌어안는 정치를 못하고, 외교 군사적인 면에서의 과제들을 풀지 못하고, 결국 양극화 심화에 대한 답을 찾지 못한 상태에서, 권력 내부는 통일된 행보를 하지 못했다. 이점을 한나라당에서는 집요하게 물고 늘어졌고, 조중동을 앞세운 지배세력은 모두 그러했다. 2005년부터는 이미 상황이 어려워졌고, 노무현은 대중에게 비전을 주지 못한다. 열린우

리당 또한 마찬가지였고 지배세력에 본격적으로 포획되기 시작한다.[17]

노무현은 소통 불가의 대상으로 '진보층', '수구층' '합리층' 모두에게 조롱을 받았다. '모든 것이 노무현 탓'이라는 언어유희가 대유행했다. 그리고 합리성을 원하는 중산층은 노무현과 열린우리당으로부터 이명박에게로 떠난다. 그리고 김영삼 정부 때부터 본격적으로 진행된 '제도화된 정치'와 '개혁'은 절차적 민주주의, 정치적 민주주의 분야에서는 어느 정도의 성과를 냈지만, 사회경제적 민주주의 분야에서는 성과를 내지 못하고 오히려 후퇴한다. 즉 불평등과 양극화가 심해진다. 이로 인해 6공화국의 모순이 쌓인다.

2부

한국에서의 정치 투쟁
: 2008년에서 2022년까지

- 개혁의 실패와 제6공화국의 본격 균열

1

이명박 정부 시기

2008-2012

2007년 대선은 이명박의 승리가 당연했다. 이회창이 상당히 득표했음에도 이명박이 정동영에게 큰 차이로 이겼다. 이명박 48.67, 정동영 26.14, 이회창 15.07, 문국현 5.82, 권영길 3.01, 이인제 0.68%였다. 투표율은 63%로 역대 최저였다.[18]

선거의 관심은 본선이 아닌 한나라당의 내부 경선이었다. 이명박은 박근혜와는 비교가 안 되게 대중의 지지를 받는 '대중의 사회의식에 조응하는 이미지'를 가지고 있었다 실제는 아닌데 말이다. 박근혜가 영남이라는 지역 기반과 기초-광역의원, 단체장, 국회의원들을 많이 가지고 있어도, 대중의 의식에 부합하지는 못했다. 한편 본선에서는 열린우리당의 후신인 통합민주당은 대중의식과 거리가 멀어진 지 2년 이상 되어 아예 경쟁이 힘들었다. 단지 정동영이라서 진 것이 아니다 이후 민주당에서는 '영남 출신 대통령 후보 필승 공식론'이 자리 잡게 되나 이는 특정 정파의 이해관계를 대변하는 것일 뿐이다. 이명박은 알다시피 경제전문가 컨셉의 선점을 통해 승리했다.[19]

서울시장 때의 청계천 복원, 버스 중앙 차선 도입도 영향이 컸다. 기업인 출신으로 경제를 살릴 것이고 일을 확실히 할 것이라는 이명박 캠프의 주장은 곧 '합리성층'에서 지배적인 의견이 되었다. 김대중 때나 노무현 때 실제로는 경제 하위 30% 층에 도움이 되는 복지정책이 일부 수립되고 집행되었다. 그러나 이 층이 느끼는 중산층과의 사회적 비교에서 오는 박탈감은 해소되지 않았고, 이 층과 사회경제적으로 교류하는 중산층도 노무현 때 '소통 부재'로 인한 '피로 현상'을 크게 느끼고 있었다. 이 점을 이명박 캠프는 바로 보았고, 단순한 컨셉으로 이 층을 단번에 휘어잡았다. 후보자로서의 엄청난 결격 사유가 연일 언론에 보도되어도, 마음을 닫은 대중은 꿈쩍도 안 했다.

민주노동당 지지층이나 민주당 지지층에서의 대거 투표 불참, 70-80년대를 겪은 40-50대가 지속적으로 이명박을 지지한 것은 대단히 중요한 변화였다. 이런 현상 때문에 많은 이들이 이명박 당선 후 '파시즘의 대두'를 걱정했다. 불행 중 다행일까? 이명박 정부는 상층과 상위 40%까지의 중산층을 포섭해 나가는 전략을 기본으로 했고 실용을 앞세웠다. 예를 들어 이런 식이었다. 중앙일보에서 08년부터 '자전거 타기 운동'을 의제화해서 집중적으로 다루었는데, 09년에 '녹색 뉴딜 정책'에 반영을 하여 4대강마다 자전거 도로를 놓았다. 같은 식으로 '한식 세계화', '자원 외교'도 진행하였다.[20]

이어진 2008년 총선은 투표율이 역대 가장 낮은 46.1%였다직전 총선은 60.6%. 한나라당 153, 통합민주당 81, 자유선진당 18, 친박연대 14, 민주노동당 5, 창조 한국당 3, 무소속 25석이었다. 분열된 진보정당의 지지율은 민주노동당 5.68%, 진보신당 2.94%이었다. 대선에 패배한 민주당 지지자들은 투표 욕구가 매우 낮았고, 진보정당 지지자들 또한 마찬가지였다. 유권자들에게는 "해보나 마나 한 선거였다"

2008-2011년 재보선까지

08년도 이명박 정부의 가장 큰 문제는 본인들의 말 그대로 '10년 만의 집권'인 점이었다. 집권세력은 대중과의 의사소통에 매우 서툴렀다. 필자는 이 소통문제의 근본 원인으로 집권세력의 인원이 너무 많고 성격이 단일하지 않다는 데 주목한다. 알다시피 대통령이 바뀌면 많은 자리가 바뀐다. 이 자리에 앉는 사람들과 이들과 연결되어 먹고 사는 사람들의 수는 10배-100배는 될 것이다. 문제는 기본적으로는 이명박계와 박근혜계가 협조할 수 없을 만큼, 이명박 당선 이후 자리를 차지해야 하는 이명박계 사람이 많았다는 점이 균열의 첫 번째 원인이었다. 또 국회의원, 지방의원, 자치단체장 모두에 대해 한나라당이 압도적인 다수를 차지하고 있는 시점에서의 집권이어서 나눠줄 자리가 별로 없었다.

참고로 김대중-김종필연합은 자리를 나눌 만한 충분한 상황이었고, 노무현 정부 때는 앉힐 사람이 많이 모자랐다. 왜냐면 민주당 내에서도 소수파가 집권한 것이기 때문이다. 어쨌든 이 때문에 한나라당 내에는 2008년 총선에서 친이친이명박계가 친박계에 대한 공천 학살을 주도했다. 이명박 취임 직후 당내 권력 지형은 친이계 중심으로 빠르게 재편됐고 대선 경선 과정에서 생긴 친이계와 친박계 간 갈등은 18대 총선 공천에서 확실하게 드러났다. 공천 탈락자들은 '친박연대' '무소속 연대'를 통해 국회에 입성했다.

이명박은 '고소영고려대, 소망교회, 영남'을 주된 자기 기반으로 삼았다. 아니 삼을 수밖에 없었다. "본인은 공무원과 정치인을 싫어하고, 탈여의도 정치를 하겠다"는 말 그대로, 현실정치를 운영할 만한 경험과 인맥을 갖고 있지 않았다. 게다가 더욱 근본적인 문제는 본인 스스로가 대통령으로서 '한국 사회의 비전' 및 그것을 '구체적으로 실현하는 방법'에 대한 자기 '생각'이 없었다는 점이다. 그래서 이명박은 '직계'에 의존한 국정운영을 했다.

이명박의 몇 개의 의제설정, 이른바 언론에서 '집권 2년 차의 승부'라고 09년에 자주 거론했던 정책을 보면 대중의 합리성과는 괴리가 컸다. 4대강 사업, 미디어법 개정, 출자총액제한 폐지, 금산분리 완화법, 공기업 개혁 등이 그것이다. 앞의 네 가지는 재벌들의 이해와 직접 관계된 것이어서 밀어붙였고, 유일하게 공기업 개혁만이 대중적 명분이 있었는데 이는 '모두가 어려운데 공기업만 철밥통'이라는 컨셉이다. 전형적인 중산층과 하층의 불만과 분노를 조직하는 방법, 이는 타이밍을 놓쳤다.

08-09년에 정권은 큰 좌충우돌이 있었다. 광우병 촛불 시위 이후 이명박 정부는 위에서 언급한 것들을 '자기 업적'으로 홍보하는 것 이외에는 '다른 비전'을 만들지 못했다. 더욱 무리한 행동을 한 것은 정국 반전을 위해 전임 대통령 노무현을 공격한 것이다. 08년 노건평 구속에 이어 09년 3-5월 노무현에 대한 정치보복은 극에 달한다. 5월 23일 노무현은 투신한다. 10월 노무현 회고록은 베스트셀러가 된다.

09년 하반기에 정권에 대한 적극적 반대파인 진보층 20%를 제외한

80%의 사회의식 층 중에서, 정권 강력 지지층 25%는 '반대파인 야당, 노조, 시민사회단체'를 일관되게 비판하였지만, 나머지 35% 정도는 '정부가 왜 이러지?' 하면서 혼란스러워했고, 나머지 20% 정도는 정부에 대한 지지를 철회하기 시작했다.

이렇게 보면 실제로 이명박 정부는 상위 1%와 지지기반인 상위 20%의 요구에 따라 '작은 정책'들을 만들고 운영 집행하는 '관리 정부'의 성격을 가지고 있었을 뿐이다. 또한 대통령 스스로 부정부패를 일삼았고, 측근들 또한 그러했음이 후에 밝혀진다. 권력을 대통령과 집권 그룹의 사적 이익을 위해 본격적으로 공공연하게 이용한 정부였다. 이명박 정부에서 모든 분야에서 '개혁'은 없었고 절차적 민주주의조차 후퇴했다.

이명박 정부는 결국 '소통의 문제' 때문에, 진보층 20%는 물론 '합리성층' 55%의 상당 부분에서 이반현상을 겪게 될 것은 자명했다. 그 시점은 09년 말 늦어도 10년 초에는 그렇게 될 것이었다. 왜냐면 88년 이후, 정부에 대한 합리성층 시민의 지지가 2년 이상 지속한 적이 없었기 때문이다 유일하게 김영삼 때 초기에만 있었다. 그 시점이 결국 오고야 말았다. 2010년 지방선거가 그것이었다. 6·2 지방선거는 노무현이 몸을 던져 이른바 친노 세력을 '폐족'에서 부활시킨 것이었다. 07년 대선 이후 '폐족'임을 가장 먼저 자처했던 안희정이 충남지사, 노무현의 오른팔인 이광재가 강원지사, 노무현 때 행정자치부 장관을 지내며 '리틀 노무현'으로 불렸던 김두관이 경남지사에 당선되었다. 이 선거는 반한나라당, 반이명박 정부를 유권자들이 확실하게 선언한 선거였다. 사회의식의 진보층과 합리성층 중 다수가 반한나라당을 선택했다. 이것은 기조의 큰 변화였다. 진보교육감들의 대거 당선과 '무상급식'으로 대표되는 '보편적 복지'의 의제가 중산층 다수에게 '합리적인 것'으로 받아들여졌다. 이후 11년 4월의 재보선 선거는 같은 양상을 보여주었다. 손학규가 분당에서 국회의원으로 당선되었다.

2010년 가을 이후 정파들의 처지

집권당인 한나라당은 계파별 힘 대결과 이합집산이 본격 시작되었다. 먼저 박근혜는 08년 가을부터 차기 준비를 위한 전문가그룹을 만들어 운영했는데, 이 그룹은 박근혜의 전국 기반을 만드는 데 초점을 두고, 대권의 논리를 만들고, 상위 20%층 내에 인적 네트워크를 만드는 일을 해왔다 이들은 집권 후 최순실 등과 청와대 핵심그룹, 정책라인 등으로 나타났다. 2010년 겨울 박근혜는 당내 기반을 재구축하였고, 언론에서 워낙 대세론을 홍보해주어, 일반유권자 내에서 박근혜 대세론에는 변동이 없었다.[21]

오세훈은 무상급식 의제로 시교육청 및 시의회를 형식적 대상으로 삼고 대시민 선동전을 했으나, 애초부터 의제를 잘못 잡았고 결정적인 상처를 입었다. 오세훈이 시장이 된 데는 합리성에 기초한 '의사소통의 행보'와 '이미지'가 중요했는데, 재선 과정이나 이후 행보는 그렇지 않았다. 차기 대권을 너무 의식한 나머지 조중동에 기대는 전략을 취하는 바람에 기존의 이미지와 상충하여 실패에 이르게 되었다. 대권은 대중적 지지가 없으면 당내나 언론을 통한 지지가 많아 보여도 불가능하다는 현실을 그는 모르고 있었다. 오세훈은 한나라당원들 내에서도 비판의 목소리가 큰 만큼 상당 기간 재기가 힘들게 되었다.

원희룡, 남경필, 나경원, 정두언 등 여권의 차세대들은 아직 독립적인 자기 세력을 당내나 국민적인 수준에서 구축하고 있지 못했다. 한편 이재오와 이상득의 분립은 2010년 지자체 선거와 총리실 사찰 문제, 인사의 난맥상, 예산안 날치기 문제 등으로 인해 여러 가지로 갈등 구조가 쌓여 있었다. 따라서 둘은 차세대들과 제휴할 수밖에 없었다. 1등인 박근혜를 넘어서려면 방법은 그것밖에 없기 때문이었다. 정몽준 본인은 차기를 강력히 바라고 있으나, 박근혜를 견제하기 위해 이명박계가 손을 내민 정도였다. 차기 월드컵 유치도 실패했고, 대중적인 이미지를 워낙 만들지 못해, 사실상 대권 경쟁에서는 어려워졌다. 홍준표는 차기를 희망하고 있는 데, 대중적 인지도에 비해 당내 기반이 약했다. 따라서 홍준표의 행동은 앞의 그룹들과의 관계와 국정의 난맥상이 어떻게 펼쳐지느냐에 따라 달려 있었다. 홍준표는 과거 저격수 이미지를 몇 번의 정치적 행동 국적법 개정, 아파트값 반액 공급 등 대중에게 부합되는 컨텐츠 생산 으로 넘어선 한나라당에서는 보기 힘든 대중정치인이기 때문이었다.

　　민주당은 기대할 것이 없었다. 기본적으로 이해관계가 다른 소그룹들로 쪼개져 있고, 시대정신을 대표하거나 새로운 이념과 비전을 만들어 낼 만한 인물과 세력이 없었다. 손학규, 정동영, 정세균, 김두관 등이 차기 도전을 준비하고 있고 문재인은 아직 정치인으로 행보하지는 않고 있었다. 이들 외에는 아직 차세대들이었다. 손학규 대표 체제는 정세균 체제에 비해 근본적으로 달라진 것이 없었다. 과거 김영삼 김대중처럼 강력한 야당 지도자의 탄생은 당시로서는 어려웠다. 이유는 70-80년대를 겪을 때의 사회와 대중의식이 다르기 때문이었다. 당시는 합리적이면서도 큰 비전을 갖춘 지도자가 필요한 데, 그에 맞는 정책을 내고 정치 활동을 하는 야당 지도자가 없기 때문이었다. 결론적으로 민주당은 2012년 총선 전까지 외부 인물을 영입하는 방법과 진보정당 및 시민단체와 통합하는 것 외에는 뚜렷한 대안을 가지고 있지 못했다.

자유선진당의 이회창은 08년 총선을 앞두고 김종필의 충청기반을 차지하며 총선에서 18석을 얻었다. 이회창은 마지막 대권을 위해 움직이고 있는데, 한나라당과 민주당 내의 분열을 기다려 세 규합 하는 것을 기본 전략으로 가지고 있었다. 그러나 그것이 현실이 되기는 어려웠다.

진보정당은 민노당과 진보신당, 국민참여당 등의 통합 움직임이 시작되었지만 진행 과정이 어렵고 시끄럽다 보니 20% 지지층 내에서의 지지가 약화되고 있었다. 민노당과 진보신당은 기본적으로 골이 깊다. 특히 대북정책에 관해서나 한국 사회를 바라보는 시각에서 차이가 있다. 그리고 원래 종교처럼 진보진영 내의 견해차가 더 큰 법이다. 이 두 당은 변화된 한국 사회를 바라보는 '시야'와 미래에 대한 '비전'이 약하고, 80년대의 강령과 정책에서 크게 달라진 것이 없었다. 따라서 선거에서 중산층의 동의를 받기에는 역부족이었다. 당시 연구자들로부터 많은 비판을 받고, '복지'를 중심으로 변화하고 있었지만 자체 힘만으로는 독자적인 세력화에는 한계가 많았다.

국민참여당은 일종의 친노 그룹의 성격을 벗어나지 못하고 있어, 독자적인 생존은 불가능하고 2011년 4월 재보선 이후 급격히 세가 위축되었다. 창조한국당은 언론에서 가끔 다루어주는 경우가 아니라면 대중적인 차원에서는 이미 존재의 의미가 사라진 지 오래였다.

중요한 것은 민노당, 진보신당, 국민참여당, 창조한국당 4당을 다 합쳐도 지지율이 5% 안팎에 머물렀다. 또 08년 총선 이후 2011년 하반기까지 광우병 촛불부터 4대강 반대 투쟁에 이르기까지 반정부 대중투쟁에서 야당, 진보정당들은 제 역할을 수행하지 못했다. 이 때문에 종교가 전면에 나서게 되었다. 종교가 이렇게 오랜 기간 전면에서 계속 투쟁하는 것은 역사상 처음이었다.

시민단체들은 이명박 정부 들어 환경운동연합, 희망제작소 사태에서 보이듯 정부의 지속적인 탄압과 견제로 인해 활동에 큰 제약을 받았고 위축됐다. 당시 시점에서 대중에게 영향력이 있는 시민단체가 몇 개나 있었을까? 2000년 총선연대 이후 특히 2002년 대선 이후는 이들 단체활동에서 시민의 직접 참여는 줄어들고, 활동에서 정부, 기업 등의 지원 비중이 커졌다. 시민단체의 전업 활동가들은 명망가들을 제외하고는 다들 생활이 어려워 대부분 단체에 젊은 활동가가 별로 없었다. 80년대 재야에서 활동하던 많은 사람이 생활 문제로 인해 뿔뿔이 흩어졌던 것처럼 90년대, 2천년대 초에 시민단체를 지탱하던 젊은 세대 또한 많이 사라졌다.

2011.10.26. 선거, 안철수의 대두와 박원순 서울시장 당선

08년 이명박 정부의 출범 이후 진보층 20%의 근본적 문제 해결 요구,

합리성층 중 20-30%의 문제개선 요구를 한나라당, 자유선진당은 전혀 관심 없어 했고, 민주당은 눈치 보기나 흉내 내기 정도에 그쳤고, 진보정당들은 자기들의 리그에 빠진 채 대중의 요구에 적절한 대응을 하지 않았다. 3년간의 이러한 정치 사회적인 투쟁과 분위기, 그에 따른 대중의식의 흐름 변화가 언론에서 말하는 '무당파의 증가'로 나타났다 앞서도 말한 것처럼 무당파는 없다. 언론에서 붙인 이름에 불과하다. 선거 때마다 다른 선택을 하는 스윙 보터가 옳다.

사회의식을 기준으로 보면 이렇다. 20%의 진보층은 80년대의 과제 해결을 원하는데, 이를 민주당 및 진보정당이 제대로 풀지 못하고 있음에 실망하지만 어쩔 수 없이 선거 때만 되면 이들을 찍어줄 수밖에 없다. 55%의 합리층 중 절반 정도는 평소 민주당도 아니고 진보정당은 더욱 아니지만, 한나라당과 이명박 정부가 싫어서 때마다 계산된 투표를 하고 있다. 이들은 시민단체 활동에 대해 관심을 가지고 후원도 한다. 이들은 앞서 반복해서 말한 중산층 의식을 강력히 대변하고 있다. 이들은 '80년대 과제'보다 중산층 의식인 '합리성'을 원하고 있다. 이 때문에 안철수가 급격히 뜰 수 있던 것이고 박원순에 대한 지지가 힘으로 모일 수 있었다. 이들은 정부와 한나라당의 태도와 정책에 불만을 느끼고, '문제개선의 필요성 제기' 차원에서 '합리성'의 대표주자인 안철수를 지지했다. 그러나 선거 구도나 국면에 따라 지지를 철회할 수 있다. 10.26 선거 전 높았던 안철수나 박원순에 대한 지지율이 막상 선거전에 들어갔을 때 낮아진 것, 또 투표율이 높지 않은 것은 이 층이 선거에 참여하지 않았기 때문이었다.

안철수와 박원순에 대해 조금 더 생각해보자. 안철수는 그 경력이 말해주듯 중산층 부모가 자기 자녀에게 본받으라고 권유하는 사람이다. 마치 연예인 이승기가 막상 젊은 여성들이나 소녀들에게 인기 있는 것보다는 부모들에게 더 인기가 있는 것처럼. 안철수는 자기 인생의 진로를 '여러 번 성공적'으로 바꾼 보기 드문 사람이다. 서울대 의대를 나왔고, IT 기업을 만들어 성공하고, 이후 사장 자리를 던지고 물론 이사회 의장이라는 새로운 지배 모델을 한국 기업인들에게 알려주었지만 유학을 다녀와 카이스트와 서울대에서 연속 교수를 하였다. 15년 이상 주류언론에 좋은 이미지로 꾸준히 나온 거의 유일한 사람이다. 안철수에 관한 어린이용 청소년용 책이 여러 종류 출판되었을 정도다.

안철수가 사회에 공헌한 것은 IT 기업을 만들어 소프트웨어를 기업이 아닌 개인에게 무상으로 제공한 것 마침 소프트웨어가 바이러스를 치료하는 백신이라는 점, 여러 권의 책을 내서 젊은이들에게 꿈과 희망을 가지라고 한 것, 최근 투어 강연을 통해 유사한 말을 한 것 등이다. 하지만 그는 철저하게 한국 자본주의 틀 안에서 사고하고 발언한다. 현재까지 필자는 안철수의 한국 근현대사에 관한 관점, 정치 외교 군사적인 문제, 경제문제 등을 포함해서 80년대 과제의 해결이라는 관점에서의 발언을 들어본 바가 없다. 또 일자리, 교육, 주택, 보건의료, 에너지, 생태 등 중요한 문제들에 대한 발언도 들어본 적이 없다. 그와 같이 행동해 온 주식전문가 박경철의 글에서도 흔적을 찾아보질 못했다. 이들이 숨겨놓은 자신의 이야기들을 앞으로 본격적으로 풀어 놓을까? 그러나 필자가 볼 때 이들은 현재까지 발언을 숨겨 놓고 의도적으로 미루고 있는 것이 아니고, 발언할 내용을 가지고 있지 않다. 즉 그들은 '상식과 비상식'이라는 잣대로 '중산층의 합리성에만' 기대어, 이에 부합하는 발언만을 해오고 있다고 보인다.

반면 박원순은 다르다. 학생운동으로 대학에서 제적된 사건 이외에도 80년대부터 25년간 한국 사회 문제 해결에 대해 나름대로 고민하고 꾸준한 활동을 해왔다.

당시 선거에서 안철수의 박원순 지지는 결정적이었다. 안철수는 '합리성'이라는 지난 25년간의 가치와 요구를 원하는 층에 순식간에 집중해서 표출한 도구적 성격이 크고, 박원순은 이에 더해 진보 20%층의 지지를 현실화한 것이다. 즉 합리성과 진보층의 결합이 이루어진 것이다. 그래서 두 가지 면에서 이제부터가 매우 중요하다. 상황이 역으로 엄중해진 것이다. 첫째는 민주당을 제치고 시민단체의 얼굴과거 재야를 승계한 것으로 대중에게 받아들여지는이 직접 선거에 나서 당선된 것으로서, '합리성층의 진보화' 또는 '진보층의 영역 확대'를 어떻게 이루어 낼 것인가이다. 이것이 제대로 되면 진보정당이 대중에 뿌리내리고, 민주당의 명실상부한 좌클릭을 이루어내어 한국 사회에 '개혁 동력'으로 작동할 수 있다. 둘째는 시민단체가 마치 80년대 재야처럼 전면에 선 것이므로, 독자적인 힘을 만들어내지 못하고 민주당에 포획되면, 그다음에는 상황이 매우 어려워진다. 즉 시민단체는 민주당 2중대가 될 것이기 때문이다. 앞서 말한 대로 87년부터 이른바 '운동권'은 정치권으로 갔고 학생운동, 재야운동은 퇴색했다. 02년 이후부터 시민단체 출신들이 정치권으로 옮겨갔다. 당시 박원순 및 야권통합논의에 참여한 시민단체 출신들의 정치권으로의 이적은 사실상 마지막이 될 것이다 물론 그 후로도 개별적인 차원에서 있겠지만 반향은 거의 없을 것이다. 또 시민단체의 활동이 대중과 유리되어 온 지 오래되었기 때문에, 90년대에 재야가 소멸하였듯이, 현재의 시민단체들도 '정치적 영향력' 면에서는 소멸의 길을 가고 있다고 보는 것이 타당하다. 이 중요한 과제를 정치인 박원순 및 함께 하는 이들이 어떻게 해나갈 것인가?

2012년 총선

여당은 박근혜 비대위원장이 이끌고, 야당은 민주당의 한명숙 대표와 이정희, 심상정, 유시민이 공동대표인 통합진보당의 야권연합으로 치러졌다. 투표율은 54.2%로 낮았다. 새누리당 152, 민주통합당 127, 통합진보당 13, 자유선진당 5, 무소속 3석이었다. 정당 지지율은 새누리당 42.8, 민주통합당 36.4, 통합진보당 10.3, 진보신당 1.1, 녹색당 0.48%였다. 민주당은 2010년 지방선거와 2011년 서울시장 선거에서 무상급식을 비롯한 진보적 정책을 채택하고 신자유주의에 대한 비판적 성찰을 행동으로 보일 때는 민심을 얻은 바 있었다. 2012년 총선에서는 야권연합 선거를 치러 이전 총선에 비해 성과를 얻었다. 의석수에서는 여당이 앞섰지만 민주당은 이전에 비해 46석을 더 얻었고, 통합진보당도 6석을 더 얻으며 제3당이 되었다. 득표율 합계에서는 야권연합이 앞선 선거였다. 한편 여당은 박근혜비대위 체제로 선거를 치르면서 4년 전과는 반대로 친이계에 대한 공천학살이 있었다. 박근혜의 힘이 강화되었다.

2

2012년 대선
안일한 준비 일대일 선거에서 패배하다

'유신본당' '독재자의 딸' 박근혜가 당선되어 가슴이 아프고, 박근혜 대통령 시대 5년을 살아가려면 눈앞이 노랗다는 사람이 많았다. 문재인과 박근혜의 일대일 대결이었던 당시 선거에서 왜 박근혜와 새누리당이 승리했을까, 그 이유를 여러 측면에서 생각해보자.

새누리당의 변신과 의제 희석화

박근혜는 한나라당을 새누리당으로 바꾸고 '변화'를 주장하면서 2012년 4·11 총선에서 승리했다. 더구나 선거에서 박근혜 본인이 공천한 인물들이 대거 당선되었고, 과정에서 박근혜는 이명박 정부와의 차별화에 성공했다. 이제 범야권이 주장해온 '이명박근혜'라는 비난은 과거가 되었다.

총선승리 후 박근혜는 준비된 후보로 행보를 했고, 수구-보수 진영의 누구도 박근혜에게 대적할 수 없도록 힘을 만들어갔다. 결국 각종 이해관계를 가진 수구-보수 세력 전체를 아우르는 데 성공했다. 또 박근혜 캠프는 지역 구도, 세대 구도, 계급 구도, 이념 구도로 이루어진 대통령 선거 국면을 잘 이해했고, 운동원들이 열심히 뛰도록 만들었다. 또 박근혜 캠프는 세대 구도에서 유리한 선거 의제들을 생산하였다. 그리고 야당이 제시한 경제 민주화와 비정규직 문제 해결, 반값 등록금, 복지 관련 공약 같은 '계급 성격'의 의제들마저 선점하여 야권의 공세에 성공적으로 대응하였다.

구진보의 몰락

돌이켜 보면 2004년 민주노동당 약진 이후 한국 사회의 진보정당은 대략 13~20%의 득표율을 보였다. 김대중-노무현 정부가 진행한 정치적 민주주의 확대의 덕도 보았지만, 김대중-노무현 정부가 시행한 각종 신자유주의 경제 사회 정책들로 인해 노동자, 농민, 중소상공인, 영세 자영업자, 도시 빈민층의 삶이 질적으로 악화한 것이 주된 이유며, 또 불평등과 양극화에 맞서 투쟁한 '진보층'의 대변자들인 민중운동과 시민사회운동의 노력이 어우러져, 이 시기 진보정당의 득표율 확대 및 유지를 가져왔다.

정치적으로 각성하고 민주노동당을 지지했던 이들 '서민층'과 '진보층'의 경험과 인식은 열린우리당에서 민주통합당으로 이어지는 민주당 계열의 지평을 넘어섰다. 이들 중 다수는 4·11 총선에서 민주통합당-통합진보당 연대를 지지했고 소수는 진보신당과 녹색당을 지지했다. 하지만 민주통합당과 통합진보당은 고통받는 서민층에 도움이 되는 정책과 비전을 제시하는 일보다는 총선과 대선을 통한 권력 나눠 먹기 식의 야권 연대에 주로 매달렸다. 그 결과 서민층 상당수와 진보층 유권자의 상당수는 총선에서 민주통합당과 통합진보당을 외면하며 불참했다. 게다가 이른바 친노 패권주의와 통합진보당 내 패권주의 문제가 총선 이전부터 제기되다가, 총선 직후 터진 통합진보당 내분 사태로 인해 그간 '진보정당' 즉 통합진보당 그리고 분당 이후 진보정의당까지 포함과 진보신당 등은 대중의 여론 속에서 '한통속으로' 평가되며 관심 밖으로 사라졌다. 녹색당은 대선 시기에 제 목소리를 내기에는 너무 미약했다. 길게 보면 1987년부터 지금까지 꾸준히 진행되어 온 '구진보'의 분열과 지리멸렬은 대통령 선거가 본격화하면서 더 심해졌다. 그 결과 '구진보'는 대중의 눈높이에서 볼 때 미미한 세력이 되었다.

새로운 (?) 진보의 실패

친노 패권주의에 환멸을 느낀 이들과 진보정당에 실망한 이들을 위한 빈자리를 안철수는 '새로운 진보'를 주장하며 자리 잡으려 했다. 그러나 이 '새로운 진보'는 '국민의 삶'을 바꿀 만한 '비전'을 전혀 제시하지 못했다. 즉 실제는 민주, 진보, 개혁이라는 좋은 단어들의 조합에 불과했다. 안철수의 대통령 출마 선언과 이후 행보가 앞에서 언급한 과거 민주노동당 지지 13~20%의 유권자에게 무슨 감동을 주었겠는가? 정치적으로 가장 열렬한 이 유권자는 설 자리가 없었다. 진보정당들이 지리멸렬하자, '중도주의'를 내세우며 결집한 안철수 지지자들은 '모호한 정치 혁신'을 이야기했다. 그리고 민주통합당 지지자들은 '닥치고 반이명박, 반박근혜'만 이야기했다. 과연 그런 중도주의, '닥치고 반이명박근혜'가 얼마나 보통사람들의 열정에 불을 붙일 수 있었을까?

한술 더 떠, 분열된 구진보는 심상정, 이정희, 김소연, 김순자라는 무려 네 명을 대통령 후보로 내보냈다. 그러자 과거 민주노동당을 지지해온 유권자들은 그야말로 "이젠 망했다"는 생각을 할 수밖에 없게 되었다. 그러자 박근혜의 당선이 눈앞에 아른거렸고 이들은 눈물을 머금고 문재인을 선택할 수밖에 없었다. 문재인과 민주통합당을 비판하면서도, '박근혜가 되면 안 되는 이유'를 이런저런 이야기로 말하며 문재인을 지지할 수밖에 없었다. 당시 대선 여론 조사에서 '정권교체'를 원하는 여론이 60~70%로 높았는데도 불구하고 당선 가능성에 대한 여론 조사는 항상 박근혜가 60~70%로 높았다. 이런 조사결과가 나온 데는, "찍으려 해도 찍고 싶은 놈이 없다"고 고민하던 이런 사람들의 솔직한 심정이 반영되어 있다.

민주당 선거전략의 실패

본격 대선전에 돌입하자 안철수, 심상정, 이정희는 단계적으로 사퇴하였다. 그러자 이전 여러 번의 대통령 선거와는 달리 이른바 '여·야 양자 대결'이 되었다. 그러자 새누리당은 보수의 위기의식을 최대한 자극하는 선거전략에 주력하였다. '보수의 총결집과 인물 경쟁력'이 핵심 선거전략이 되었고, 광범한 결집을 가져왔다. 이것이 결정적 승인 중 하나이다. 또 박근혜라는 인물에 맞설 후보로서 문재인은 선거 기간 내내 존재감이 약했다. 문재인이라는 사람이 대통령 후보인지 아닌지 가늠하기 힘들 정도였다. 게다가 민주통합당 국회의원들은 대선에서 열심히 뛰지도 않았다. 계파 간 갈등으로 인해 자체동력은 약했다. 이는 김대중 노무현시대를 겪으며 보수화되고 기득권화된 당 전체의 성격이 크다. 민주당은 이명박 정권 하에서도 당내 경쟁을 제외하고는 대정부투쟁에 적극적으로 승부를 거는 태도가 미약했다.

문재인 후보로는 김대중, 노무현 정부 시기의 경험상 도저히 문재인을 선택하기 싫어하는 유권자들을 담아내기 힘들었다. 더구나 모호한 중도주의를 표방한 안철수 후보로는 비정규직 노동자와 자영업자, 농민 등 하층의 실제적인 삶의 요구와 열정을 담아내기 힘들었다. 문재인과 안철수 모두 서민의 대변자이기에는 그 인물됨과 가치관, 세계관이 협소했고, 문재인과 안철수 캠프 모두 서민을 위한 미래 비전을 제시하는데 열심이지 않았다. 결국, 도시 저소득층이 가장 많은 수도권에서 문재인과 안철수는 대중의 선거 열기를 일으키는 데 실패했다. 전국의 유권자 분포에서 차지하는 수도권의 비중이 서울 20.7%, 경기 23.1%, 인천 5.3%로 합계 49.1%인 점을 고려할 때, 수도권의 정치적 중요성은 아무리 강조해도 지나침이 없다. 게다가 수도권은 '지역성'보다는 '계급성'에 가까운 투표 성향을 늘 보여왔다. 따라서 '무상급식'과 같은 폭발력 있는 사회 의제의 개발과 전략적 집중이 매우 중요했다. 그렇지만 문재인과 안철수 캠프 모두 그것을 위한 관심도 적었고 능력도 약했다.

역대 선거에서 야권이 이긴 것은 항상 수도권에서의 정치적 열기가 초래한 '준 혁명적인 상황'이 연출될 때뿐이었다. 그것을 인식하지 못하고, 문재인과 안철수 그리고 심상정과 이정희마저도는 모두 '단일화'만 되면 이길 수 있다는 안이한 생각에 머물렀다. 문재인, 안철수, 심상정, 이정희 캠프 모두 과거 민주노동당 등 '진보정당'을 지지했던 13~20%의 유권자들이 문재인으로 통일된 '야권 단일 후보'로 결집할 것으로 생각했다. 물론 이들 중 다수는 문재인을 찍었다. 하지만 일부는 아예 투표하지 않았다. 그렇지만 더 중요한 것은 이들 중 아무도 '열정적으로' 선거 운동에 임하지 않았다는 것이다. 따라서 야권을 지지하는 선거 열풍이 일어나길 바라는 것은 언감생심이었다.

세대 간 대결 구도로는 성공할 수 없다

이 대선의 30대 이하 유권자는 1,547만 명으로 전체 유권자의 38.2%
인데 반하여 50대 이상은 1,618만 명으로 전체 유권자의 39.9%이다. 반
면 10년 전 노무현이 당선될 때인 16대 대선에서는 30대 이하가 1,690
만 명으로 48.3%, 50대 이상 유권자가 1,024만 명으로 전체 유권자의
29.3%였다. 10년 동안 2030 세대의 인구 비중이 10% 줄고 5060 세대는
10% 늘어난 것이다. 따라서 투표율이 높아지면서 투표장을 많이 찾은 것
은 젊은 층이 아니라 오히려 위기의식을 느낀 5060 세대다.

주류언론은 '세대 간 대결 구도'를 시종일관 중계 방송하듯이 강조하였
다. 새누리당과 발맞추어 인구 구성상 비중이 높은 장년층과 노년층의 불
안 심리를 교묘하게 조직했고, 이를 정확하고 적절하게 이용하여 각종 네
거티브 캠페인을 활용하여 묶어냈다. 예컨대 '나는 꼼수다'와 김용민, 진중
권, 이정희 등으로 대표되는 '예의 없는 세대'에 대한 5060 세대의 불만과
불안을 잘 조직해 냈다.

선거 직후 출구조사 발표를 보면 50대의 89.9%가 투표를 했고, 이들이
박근혜에게 압도적 지지를 보냈다. 그 지지 이유에 대해 언론사마다 분석
이 떠들썩하다. 투표율이 높으면 야권이 유리하다는 얘기는 2030 세대 유
권자가 많았던 10년 전에나 통하던 얘기다. 이 점을 사전에 인식하고 있지
못했던 야권은 가난하고 빈곤한 5060 세대를 탈박근혜로 전환시켜 정치적

으로 중립화시켜낼 의지도 전략도 없었다. 또 2030 세대와 40대의 열정을 불러일으킬 만한 의제의 개발과 제시에도 게을렀다. 그저 박근혜의 아버지인 박정희의 30년 전 행적을 비난하고, 국민의 살림살이와는 동떨어진 순환출자 금지 같은 것들을 제시했을 뿐이다. 따라서 야권은 시종일관 여당에 끌려다니는 '색깔 없는 선거'를 치르면서 패배했다.

한편, 2030 세대의 '보수화 경향'도 깊이 있게 볼 필요가 있다. 우리 사회에서 '애국주의'의 토대가 되는 것이 60대 이후 노년층만이 아니라 신세대에게도 일부 나타나고 있음을 주목해야 한다. 방송 3사 출구조사를 보면, 문재인 후보가 2030 세대에서 65%의 지지를 받았지만 박근혜 후보 또한 33%의 지지를 받았다. 이 대선만이 아니고 최근 10년간 선거 때마다 전체 2030 세대의 1/3이 수구-보수를 지지한다. 젊은이들이 민주주의와 인권, 평화, 사회개혁과 같은 공동체적 가치를 생각할 겨를도 없이, 당장 개인의 삶이 엄청나게 피폐한 층이 계속 재생산되고 있는 것이 중요한 원인이다.[22]

세대 간 대결 구도를 용인하고 더구나 노인 세대에 맞서야 한다며 2030 세대의 투표율을 높이려 독려하며, 더 부추긴 것은 민주통합당과 진보 정치권이기도 했다. 그렇지만 이런 식의 세대 간 대결 구도로는 앞으로 백전백패일 뿐이다. 왜냐면 출산율 저하의 영향으로 앞으로는 2030 세대의 비중이 더욱 줄어들고, 그에 반해 50세 이상 인구의 비중은 더욱 높아질 것이기 때문이다.

진보 정치권과 야당이 무상급식과 같은 계급적, 탈지역적, 탈세대적 선거 의제를 전략적으로 부각하는데 소홀히 했던 이 선거에서는 자연스럽게 지역주의 구도가 다시 강하게 나타났다. 그리고 그 구도는 당연히 여당에 유리했다. 지역 인구 구성으로 볼 때 지역주의가 강할수록 영남 기반 세력이 이긴다는 자명한 현실을 야권 역시 알고 있었다. 그럼에도 불구하고 야권은 거의 무대응으로 일관했다. 지역주의가 강할수록 수구─보수는 결집한다. 진보 정치는 지역주의를 벗어나야 한다. 향후 진보 정치권은 세대 간 대결 구도가 아닌 세대 간 연대의 구도를 만들어내야 한다. 2030 세대가 되었건, 5060 세대가 되었건, 가난한 청년─노인 대 부유한 청년─노인 간의 대립 구도, 즉 계급적 대결 구도를 만들어내야 앞으로 선거에서 이길수 있다. 예컨대 젊은 세대와 노인 세대 간의 세대 간 연대 의식이 강하게 작동해야만 가능한 것이 국민연금과 기초 노령연금의 획기적인 확대이다. 북유럽의 보편적 복지국가는 세계 최고 수준의 보편주의 복지 체제를 만들어냈는데, 그것을 지탱하는 정치적, 제도적 축 역시 세대 간 연대이다. 이렇게 세대 간 연대 의식이 필수적인 의제를 만들고 계급 투표가 가능해지는 상황을 만들어야 한다. 그래야 진보의 미래가 있다.

한편 박근혜 캠프는 '준비된 여성 대통령'이라는 구호를 제시하였는데, 여기서 '준비된'이라는 구호가 주로 갑작스럽게 후보로 나선 안철수, 문재인과 비교하여 준비된 인물이라는 것을 홍보하는 데 이용되었다면, '여성 대통령'이라는 구호는 실제로 여성층 특히 주부층에서 압도적으로 인정받았다. 즉 보육, 교육, 의료, 노인 복지처럼 주부들이 많은 관심을 갖는 정책에서 문재인 캠프가 박근혜 캠프와 뚜렷하게 차별화된 공약을 제시하는 일에 게을리하는 사이에, 박근혜 후보가 제시한 '여성'이라는 슬로건이 여성계와 주부들 사이에서 큰 힘을 받았다. 이 점은 예고된 것이었으나 이에 대해 야권은 사실상 대응을 못 하거나 안 했다.

3

2013-2014년 2월까지 상황
선거는 정치의 한 수단일 뿐이다

박근혜 정부 출범 후 많은 일이 있었다. 반정부 대중행동은 끊이지 않았다. 민주당이나 새정치연합은 여전히 대중의 삶의 개선에 관심이 없었고, 진보정당들은 분열을 극복할 비전이 없었다. 오직 광장에서의 촛불집회에 분노에 찬 사람들이 모여서 매주 구호를 외치고 있지만 통일된 구호마저 없고, 권력은 경찰 차벽으로 제어하고 언론은 보도하지 않았다.

선거는 정치의 한 수단일 뿐이다. 분산된 의제들과 분산된 대중의 힘에 근거한 진보정당들이나 야당은 선거에서 이기지 못한다. 통일된 의제를 형성하는 것과 통일된 대중행동을 조직하는 정치 활동 없이 선거는 단지 '형식적 민주주의'에 불과하게 된다. 제대로 역할을 하는 정당이 없는 현실에서도 대중운동을 하는 이들이 항상 정세와 대응에 대한 고민을 치열하게 해야 하는 한 이유이다. 이런 점에서 독자의 이해를 돕기 위해 2014년 지방선거 전까지 주요 정치 상황을 정리한다.

국가기관을 이용한 불법 부정선거 문제와 대선의 상관관계
2012년 대선에서 이명박 정권과 박근혜 후보 진영이 모의하여 재집권을 위해 권력을 총동원한 것이 사건의 핵심이자 본질이다. 큰 골격의 모의, 기획 등은 그해 7-8월에 진행된 것으로 추론된다. 박근혜와 이명박은 9월 2일 낮 12시부터 1시간 40분에 걸쳐 '강력범죄 대책, 태풍, 민생경제'에 관한 이야기를 나누었다고 보도된 바 있다. 공개된 것은 단 4분이었다. 당시 언론을 통해 밝힌 내용 말고 두 사람 간의 비공개 회동이 화기애애했다는 분위기로 봐서 두 사람은 사전에 참모들에 의해 준비된 대선에서의 구체적인 협력방안을 승인한 것으로 보인다. 양자 간 요구와 화답은 무엇이었을까? 최근까지의 상황을 보면 박근혜의 승리를 위해 이명박 정권이 국가기관을 체계적으로 동원했고, 박근혜는 집권 이후 이명박에게 문제가 되는 일체의 일들을 방어하고 있는 것에서, 이런 추론을 방증한다고 할 수 있겠다. 한편 배경으로 야권단일화 의제가 7-8월 같은 시기에 야권 및 언론에서 나오고 있었다. 8월에는 야권단일화를 하면 야권이 유리하다는 보도가 다수였다. 반면 박근혜 선대위가 제대로 정비된 것은 10월 11일로, 8월에는 박근혜가 선거에서 이기기 어렵다는 조사가 많았다.

대선 직후 박근혜 정권 출범까지

경제민주화와 복지 등에서 이명박 정권과는 다른 성격이 나타나지 않을까 하는 기대감을 언론은 계속 유포하였다. 그러나 박근혜 정권은 대선 직후부터 경제민주화와 복지는 생색내기 외에는 포기했다. 김종인 등의 배제와 초기 경제팀 결정부터 드러났다. 이후 박근혜 정부 1년을 보면 이는 증명되었다. 한편 '집권 초 허니문 기간'과 '민주당의 내홍'으로 인해 대선 결과 자체에 대한 문제 제기는 극소수 일반 시민들을 제외하고는 전혀 없었다. 오히려 이 문제 제기에 대해 의도적인 무시가 일반적이었고 폄하까지도 있었다.

3월부터 6월까지: 국정원 댓글 사건으로 시작하여 공작 사건으로 성격이 바뀜

박 정권은 조각이 늦어지고 초기 정책드라이브를 걸지 못한 상태에서 집권세력 내부의 안정감을 확보하지 못했다. 게다가 5월 초 윤창중 사건이 터지며 '소통문제'가 본격적으로 떠올랐다. 이 기간 내내 A사건이 터지면 B사건으로 덮는 방식으로 박정권은 정국을 운영했다. 6월 28일 6개 단체 주관으로 1차 촛불집회가 시작되었다. 민주당 의원 몇 명에 의해 국정원 대선개입사건이 조금씩 밝혀졌다. 한편 박정권의 성격이 언론에 유포된 이미지에 따른 기대에 못 미친다는 시민 반응이 형성되었다.

7월부터 8월까지: 국가기관들에 의한 계획적 사건으로 진실 점차 드러남

책임자처벌로 시민들의 요구가 상승하였다. 진보정당들 및 사회단체들이 본격 합류한다.

7월 19일까지 '국정원 정치공작 대선개입 시민사회 시국회의' 명칭으로 촛불집회가 열린다.

8월 1일 민주당이 촛불집회에 참여한다.

8월 3일 '국정원 정치공작 대선개입 시국회의'로 이름이 변경된다.

8월 5일 김기춘이 대통령 비서실장으로 내정된다.

8월 10일 시국회의는 '10만 대회'를 선언하며 자신감을 갖는다.

8월 16일 원세훈 김용판 청문회가 열린다.

8월 28일 내란음모 사건이 발표된다.

2008년 광우병 촛불 정국 시 이명박 정권이 위기에 처했을 때, 대응방식을 둘러싸고 권력 내부의 투쟁 경험이 집권 세력에게는 악몽으로 기억되어 있다. 즉 대중투쟁은 집권세력의 균열을 가져오는 근본 동력이다. 따라서 정권은 대중투쟁의 상승을 막으려고 매우 집요한 노력을 한다. 내란음모 사건의 발표는 민주당의 합류로 인해 촛불집회의 폭발력이 커지는 것을 차단하고 공안정국으로 전환하려는 권력의 의도였고, 이는 민주당의 즉각적인 선 긋기와 진보진영이 정면돌파를 하지 못함으로써 권력의 의도대로 된다. 한편 대선개입 진상규명과 책임자처벌, 국정원 개혁 등 구호수준은 민주당과 진보정당, 진보사회단체가 별반 다르지 않았다. 그러나 '대선 불복' 프레임을 못 벗어난 것은 민주당의 결정적인 패착이었다. 또 김한길 지도부가 장외로 나온 것은 시점이 늦었다. 장외투쟁으로 힘을 제대로 모으기도 전에 터진 내란음모 사건을 스스로 소화할 수가 없었다. 통합진보당과의 선 긋기 후 민주당은 더는 오갈 데가 없었다. 게다가 공안정국 하에서 민생문제 제기는 매우 힘든 의제 설정이다. 결국 이 과정을 거치면서 민주당은 국민의 신뢰가 하락하고 안철수와 경쟁하는 구도로 스스로 걸어 들어갔고, 그러면서 더욱 지지율이 감소한다. 이제 그들에게는 오직 6·4 지방선거밖에 남지 않게 된다. 이런 처지가 된 것이 2013년 9월이었다. 따라서 10월부터는 투쟁 주체가 바뀌게 된다. 민주당이 떠난 자리에서, 안철수 세력은 처음부터 관심도 없었던 촛불투쟁을, 초라해진 진보정당들을 제쳐 놓고, 오직 순전히 진보사회단체가 끌고 갈 수밖에 없었다. 10월의 통합진보당 해산청구 움직임과 11월의 청구로 인해, 민주당과 안철수는 남북문제에서 보수적인 입장에 설 수밖에 없게 되었다. 이는 이후 박근혜가 남북문제를 독점적으로 활용해 나갈 토대를 마련하게 된 계기로 작용한다.

9월부터 2014년 2월까지: 정세의 변화와 대응방법의 불일치 증대

10월 19일까지 '특검 요구' '진상규명' '박근혜 대통령이 책임져라' '민주주의 수호' 등이 집회의 주 기조였다. 이후 전교조, 철조노조, 민주노총 등과 함께 사안 발생 시마다 의제를 결합하는 방식의 집회를 한다. 11월 16일 20차 집회까지 성격이 유사하다. 당시까지 대중투쟁의 의제는 100개가 넘었다. 한편 촛불집회에 참여하는 인원은 지역마다 줄어들거나 고정화되는 경향이 나타난다. 그러다가 국면을 전환한 것이 종교계였다. 11월 22일 천주교 정의구현사제단이 '박근혜 사퇴하라'를 선언한다. 정권은 박창신 신부의 발언에 대해 언론을 통해 '종북몰이'를 한다. 그러자 11월 27일 개신교계가 '박근혜 퇴진' 선언과 '종북몰이 중단'을 선언한다. 종교계의 시국선언으로 민중운동 및 시민단체 내에 정면돌파 경향이 생긴다. 약화된 대중투쟁 의지가 다시 살아나기 시작한다. 한편 철도노조의 행동에 일반 시민의 지지가 예상을 뛰어넘어 결합한다. 12월 28일 '멈춰라 민영화 밝혀라 관권부정선거' 주제로 열린 서울 촛불집회에 10만 명이 참여하며 참여 대중의 열기로 인해 첫 대규모 거리점거 시위가 진행된다. 그러나 12월 30일 철도노조의 타협으로 인해 동력이 급격히 약화된다. 기다렸다는 듯이 모든 언론이 12월 31일과 1월 1일에 지방선거 보도를 도배한다. 12월 31일 고故 이남종 열사의 분신 항거투쟁은 묻히고, 1, 2월 추운 겨울을 맞는다.

매월 또는 어떤 때는 매주 발생하는 사회적 의제들에 대해 시국회의가 결합한 것은 기본적으로 잘한 일이었다. 의제가 생긴 단위에서는 독자적으로 투쟁하기에는 힘이 모자라기 때문이다. 문제는 투쟁 전술에 있었다. 매번 똑같은 방법이었다. 서울역이나 시청 앞에서 집회를 하고, 의제마다 관련자들이 나와서 발언하고, 대중이 행동하는 것은 서명을 하거나 구호를 따라 외치는 것뿐이었다. 발언자들의 문제도 지적되어야 한다. 특히 민주노총 등 대형단체들이 나와서 억울함과 탄압받는 것을 호소하는 것은 민망하고 힘이 빠지는 일이다. 과거 어려웠던 시절에 비해 조직도 크고 사람도 많고 재정도 많은데, 열심히 투쟁하겠다는 의지를 표명하는 것이 중요한데 그러지 못했다. 또 서명하는 시민은 계속해서 다른 의제들에 대해 서명을 하고 모금에 동참했는데 이 과정에서 피로가 쌓였다. 대중으로 하여금 동일한 투쟁형식만 반복하게 했으니 동력이 약화될 수밖에 없었다. 또 전국 각 지역으로 각 부문으로 확장되지 않은 것도 문제다. 이런 방식으로는 대중운동이 활성화되기 어렵다. 288개 단체로 구성된 시국회의는 진보–개혁 성향을 전부 포괄하고 있는데, 참여 단체들 사이에서 투쟁방법을 둘러싸고 2013년 11월부터 이견이 본격적으로 생겨났다. 즉 "대선개입 진상규명, 책임자 처벌, 해체 수준의 국정원 개혁, 특검도입 요구"가 아닌 '이명박구속' '박근혜 퇴진'을 주장하는 그룹이 형성되었다. 기존의 대응 기조는 민주당과 안철수당이 요구하던 것인데, 이들이 빠져나간 자리에서 시국회의가 이를 계속 반복 주장하는 것은 이들을 정치적으로 강화시켜 주는 것 이상의 의미가 없다는 취지였다.

2014년 지방선거
예고된 패배와 희망, 진정한 성찰 필요

민심의 선택은 절묘했다

선거 때마다 나타나는 민심의 절묘함은 개표 직전까지 각 정당과 그 지지자들이 갖게 마련인 과도한 낙관적 승리의 기대 또는 과도한 비관적 참패의 공포심이 옳지 않다는 점을 적절하게 일깨워주곤 한다. 이 선거 역시 그러했다. 유권자들은 박근혜 정권과 여당에 '엄중한 심판'이 아닌 '경고'와 함께 '한 번 더 기회를 주는' 쪽을 택했다. 새정치민주연합에는 '새누리당을 견제할 견제력' 정도를 주는 쪽을 택했다. 그리고 진보정당들에는 '너희들 정신 차려!'라고 회초리를 치는 쪽을 택했다.

세월호 참사 전까지만 해도 새누리당의 압도적 우세가 예고되었다

대선 때 박근혜가 주장하던 경제민주화와 복지는 집권 초 이미 사라졌다. 또 국정원 선거 개입 문제로 1년 내내 시끄러웠다. 청와대와 여권은 기존 문제를 새 문제로 덮으며 나아갔다. 그럼에도 대선 당시 박근혜를 지지했던 유권자들은 여전히 박근혜에게 힘을 실어주고자 했다. 이들은 '안정 속의 경제성장'을 원하고, '힘 있는 정부가 알아서 문제를 해결해 주는 것'이 정치의 최상이라고 인식하기 때문이다. 이들에게는 '민주주의 후퇴'는 별로 중요하지 않다. 또 야당도 별로 나을 게 없다고 본다. 새누리당의 지지율은 약할 때도 35%이며, 박근혜 지지율은 이것보다 항상 높다. 이유는 지지층의 견고함과 강력함 때문이다. 언론에서 우리 사회가 보수 우위라고 설명하는 근거이다. 따라서 새누리당은 견고한 지지층을 토대로 적절한 인물을 후보로 내고, 상대와의 대결 구도를 유리하게 만들고, 지역개발론 등의 정책을 제시하여 선거를 치르면 된다. 대부분 언론과 여론조사기관에서는 4월 초까지만 해도 호남, 서울, 충남을 제외하고는 여당의 6·4 선거 승리를 예측하였다. 여기에는 야당의 무기력도 일조하고 있었다. 새로운 의제를 가지고 전국적인 선거 쟁점을 만들고 대정부투쟁을 이끌어가는 리더십이 매우 취약하고 미숙한 야당 지도부였기 때문이다. 청와대와 여당에 6·4 선거는 자신 있었다.

세월호 참사에서 '박 대통령 도와주세요'로

그런데 4월 16일 세월호 참사가 일어났다. 수백 명의 사람을 구조하지 못하는 정부의 무능함으로 인해 시간이 지날수록 민심이 요동치는 것이 확인되었다. 40대는 이반이 두드러졌다. 50대도 위험해 보였다. 청와대와 여당은 총력전에 나선다. 조직과 언론을 총동원한다. 6·4 선거 기간 내에 별별 일이 다 일어났다. 하지만 선거 막판으로 갈수록 새누리당은 소위 '박근혜 마케팅'에 집중했다. 이것이 6·4 선거에서 여당의 핵심전략이 된다. 경기도에서 여당 후보로 나선 남경필이 '박근혜 대통령을 돕겠다'고 하며 여당 지지세의 결집을 꾀하더니, 곧이어 그것이 최경환 의원의 '대통령의 눈물을 닦아주세요'로 발전하였다. 6·4 선거 직전에는 전국 각지에서 박근혜 대통령을 돕겠다는 1인 시위가 나타났고, 그와 더불어 융단폭격식의 '박 대통령 도와주세요' 운동이 등장했다. 그 결과 새누리당은 경기, 인천, 부산에서 아슬아슬하게 승리할 수 있었고 영남권에서는 독식했다. 그리고 기초단체장 선거에서 전국적으로 승리했다.

승리한 것은 새누리당이 아닌 청와대

새누리당은 '세월호 사건만 없었다면' 6·4 선거에서 압도적 승리를 거둘 수 있었을 텐데 하며 매우 아쉬워한다. 그리고 권력을 송두리째 흔드는 대참사가 벌어졌는데도 여권이 승리를 한 점에 기뻐하며 안도한다. 그러나 이 선거의 진정한 승리자는 여당이 아닌 청와대이다. 당장 인천, 부산에서 '친박 후보의 승리', 경기도에서 남경필의 '친박 선언'으로, 박근혜에게 더욱 힘이 실리게 되었다. 박근혜에게 도와달라고 외친 새누리당은 당분간 청와대의 뜻에 따라 지낼 수밖에 없게 되었다. 7.14. 당 대표 선거나 7.30. 재보선 공천에서 대통령의 뜻을 따를 수밖에 없게 되었다. 여권의 미래권력은 이 선거를 통해 나타나지 않았다. 현실 권력인 박근혜가 더욱 돋보이게 된 선거였다.

참으로 무기력한 새정치민주연합

이 선거는 '새정치민주연합'이라는 야당이 유권자의 지지를 모으는 데 한계에 봉착했음을 보였다. 안철수-김한길이 이끄는 신당 창당 이후 그 신당은 '기초공천제 논란' 외에는 한 일이 전혀 없다. 박근혜 정권과의 대립을 만들어내는 일 또한 없었다. 6·4 선거를 앞두고 새로운 정책, 쟁점을 만들지도 못했고, 국면 주도도 한 게 없다. 선거가 임박해서도 그들은 단지 '통합진보당과는 선거연대를 안 한다'는 것 외에 한 일이 전혀 없다. 새정치민주연합 창당 이후 당 지지율은 계속 떨어졌다. 당연하다. 한 일이 없고 비전 제시를 하지 못하니 대중이 지지할 아무런 이유가 없다. 안철수에 대한 지지는 계속 떨어졌다. 떨어져 가는 당 지지율을 가지고 6·4 선거를 맞이하여 계파 간 공천 투쟁에만 골몰하던 야당 앞에 세월호 참사라는 대형 사건이 터진 것이다.

세월호 참사 이후 민심이 바뀌었다. 수백 명의 생명이 죽어가는 것을 국민은 생방송으로 지켜봤다. 돈에 눈먼 탐욕의 기업, 그들에 의해 승객이 짐짝 취급당하는 현실, 온갖 규제 완화, 승객에 대해 책임지지 않은 비정규직 선장과 항해사들, 기업주와 해운 관료 간의 은밀한 거래와 부패구조, '안전과 안보'를 떠들어대던 청와대 권력자들의 민낯, 여당과 고위관료들의 무능과 한심함을 국민은 생생하게 목격했다. 참사 이후 전국 각지에서 촛불이 타올랐고, SNS에서는 매일 수백 건 이상의 새로운 정보가 소통되며 '대중의 분노'가 조직되기 시작했다. 그런데도 안철수-김한길 지도부는 이러한 분노와는 거리를 두며 방관했다. 소위 '부자 몸 사리기'에 들어갔다. 부자도 아니면서 말이다. 이들은 세월호 참사에 대한 정부의 초동대처 미흡을 지적하고 정부 여당의 책임을 묻는 척했다. 그러나 동시에 "국정운영의 한 축으로서 정부 여당에 최대한 협력하겠다"고 했다. "여야 모두 죄인이다"는 자세를 취했다. 이유는 "세월호 책임에 대한 조심스러움과 역풍 위험 때문"이었다. 결과적으로 세월호 참사의 책임 소재가 불분명해졌다. 이 틈을 여당이 '박 대통령 구하기'로 파고든 것이다.

2014년 지방선거와 2010년 지방선거의 비교

사전투표제의 영향과 세월호 참사로 인해 이 선거 투표율은 56.8%로 2010년 6월 지방선거의 투표율 54.5%보다 약간 높다. 그런데 투표율은 훨씬 높아질 수 있었으나, 새정치민주연합의 소극적인 선거전략 때문에 투표율이 높아지지 않았다. 2010년에는 '무상급식'이라는 대형 의제가 있었고, 2008년 광우병 촛불시위 경험을 가진 유권자들이 이명박 정권 심판에 가세했다. 즉 2010년은 '쟁점이 있는 선거'였고 야권은 선거에 사활을 걸었다. 반면 이 선거에서는 세월호 참사로 인해, 유권자들이 한국 사회의 본질적 문제점을 더욱 심도 있게 파악하고 그에 따라 대중행동이 분출되고 있었다. 그런데도 새정치연합은 이러한 대중의 분노 및 행동과 거리를 두었다. 뚜렷한 의제가 없는 이 선거에서, 이른바 '격전지 효과'를 보인 곳은 부산과 광주였다. 두 곳에서의 투표율은 2010년보다 무려 10%를 상회했다. 이것은 이 선거에서 야권이 2010년처럼 쟁점을 만들고 사활을 걸고 나섰다면 투표율을 훨씬 높일 수 있었음을 보여준다.

반새누리, 비민주 성향의 유권자가 늘어나다

민주당 또는 새정치민주연합의 선거전략 부재는 2012년 총선과 대통령 선거, 그리고 이 지방선거까지 반복되었다. 따라서 유권자 내에서 '반새누리, 비민주' 성향의 숫자가 계속 늘어나는 것은 결코 우연이 아니다. 이때 투표장에 가지 않은 유권자의 상당수가 '새누리당도 싫고, 새정치민주연합도 싫다'는 것을 보여주었다. 그 결과 새정치민주연합은 승리하지 못했다. 이것이 6·4 선거의 결과가 '박근혜 정권심판'이 아닌 '정권 견제' 정도에 머무르게 된 기본 이유다.

경기도와 부산의 막대한 무효표와 선거연합의 부재

이른바 대부분 진보 언론이 이 선거에서 진보정당들이 몰락 또는 참패했다고 분석했다. 경향, 한겨레, 오마이뉴스는 물론 프레시안, 민중의 소리, 레디앙도 마찬가지였다. 이들은 통합진보당, 정의당, 노동당, 녹색당 등 4개 정당으로 나뉜 진보정당의 총당선자 수가 과거에 비해 줄어든 것을 크게 문제 삼았다. 이로부터 진보의 분열이 문제고 해결책은 진보의 통합이라고 대부분 역설했다. 이 말은 일면 타당하다. 그러나 다른 중요한 면이 간과되고 있다. 먼저 이 6·4 선거의 광역단체장 선거 결과를 살펴보자. 대부분 진보 언론은 부산과 경기도에서 나온 무효표를 '매우 안타까워' 한다. 즉 부산에서는 서병수 새누리당 후보와 오거돈 무소속 후보 간의 표 차인 20,701표보다 2.6배나 많은 54,016표가 무효표였다. 경기도에서는 남경필과 김진표 후보 간의 표 차인 43,727표보다 무려 3.4배나 많은 149,886표가 무효표였다.[23]

지난 2010년 선거에서 경기도에 출마한 심상정 후보는 투표일 하루 전에 사퇴했는데, 그로 인한 무효표가 무려 183,387표였다. 당시 만약 그 막대한 무효표가 모두 사퇴한 심상정 후보가 기대한 대로 유시민 후보에게 갔다면 국민참여당의 유시민은 충분히 경기도지사로 당선될 수 있었다. 이때 통합진보당 후보들은 투표일 3일 전에 사퇴하였다. 그런데도 엄청난 무효표가 발생했다. 무효표의 많은 부분은 중도에 사퇴한 통합진보당 후보를 지지하는 유권자들의 표였다고 선관위 관계자가 언급했다. 만약 새정치민주연합과 통합진보당 간에 선거연합이 되었다면 부산과 경기도에서 오거돈과 김진표 후보는 충분히 이길 수 있었다. 이 선거 결과를 놓고 경향과 한겨레

등은 2010년 선거 때와는 달리 '진보정당 후보 때문에 야권 후보가 떨어졌다'는 비난을 쏟아내지 않았다. 왜 다른 선거와는 다른 걸까? 그렇게 주장하기에는 안철수-김한길 지도부가 '통합진보당과는 절대로 선거연합을 하지 않는다'고 워낙 강경하게 주장해왔기 때문이다. 이것이 명백한 사실이다. 이때 경기도와 부산에서 야권은 충분히 승리할 수 있었다. 그런데도 선거연합을 하지 않아 야권 후보가 진 것이다. 통합진보당을 정치권 내에서 일종의 '악의 축'으로 놓는 프레임을 통해 새정치민주연합은 일부를 얻고 일부를 잃었다. 얻은 것은 새누리당과의 적대적 공생관계로부터 오는 확실한 2등 입지이고, 잃은 것은 1등이 되기는 어렵다는 대중의 인식이다. 한편 이 프레임으로 인해 나머지 진보정당들도 각자도생으로 몰리게 되어 매우 힘들어졌다. 앞으로도 새누리당이 주도하고 때론 새정치민주연합과 양당이 주도하는 진보정당들에 대한 견제 프레임은 지속될 것이다.

진보정당들과의 선거연합 없이 이기면 좋은 것이라고?

한편 진보 언론은 아쉬움이 너무 많아서인지 아니면 문제를 분석할수록 그 심각함이 드러날까 두려워서 그러는 것인지, 인천, 강원, 충북의 선거 결과에 대해서는 아예 상세하게 다루지 않고 있다. 인천에서는 유정복과 송영길 간의 득표율 차이가 불과 1.75%였는데, 통합진보당 신창현이 얻은 표가 1.83%이고 무효표가 1.06%이므로 이곳에서도 달라질 수 있었다. 강원에서는 최문순이 49.76%로 새누리당 최흥집의 48.17%를 아슬아슬하게 누르고 당선되었는데, 통합진보당 이승재의 득표율이 2.05%였다. 충북에서는 새정치민주연합의 이시종이 49.75%로 새누리당 윤진식 47.68%를 불과 2% 남짓으로 이겼는데, 통합진보당 신장호가 얻은 표가

2.56%였다. 대전에서는 정의당 후보가 1.76%, 통합진보당 후보가 1.39%를 얻어 양자의 합이 3.15%이었는데, 물론 당선자인 새정치민주연합 후보가 50.07%로 과반을 얻어 이기긴 했다.

정리해보자. 새정치민주연합을 은연중 지지하는 한겨레와 경향 등 이른바 진보 신문들이여! 대전, 강원, 충북에서는 아무튼 새정치민주연합 후보가 이겼고 더구나 통합진보당과 선거연합을 하지 않고서도 이겼으니 무조건 좋다는 것인가? 아니면 그러하니, 다른 곳에서 패한 것은 모른 체하고 넘어가자는 것인가? 만약 이때 강원과 충북에서 새누리당이 이겼다면 2010년 때처럼 '끝까지 사퇴하지 않은 통합진보당 후보들 때문에 야당이 졌다'는 논리가 팽배했을 것이다. 통합진보당이 마녀사냥의 대상이 되었을 것이다. 사실은 이 논리와 환경 때문에 정의당은 광역단체장 후보를 적극적으로 내지 못했다. 이 선거에서 경기, 인천, 부산, 대전, 강원, 충북은 말 그대로 격전지로 예상되던 곳이었고, 따라서 선거연합이 중요했던 지역이다. 영호남을 제외하면 무척 많다. 그런데도 새정치민주연합은 선거연합을 거부한 것이다.

조중동/경향·한겨레의 선거 결과 분석에 대한 몇 가지 비판

조중동과 경향 한겨레 등 수구·진보 언론에서 모두 주요하게 다루는 몇 가지를 조금만 더 보자. 이들 언론은 우선 안철수가 광주에 윤장현 후보 전략공천을 한 후 그를 지키기 위해 광주에 집중하고, 그것 때문에 경기도와 인천, 특히 부산을 놓쳤다는 분석을 내놓고 있다. 물론 그런 분석도 일면 타당하다. 그러나 그런 분석의 이면에는 안철수가 명실상부한 야권의 지도자 또는 정치지도자가 되려면 호남이 아니라 다른 지역을 품는 지도자가 되어야 한다는 견해가 들어 있다. 그런데 그게 과연 현실적으로 가능할까? 아니다. 아니기 때문에 안철수가 그런 선택을 한 것이다. 즉 안철수에게는 광주와 호남이 생명줄이다. 부산은 문재인이 있는 곳이다. 문재인으로 대표되는 '친노세력'을 안철수가 품을 수 있을까? 안철수는 조직력으로 보면 매우 미약하다. 그렇지만 호남에서 민심이 박지원, 정동영, 정세균, 천정배 등으로 흩어져 있고 누구도 차기 대선 주자로서 호남 민심의 압도적 지지를 받는 것이 현재 어렵다. 안철수는 이 빈틈을 보고 호남의 지지세를 조직한 것이다. 호남을 포기하는 순간 안철수는 끝난다. 안철수가 노회찬의 서울 지역구를 가져간 일을 생각해보라. 그때도 안철수가 부산에 출마해야 한다는 주장이 주류였다. 그런데도 안철수는 냉혹하리만큼 가장 안전한 선택을 했다. 안철수는 그런 인물이다.

안철수가 경기도에서 실패한 것은 김상곤과 힘을 합쳐 선거 준비를 하지 못했기 때문이다. 이 때문에 김상곤이 맥없이 무너졌다. 또 안철수는 부산의 오거돈에게 확신을 주지 못했다. 이는 안철수가 독자 창당 노선을 포기하고 김한길과 손을 잡고 새정치민주연합을 출범시키는 순간 이미 돌이킬 수 없는 일이 되었다. 안철수는 새정치민주연합에서 확고한 자기 세력을 형성하고 있지 못하다. 이런 상황에서 안철수가 광주의 윤장현을 포기하고, 자신과 손을 잡지 않은 경기도의 김진표, 부산의 오거돈을 도우러 움직일 이유는 없었다. 특히 당 대표인 그가 부산의 무소속 오거돈 후보를 어떻게 지지할 수 있는가? 언론은 때만 되면 정치인을 조롱한다. 그 조롱의 대상이 야권에서는 지금 안철수이다.

우리가 정작 관심을 가져야 할 점은 광주의 유권자들이 언론의 예상을 뛰어넘어 압도적으로 윤장현 후보를 지지한 점이다. 즉 광주의 유권자들은 '현재의 새정치민주연합 내의 권력 구도에서라면' 안철수를 지지한 것이다. 아니 지지할 수밖에 없었다. 윤장현이 아니면 강운태-이용섭 연합군 뒤에 숨은 구태의연한 민주당 세력을 선택하라는 건데, 이를 광주시민들은 거부한 것이다. 이 선거 과정에서 지지율이 요동치던 광주의 민심은 안철수에게도 구민주계에도 불만이 많음을 적극적으로 표현한 것이었고, 향후에는 양자를 벗어날 수 있음까지도 보여준 선택이었다.

충청권의 새정치민주연합 승리는 우클릭 덕택이다?

새정치민주연합은 이 선거에서 충청권을 싹쓸이했다. 자민련 이후 충청권 싹쓸이는 이때가 처음이다. 기초단체장 선거에서도 2010년의 9곳에서 12곳으로 늘어났다. 언론은 모두 새정치민주연합의 싹쓸이가 가능했던 것은 박병석, 변재일 등 충청권의 새정치민주연합 국회의원들이 중도우파 노선을 걷는 온건 정치인들이 주였기 때문이라고 분석한다. 그리고 이렇게 말한다.

"충북의 이시종 당선자는 가난했던 초심을 잃지 않고 겸손했다. 충남의 안희정은 겸손한 리더십과 충청 대망론으로 승리했다. 두 사람 모두 합리성을 우선으로 하며 중도우파 노선을 걷고 있다. 이 선거로 안희정은 대선주자 반열에 올랐다. 충청을 잡는 자가 대권을 잡는다."

과연 이와 같은 분석이 옳을까?

생각해보자. '충청권은 인구가 538만으로 호남의 532만을 넘는다. 그럼에도 불구하고 국회의석수는 충청이 25석, 호남이 30석으로 균형이 맞지 않는다'는 견해가 몇 년 전부터 주장되고 있다. 단순 숫자 비교만 하면 맞는 말이다. 그러나 선거구 확정은 많은 요소가 고려되고 협상을 통해 결정되는 것이다. 이것은 말하지 않고 이 부분만 필요할 때마다 꺼내서 떠드는 것이 언론이다. 충청도 인구가 늘어나는 것은 신도시 인구의 증가 때문이다. 특히 도로와 철도의 확장으로 제조업체가 급격히 늘어난 천안, 아산, 당진, 세종, 대전 신도시가 그러하다. 신도시가 안정되는 단계 이전까지는 외지 인구 유입과 잦은 이사 등으로 인해 거주민의 생활의식이 수도권과 비슷한 양상을 보인다. 경기도 도시들에서 많이 나타나는 현상이다. 따라서 범야권지지_{또는 중도좌파} 성향이 크다. 그런데도 언론은 '이시종과 안희정이 중도우파 노선을 걸었기 때문에 당선되었다'고 반대로 분석한다.

이 선거에 출마한 새정치민주연합의 충남, 충북 후보들은 이미 도지사직을 수행하던 기존 단체장들이고, 이들의 인물 경쟁력은 새누리 후보들보다 앞섰다. 그리고 새누리 후보들이 결정된 시점이 선거 직전으로 오히려 늦었다. 강원도 역시 이와 비슷하다. 충남·충북과 강원에서의 선거는 여야 일대일 구도, 인물 대결, 지역발전론 등이 어우러진 선거였다. 강원, 충청권 선거에서는 서울·경기와는 달리, 중앙당의 공약 말고도 독자적인 지역공약이 중요하다. 현직 단체장이 이 경우 앞서는 것은 당연한 일이다. 또 앞에서 말한 세월호 참사의 영향도 컸다. 이렇게 보면 '우클릭 덕택'이라는 언론의 설명은 헛다리 짚는 것이다. 그런데도 한술 더 떠 언론은 덧붙이기를, 김진표가 경기도 분당에서 얻은 48%, 박원순이 서초, 강남, 송파에서 약진한 점까지 거론하며, 고소득 중산층까지 획득하려면 '합리적 진보가 필요'하다고 말한다. 다시 말해서, 앞으로도 계속 새정치민주연합의 '우클릭'이 필요하다는 것이다. 이들 신문과 장단을 맞추어온 민주당새정치민 주연합 내의 '우클릭 필요 주창자들'을 잘 관찰해보길 바란다. 그들의 계급적 기반을 알 수 있다.

세월호 참사의 핏값으로 당선된 서울 경기의 새정치민주연합 후보들

분석이 집중되어야 하는 곳은 서울, 경기, 인천 등 수도권이다. 일단 서 울은 지방선거가 갖는 또 하나의 기능인 중앙권력에 대한 중간평가 기능 이 가장 잘 표현되는 곳이다. 그리고 예상대로 '정권심판론'이 가장 거셌던 곳이다. 세월호 참사 이후 박원순-정몽준 구도에서 박원순 후보가 순항함 으로써 현역 구청장 후보들이 수성하기가 쉬웠다. 기초공천제 폐지를 선 두에서 가장 반대한 것이 서울과 경기도의 도시지역 민주당 현직 기초단 체장들이었고, 그 의견을 받아 강력한 행동에 나선 이들이 동일 지역구의 현역 국회의원들임을 고려하면 이해하기 쉽다.

이들은 처음에는 자기 선거를 하느라 정신이 없었다. 그러나 세월호 참 사 이후 서울은 광역 후보와 기초단체장 간 공조 현상이 두드러지게 나타 났다. 경기도의 도시지역에서도 비슷했다. 단지 경기도가 서울보다는 지 역성이 더 두드러지므로 이에 따른 편차가 있었을 것으로 해석한다. 앞서 도 잠깐 언급했지만 여야 구도, 인물 대결, 지역공약, 이 세 가지가 합쳐져 효과를 보는 것이 지방선거이다. 서울이 아닌 지방일수록 또 지방색이 두 드러지는 곳일수록 더욱 그러하다. 서울에 비해 경기도에서는 광역단체장 후보 김진표가 약했다. 이것이 영향을 주었다고 볼 수 있다. 새정치민주연합이 서울에서 20대 5, 경기도에서 17대 13으로 앞섰다. 늦은 공천과 쟁점이 없는 선거인데도 새정치민주연합의 승리가 가능했던 것은 세월호 참사가 결정적이었다. 이들은 수백 명 핏값으로 당선된 이들이다.

송영길의 패배는 예상된 일

인천은 송영길 후보가 측근 비리, 지역 야권에서의 부정적 평가, 실제 조직력이 약한 문제, 공약 미이행 등으로 인해, 선거 전부터 패배가 예상되던 곳이다. 또 국회의원들과 기초단체장들의 관계, 기초단체장 후보로 나서는 사람들 간의 경쟁 격화 등도 문제였다. 2010년과는 다르게, 범야권이 똘똘 뭉쳐 여당에 맞서는 분위기가 형성되지 않았고 송영길의 패배로 귀결되었다.

과천시장 선거

새누리당 33.05, 새정치민주연합 29.01, 녹색당 서형원 19.25%. 정의당과 단일화하여 출마한 시의원 출신의 서형원 후보의 도전은 실패로 끝났다. 통합진보당, 정의당, 노동당에 비해 녹색당의 과천 선거는 언론에서 많은 관심을 가지고 보도를 했다. 정의당과 녹색당은 단일화도 했으나 낙선했다. 나름 시민사회 기반이 강하다고 평가받는 과천이었지만 거대 양당과 경쟁하는 것이 매우 어렵다는 것을 보여주었다.

진보 4당, 정당 지지율

진보정당은 4개로 나뉘어 있다. 진보정당에서 녹색당을 빼는 사람들이 있다. 왜냐면 녹색당 지도부가 민노당에서 갈라져 나온 것이 아니기 때문이다. 하지만 필자는 그렇게 보지 않는다. 녹색당의 주요 활동가들이 80년대 민중운동으로부터 성장하지 않았다 하더라도 이들은 90년대 이후 우리 사회의 중요한 가치인 '생태'를 위주로 활동하면서 성장한 사람들이라는 점에서, 또 녹색당의 주 의제가 다른 3당에서도 중심적으로 다루는 주제이며, 실제 진보정당들의 당원 중에는 녹색당 이중 당적을 가진 경우도 많고, 평소 활동도 연대하는 경우가 많기 때문이다. 지방으로 갈수록 이런 현상이 두드러진다. 이런 점에서 진보 4당으로 본다.

이 선거에서 진보 4당의 당선자 수와 당선율이 급감할 것이라는 점은 예상되었다. 그렇지만 아래 표에서 보듯이 정당 지지율을 보면 '진보가 몰락 또는 참패'했다고 보기는 어렵다. 전국 결과를 보면 진보 4당의 지지율 합계는 9.81%이다. 2012년 4월 총선에서 통합진보당, 진보신당, 녹색당이 얻은 합계 11.9%보다 2.09% 감소했다. 당시 통합진보당은 민주당과 선거연합을 하여 의석수가 약진했고, 당 지지율도 진보정당 대표로 인식되어 10.3%를 얻었다. 그러나 지금 통합진보당은 대중적인 이미지가 나쁘게 형성되었고, 나머지 3당 또한 언론에서는 찬밥 신세였다. 또 총선과 달리 지방선거의 그 많은 선거구에 후보를 낼 수 없는 형편을 고려하면 4당 합계 9.81%는 적지 않은 지지율이다.

	새누리당	새정치 민주연합	통합진보당	정의당	노동당	녹색당
전국	48.56%	41.29%	4.27%	3.62%	1.17%	0.75%
서울	45.43%	45.34%	3.04%	3.92%	0.63%	0.55%

부산	58.18%	32.81%	4.01%	2.85%	1.29%	0.83%
대구	69.92%	23.8%	2.35%	2.83%		1.07%
인천	50.58%	40.79%	3.02%	3.90%	0.84%	0.84%
광주	8.73%	71.34%	13.37%	4.15%	2.38%	
대전	46.31%	47.72%	2.7%	2.64%		
울산	55.46%	23.76%	12.1%	3.67%	4.98%	
세종	47.17%	52.82%				
경기	47.59%	43.78%	3.13%	3.80%	0.58%	0.67%
강원	58.48%	34.64%	2.44%	2.22%	1.2%	0.99%
충북	53.44%	38.98%	3.18%	2.37%	1.08%	0.91%
충남	53.58%	38.48%	2.69%	2.46%	1.02%	0.84%
전북	17.46%	63.23%	8.31%	6.81%	1.74%	1.43%
전남	10.36%	67.14%	12.31%	5.27%	3.06%	1.82%
경북	75.17%	16.44%	2.43%	2.92%	1.64%	
경남	59.19%	28.86%	5.29%	2.51%	2.88%	1.24%
제주	48.69%	37.82%	4.3%	6.10%		1.65%

진보 4당이 얻은 지지율에는 몇 가지 살펴보아야 할 점들이 있다. 상세하게 분석하자면 광역단체장, 기초단체장, 광역의원, 기초의원, 비례의원 등의 출마자 수를 각각 따져보아야 하고, 또한 선거구별 선거 구도 및 출마자의 득표력 등을 고려해야 하는데, 이는 각 정당이 직접 해야 할 과제이므로 생략한다. 여기서는 두 가지 면에서 진보 4당의 지지율을 분석한다.

먼저 과감하게 일반화한 '유권자에 대한 노출 정도'와 이에 따른 유권자 지지를 보자. 통합진보당은 511명, 정의당은 158명, 노동당은 111명, 녹색당은 23명의 후보를 냈다. 6·4 선거의 총당선자 수는 모든 유형 합계 2,952명이었다. 진보 4당의 총출마자 수는 803명이고 당선자 수는 총 55명이었다. 출마자 수 대비 당선자 수의 비율은 매우 낮으며 이는 앞에서 지적했다. 중요한 것은 803명의 출마로 얻은 정당 지지율이다. 단순계산으로 통합진보당은 511명 출마에 4.27%, 정의당은 158명에 3.62%, 노동당은 111명에 1.17%, 녹색당은 23명에 0.75%였다. 이 결과만 보면 녹색당의 출마자 대비 지지율이 가장 높았음을 알 수 있다. 그다음이 정의당, 노동당, 통합진보당의 순이다.

다음은 광역의원 비례 출마자 수의 비교이다. 새누리당 75명, 새정치민주연합 68명, 통합진보당 29명, 정의당 21명, 노동당 13명, 녹색당 12명이 광역의원 비례에 출마했다. 진보정당의 출마자 수는 75명으로 새누리당과 같다. 결국 진보정당은 자기들끼리 서로 경쟁했다는 뜻이다. 한편 통합진보당은 정당 지지율 10%를 넘긴 광주, 전남, 전북에서 각 1석씩 당선자를 배출했다. 호남에서 제2당 전략을 사용하여 성과를 얻은 것이다. 문제는 정당 전국 지지율이다.

위의 두 가지로부터 다음을 알 수 있다. 노동당과 녹색당은 이 선거에서 정당 지지율 2%를 얻기 위한 전략을 구사했는데 역부족이었다. 둘 다 내세울 만한 유명인사도 없고 유권자를 집중시킬만한 것이 없었다. 노동당은 당명 전환 이후 첫 선거였는데 지지율은 2012년 총선과 비슷했다. 녹색당은 그때보다 지지율이 조금 향상되었다. 이는 진보 3당에 대한 거부 감으로 인해 녹색당을 선택한 유권자들이 있음을 뜻한다. 반면 정의당은 소위 '유명인사'들을 보유하고 있는 정당이다. 통합진보당에 대한 거부감 을 가진 유권자들이 정의당을 선택했을 것이라는 추론이 가능하다서울, 경 기, 인천의 지지율은 정의당이 통합진보당을 앞선다. 그런데 정의당은 이 선거에서 유일하 게 새정치민주연합과 선거연합을 했다. 그럼에도 매우 저조한 성적을 보였 다. 당선자도 기초의원 11명이 전부이다. 정당 지지율은 3.62%로서 5명의 국회의원을 가진 원내정당으로는 초라하다. 앞으로 벌어질 통합진보당과 의 제3당 입지 다툼에서, 정의당은 여러모로 유리한 바를 거의 얻지 못한 선거이다. 통합진보당은 타 3당에 비해 총출마자 수도 월등히 많고 광역비 례 출마자 수도 많았음에도 불구하고, 당 지지율에서는 저조한 성적을 냈 다. 물론 4.27%의 지지율과 함께 당의 건재함을 알리는 정도의 성과는 있 었다. 그런데 통합진보당에는 정의당에 비해 '유명인사'가 없다. 또 외연 확 장의 가능성은 최근 1년여간 확인된 대로 매우 작다. 따라서 생존에 성공 했지만 앞으로는 어려움이 클 것으로 보인다. 특히 향후 재보선이나 1년 10개월 뒤 총선에 나갈 출마자는 지방선거 출마자와는 체급이 다르다는 점에서 앞으로 정의당과의 제3당 입지 다툼에서는 유리한 것이 거의 없다.

진보 4당, 합계 9.81%의 지지율은 적은 숫자가 아니다

위에서 본대로 진보정당이 4개로 나뉘어 제각기 출마하는 상태에서 당 선자를 내는 것은 매우 어렵다. 당 지지율을 높이기도 어렵다. 무엇보다 보수 야당과의 경쟁도 어렵다. 그러나 진보 4당 합계 9.81% 지지율은 작 은 숫자가 아니다. 이처럼 최악인 경우의 선거에서도 이 정도 지지율이 나온 것은 새로운 희망을 갖기에 충분한 숫자이다. 예전에 민주노동당이 제 도권에 안착한 이후 지지율은 나쁠 때에도 13%는 나왔다. 즉 그 흐름 자체가 사라진 것은 아니라는 것이다. 그런데 6·4 선거에 참여하지 않은 43.2%의 유권자 중에는 '꼴 보기 싫어' 투표를 하지 않은 이들도 많다. 제대로 된 진보정당은 우리 사회가 원하는 적합한 가치와 비전, 그리고 대중과 호흡할 수 있는 정책과 노선, 이를 정치적으로 밀고 나갈 조직력과 전투력을 만들어나가야 한다. 현실은 강력한 두 거대 정당에 포획되어 있다. 이를 깨고 나가는 것이 어찌 간단하고 쉽겠는가? 진보정당의 통합은 제6공화국의 재구성이라는 관점에서, 새로운 진보정당의 '상'을 만들고, 이를 과거를 뛰어넘는 수준의 '상'으로 합의할 때에만 가능하다. 진보의 성찰과 이에 따른 '신선한 발상' '새로운 기획'이 필요한 시점이다.

5

2014년 3월부터
2016년 1월까지 상황

1) 안철수를 돌아보다 - 2014.3.2. 깜짝 신당 창당 합의는 어떻게 가능했을까?

2014년 3.2. 김한길–안철수의 신당 창당 선언에 대해 많은 사람이 놀랐다. 그간 정국 흐름으로 볼 때 대부분 정치인이나 평론가들은 6·4 지방선거 이후 정계개편이 있을 것으로 예상했기 때문이다. 그러나 예상을 깨고 신당 창당 선언이 나왔다. 왜 그랬을까? 이에 대해 당시 시점에서 발표 주체의 정치적인 처지와 발표된 내용에 대한 해석을 통해 상황을 이해해 보자.

정치 주체의 처지

우선 처지를 보자. 협상과 발표 주체인 김한길과 안철수는 모두 '소수파'였다. 이 소수파가 다수파가 되기 위해 벌인 정치 행동이 신당 창당 선언이었다.

먼저 안철수의 새정치연합을 보자. 안철수 세력은 6월 지방선거에서 광역단체장은 광주를 제외하고는 당선 가능성이 없었고, 타 세력과 손을 잡으면 가능성 있는 곳이 경기와 부산 두 군데였다. 여기에서 당선자를 내지 못하면 정치세력으로 유의미한 평가를 받기 어려웠다. 안철수의 전략은 6·4 선거 후 형성된 정치기반을 근거로 이후 국회의원 재보선 과정을 통해 민주당과 견줄 만한 사이즈를 가지려는 것이었다. 그러나 현실은 냉혹했고 실패 가능성이 커졌다. 결정적인 것은 김상곤과 오거돈이 움직이지 않은 데 있다. 미미한 결과를 얻게 될 선거 이후, '야권분열에 따른 책임론'이나 '민주당과의 통합론'이 제기될 수밖에 없는 것은 불을 보듯 뻔했다. 이를 피하려면 민주당과의 연합공천은 필수인데 여러 가지 이유로 쉽지 않았다. 게다가 서울, 인천, 강원, 충청의 민주당 소속 단체장들을 대신할 후보를 만드는 것은 안철수에게 어려웠다. 시간이 갈수록 안철수에게는 불리한 국면이 펼쳐질 수밖에 없다는 것이 판단의 근거로 작용했다.

안철수의 고민은 애초부터 기초지자체 선거에는 있지 않았다. 안철수가 소리 높인 '기초공천제 폐지'는 새누리당과 민주당을 공격하기 위해서였을 뿐이다. 언론에서 자세히 다루지 않았기 때문에 일반 시민들은 안철수가 왜 이를 강력하게 주장하는지에 대해 의아해했다. 안철수의 주장에는 정당이나 민주주의에 대한 뭔가의 이론이 있는 것이 전혀 아니었다. 이것이 진실이다. 알다시피 영남지역은 새누리당, 호남지역은 민주당 일색이다. 기초단체장과 의원 모두 그러하다. 그런데 이들 대부분은 토호세력이다. 안철수당은 애초부터 이를 깰만한 능력이 되지 않았다. 특히 영남 공략은 불가능하다는 것을 알았고, 호남에서는 기껏해야 민주당 공천 탈락자들로 구성된 후보들을 가지고 얻을 수 있는 것은 별로 없음을 잘 알고 있었다. 그래서 광역선거에서 승부를 걸려고 준비하면서 '기초공천폐지'와 '구태정치'를 동렬에 놓고 공격했던 것뿐이다. 안철수가 창당 준비를 하면서 기초단체장급을 많이 영입했다면 그는 당연히 이 문제를 제기하지 않았을 것이다. 2012년보다 2014년에 안철수가 영악해졌음을 우리는 알게 되었다. 단지 거품 같은 지지율만 높을 뿐 이를 현실화할 '후보군'이 존재하지 않는 상황에서 곧 '현실적인 소수파'로 전락하게 될 안철수에게 어떤 선택이 필요했을까? 앞서 본대로 광역단체장 후보군이 없고 기초단체장 후보군도 없는 상황에서, 민주당과의 연합공천은 불가능했다. 그러면 남는 것은? 역발상이다. 즉 당 대 당 통합이다. 이것이 혼자 짊어져야 할, 곧 다가올 재앙에서 벗어나는 길이고, 또 통합신당의 대주주가 될 수 있는 절호의 기회이기도 했다. 통합 후 통합신당 내에서 안철수 계파를 늘릴 수 있다. 이 방안을 김한길이 설득했다.

이때 민주당과 김한길을 보자. 민주당은 대선 패배 이후 1년을 박근혜 정권에 끌려다녔다. 총선으로 배지를 단 의원들은 4년 임기가 보장되어 있기 때문에 대정부 투쟁을 필사적으로 할 만한 이유가 별로 없다. 정치적 국면변화나 특히 질적인 정계개편을 원하지도 않는다. 다만 국가기관의 불법 대선개입 사건이 광장에서 계속 제기되는 것은 불편할 수밖에 없었고, 국면변화로써 6·4 지방선거가 빨리 치러지기를 학수고대했다. 물론 선거에서 자신이나 자파의 세력을 키우는 것 외에는 계파 수장들은 관심이 없었다. 야당의 패배는 예고되어 있었지만 안철수와 그 결과를 나눠서 지면 되기 때문에 패배의 책임도 크게 가질 이유는 없었다. 이 점 때문에 민주당 의원들이 안철수의 새정치연합으로 움직이지 않은 것이다.

민주당은 안철수가 요구하자 '기초공천폐지'를 당론으로 정했다. 그러나 민주당은 아마추어가 아니고 프로다. 어차피 호남은 광역단체장, 기초단체장, 광역의원, 기초의원, 교육감 모두 공천 문제에서 계파 간 갈등으로 인해 원래 골치가 아팠다. 즉 계파에 따라 조율을 할 수밖에 없었다. 게다가 안철수와의 경쟁지역은 별로 없었다. 계파 수장들은 안철수에게 조금 준다 해도 전체적으로 보면 큰 손실은 없었다. 또 수도권 및 중부권은 계파 간 서로 조율을 하면 되니 상대적으로 여유가 있었다. 언론에서 떠든 것과는 달리 호남이 아니고, 사실은 수도권과 충청권에서 안철수에게 사람들을 빼앗길까 봐 그것이 걱정이었다. 그러나 여기서 별로 흔들리지 않았다. 이유는 안철수가 수도권에서 파괴력을 만드는 데 실패했기 때문이다. 이런 환경에서 각 계파 수장들은 흔들리지 않았다. 단지 조율에 의해 만들어낸 지도부를 때에 따라 흔들거나 지원하면서 큰 무리 없이 현재의 구도를 차기 총선까지 가지고 갈 수가 있었다. 6·4 선거에서 여당에 지게 되면 당지도부를 쇄신이라는 이름으로 조율하여 갈아치우면 그만이기 때문이다.

그런데 6·4 선거의 '민주당 패배'와 혹 있을 수 있는 '안철수의 약진'을 명분으로 해서, 그간 단지 친노 그룹과 각을 세우는 정도에 머물던 김한길이 일을 냈다. 김한길이 계파를 아우르는 압도적 지도력이 없는 공백 상황을 적극적으로 활용하여 직접 나선 것이다. 당내 소수파인 김한길로서는 절호의 기회였다. '밖에서 들여온 힘으로 자신의 입지를 강화하는' 오래된 그러나 확실한 전략을 쓴 것이고, 이는 안철수와 이해관계가 맞았다. 계파 수장들은 동의할 수밖에 없었다. 김한길은 이 일로 인해 본인의 입지를 굳힐 수 있는 계기를 만들었다. 김한길은 문재인 손학규 정동영 정세균 박지원 등과 경쟁 또는 협력하면서 지분 확보 투쟁에 나섰다. 이는 6·4 선거 전에 하는 것이 본인에게 절대 유리했다. 6·4 이후에는 광역단체장들이 유력인물로 성장한다. 또 국회의원 재보선 정국부터는 차기 총선과 당권, 대선을 내다보고 계파 수장들이 나설 수밖에 없기 때문이다. 이를 조기에 자신이 먼저 빈 공간을 치고 들어가 자신의 영역을 넓히는 일을 한 것이다. 김한길은 오랜만에 정당 내부투쟁에서의 '정치 활동 능력'을 보인 것이다. 최고위원들과 계파 수장들을 동의할 수밖에 없게 만든 것이 김한길의 '솜씨'였다.

발표된 내용을 보자. 전문이다.

민주당 김한길 대표와 새정치연합 안철수 중앙운영위원장은 이번 지방선거에서 국민께 약속한 대로 기초선거 정당공천을 하지 않기로 결정하였다. 정부와 여당은 대선 때의 거짓말에 대한 반성과 사과를 하지 않고 오만과 독선으로 가득 차 지방선거를 앞두고 또다시 국민을 기만하고 있다. 정치가 선거 승리만을 위한 거짓 약속 위에 세워진다면 앞으로 국민과의 어떤 약속도 불가능하며 국민은 정치와 정당의 약속을 진실로 받아들이지 않을 것이다. 정치적 기만은 국민의 정치혐오를 부추기고, 민주주의에 대한 위협으로 이어진다. 엄중한 상황 앞에서 새 정치를 위한 실험은 계속되어야 한다. 새 정치는 국민과의 약속을 지키는 신뢰의 자산을 만들어 나가는 데서 출발한다. 새 정치는 약속의 실천이다! 이에 새정치연합 안철수 중앙운영위원장과 민주당 김한길 대표는 거짓의 정치를 심판하고 약속의 정치를 정초하기 위해 양측의 힘을 합쳐, 신당을 창당하기로 하며 다음과 같이 합의하였다.

1. 양측은 가장 이른 시일 내에 새 정치를 위한 신당 창당으로 통합을 추진하고, 이를 바탕으로 2017년 정권교체를 실현한다.
1. 신당은 기초선거 정당공천폐지 약속을 이행하고, 한국정치의 고질적 병폐를 타파하기 위해 정치개혁을 지속적으로 추진한다.
1. 신당은 대선시의 불법 선거 개입 등에 대한 진상규명을 통해 민주주의를 바로 세울 것이다.
1. 신당은 여러 경제주체들이 동반성장하고 상생할 수 있는 경제민주화와 복지국가의 실현이라는 민생중심주의 노선을 견지한다.
1. 신당은 튼튼한 안보를 바탕으로 한반도 평화를 구축하고 통일을 지향한다.

2014. 3. 2.

민주당 김한길 대표, 새정치연합 안철수 중앙운영위원장

항목별 분석

발표내용 중 앞부분은 두 사람의 인식을 표현하고 있는데 여기서 두드러지는 점은 "정치는 약속이고 신뢰"라는 언급이다. 박근혜가 오랜 세월 써먹던 언술을 쓰고 있는 데 그간의 경로로 볼 때 안철수의 요구가 관철된 것으로 보인다. 이 언술에 대한 이해는 앞으로도 안철수의 정치 행보를 예상할 때 중요한 키워드가 된다. 안철수의 '새정치'의 핵심은 '약속과 신뢰'이다. 별것 없다. 이것이 전부이다. 그런데 이렇게 정치를 대하는 태도는 과거의 박근혜와 같다. 즉 새롭게 미래권력으로 떠오르려 할 때 갖는 프레임으로 유효하기 때문이다. 박근혜와 안철수의 공통점은 '대중에게 친절하지 않다'는 것이다. 그들은 애매하게 말할 뿐이다. 아무리 중요한 의제라도 그렇다. 아주 간혹 '본인이 답을 얻을 수 있을 때만' 훈계하듯이 발언한다. 박근혜와 안철수는 매우 닮았다. 어쨌든 당시 이 발표를 통해 안철수는 야권의 박근혜가 되었다. 즉 '약속과 신뢰'는 안철수의 것이 되었다. 안철수는 이후 신당 창당 과정에서나 당 운영에서도 이 말을 엄청 써먹었다. 그러나 '어떤 약속'인지 '어떤 신뢰'인지를 안철수가 밝힐 것을 기대하지는 말자. '구체적인 내용'에 대해 안철수에게 듣기는 매우 어려울 것이다.

합의 사항 중 두 번째 항목에 대해서는 앞에서 설명했다. 첫 번째 항목을 보자. 여기서 중요한 것은 야권통합의 역사에서 한 번도 빠지지 않았던 '뜻을 같이하는 세력'이라는 용어가 없는 점이다. 즉 시민사회, 군소정당에 대한 언급이 없고 이를 배제하겠다는 의도이다. 또 하나는 2017년 정권교체를 한다는 것인데, 이는 문재인 손학규 정동영 정세균 박지원 등 민주당의 계파 수장들을 고려한 표현이다. 정권교체를 위해 가장 불안했던 안철수와 통합신당을 만들겠다는 것이다. 여기에 이의를 제기할 사람은 민주당 내에 없었다. 김한길이 모두를 꼼짝 못 하게 만든 것이다. 세 번째 항목은 당시 두 세력 모두 '특검도입'을 주장하고 있어 얼핏 보면 자연스럽게 보인다. 그런데 이를 특검도입으로 명료하게 하지 않았다. 이유는 당시까지 광장에서 특검과 함께 이명박구속, 박근혜 퇴진을 주장하며 매주 촛불집회를 하고 있고, 향후 투쟁의 형식이 변화할 가능성이 매우 컸던 상황을 반영한 것이라고 보인다. 통합신당인 새정치민주연합은 이후 당연히 투쟁하지 않았다. 네 번째 항목은 박근혜가 대선 시 '시대정신'이라 일컬어지던 이 내용을 헌신짝처럼 버리고 본격 후퇴하고 있었기 때문에 쓴 것이다. 다섯 번째 항목은 안철수가 평소 주장하던 내용이고, 김한길도 '중도로의 외연 확장'이라는 이른바 '우클릭'을 주장하던 것이어서 자연스럽다.

이상으로 볼 때 김한길-안철수의 합당은 필자가 앞에서 말한 것처럼 단지 '소수파가 다수파'가 되기 위한 정치 행동 그 이상의 의미는 없다. 전문과 5개 사항으로부터 새로운 당의 가치와 노선, 정체성을 확인하는 것은 매우 어렵기 때문이다. 따라서 '거대 양당 체제를 타파해야 한다'고 안철수를 따랐던 사람들이 합당에 따라가지 못하고 이탈한 것은 당연한 일이다.

안철수의 정치 공학-백설 공주에서 일곱 난쟁이가 된 안철수

김한길이 사과를 건넸고 공주는 이를 받았다. 그러나 김대중이 말했듯이 '정치는 생물'이다. 두 소수파가 손을 잡아 다수파가 되고 당권을 잡았다. 그럼 이제 무엇을 해야 할까? 권력을 유지하는 것이다. 그러려면? 명분과 실리를 위한 전략과 전술이 필요하다. 신당 합의 사항은 안철수와 김한길이 양당 세력을 고려해서 '타협할 수 있는 기조'를 기초로 만든 것이다. 언론에서는 괜찮게 조율된 사항들이라고 분석했다. 그런데 실제 통합 과정에서 안철수는 전통적인 민주당 지지자들로부터 불만을 사기 시작했는데, 이들에게 안철수는 '화끈하기는커녕 어이없는 실수를 반복'했기 때문이다. 보편적 복지 관련 논란이나 5·18 발언, 6·15와 10·4 선언 등에 관한 발언이 대표적이었다.

대중과 언론의 관심은 합당으로 인한 여야의 1대1 선거구도였다. 이 시기 여론조사에서 통합신당의 지지율은 급격히 오르기 시작했다. 여론은 통합신당이 '무엇을 가지고' 여당과 한판 붙을지가 궁금했다. 따라서 통합신당에서는 선거에 이슈가 될 만한 의제를 꺼내서, 의제를 주도하며 창당 및 선거 과정에 돌입해야 했다. 그래야 여당과의 대립이 선명해지고 이를 통한 대중 지지 확산이 가능하기 때문이다. '송파 세 모녀 사건'이 하나의 강력한 의제가 될 수 있었다. 다수 시민의 삶의 고단함과 답답함, 불안함 등으로부터 의제를 찾았어야 했다. 그러나 다섯 난쟁이는 '기초공천제' 문제를 급부상시킨다. 배경에는 자파세력을 위한 계파 수장들 간의 갈등이 있었다. 여당과 수구 언론은 이를 부채질했다. '기초공천폐지 재고'를 주장하는 목소리 앞에서 스스로 박근혜급으로 인식하고 있는 안철수의 어리석음은 무모함으로 변했다. 김한길은 이 문제가 부상하지 않도록 이미 통합 전에 '당론'으로 결정하여 놓았기 때문에 자신감이 있었다. 그러나 안철수의 어리석음과 무모함으로 뭉쳐진 '고집'을 김한길은 제어할 수 없었다. 두 사람은 곧바로 정치적 패배의 길로 접어든다.

안철수-김한길 지도부는 6·4 선거 결과에 따라 다시 소수파가 될 수밖에 없게 되었다. 안철수는 '빛을 잃고' '철수정치'라고 조롱당했다. 선거에서 바닥 민심을 불러일으킬 만한 '재능'을 가지고 있지 않음이 밝혀졌다. 2+5 시스템이라고 언론에서는 두 당 대표를 예우하는 이름을 붙였지만,

무너진 안철수의 리더십은 회복하기 어려워졌다. 그리고 '안철수현상'을 만들고 지지했던 많은 시민 내에서 안철수에 대한 실망이 빠른 속도로 퍼진다. 본질을 말하자면 2012년부터 2년간 지속된 '안철수현상'은 '실제 안철수를 통해 무너졌다'. 더 이상 '안철수현상'의 안철수는 없게 됐다. 이제 정치인 안철수는 새정치민주연합의 일곱 난쟁이 중 하나가 되었다. 이 사실을 재확인한 것이 7.30. 재보선이었다. 김한길-안철수가 전권을 행사한 7.30. 재보선은 참패로 끝났고, 두 사람은 책임을 지고 사퇴하게 된다. 불과 '4달 천하'였다. 그러나 두 사람의 천하에서 새정치민주연합 내에 세력 재편이 일어난다. 후에 부메랑이 된 일은 권은희를 세워 천정배를 배제한 것과 손학규를 은퇴시킨 것이고, 비대위 체제에서 남은 난쟁이는 넷으로 문재인, 박지원, 정세균, 정동영이었는데 가장 개혁적인 정동영은 결국 탈당하게 된다. 이후 당권 투쟁은 문재인, 정세균, 박지원 사이에서 벌어지고, 알다시피 문재인이 당권을 잡는다.

김대중, 노무현을 계승했다는 중산층과 서민을 위한 정당이라는 야당이 그전에도 그랬지만 특히 2014.3.2.부터는 다수 시민의 삶의 문제에도, 엄청난 충격을 준 세월호 참사 문제에도 또 시국을 달군 많은 문제에도 적극적으로 대응하지 않거나 못하고, '정치 자영업자 모임'이라고 조롱당한 것, '새누리당 2중대' 소리를 들은 데에는 위와 같은 역사가 있었다. '새정치'를 부르짖던 안철수, 박근혜의 창조경제와 더불어 그 정체를 알 수 없다는 비아냥을 들은 안철수는 '새정치연합' 때도 '새정치민주연합' 때도 정체성이 모호하다. 그는 단지 새누리당과 민주당의 중간 위치에서 시작하여 자리를 잡지 못하다가, 민주당과 합당한 후에도 본인이 왜 정치를 하려 하는지를 보이지 못했고, 어떤 가치와 비전을 갖는지를 밝힌 바 없이 박근혜식 언술에 의존한 이미지 정치 외에는 보인 것이 없었다. 딱 하나 민주당에 대한 기여는 있다. 2012년 대선 패배 후 환골탈태를 해야 하는데도 하지 않고 버티던 '정치 자영업자 모임'인 민주당의 생명 연장을 해준 것, 그것이다.

그런데 이제 또 새로운 상황이 시작되었다. 안철수가 새정치민주연합을 탈당하여 '신당' 창당을 선언한 것이다. 새정치민주연합은 '더불어민주당'이 되었고, 두 당은 격렬하게 서로 다투는 국면이 되었다.

2) 2016년 안철수 신당

안철수가 2015년 말 탈당했다. 김한길도 탈당했다. 2년 전 새정치민주연합 창당을 주도하고 공동대표를 맡은 두 사람 모두 자기들이 만든 당에 희망이 없다며 탈당을 했다. 이들은 '국민의 당' 창당준비위원회를 만들고, 안철수는 인재영입위원장을 김한길은 상임부위원장을 맡았다. 다가온 총선에서 야권분열은 현실이 되었다. 단단한 여당 하나에 약한 야당 여러 개의 '1여 다야' 구도가 진행되고 있다. 야권 지지자 입장에서는 실망이 클 것이다. 그러나 총선에서 '국민의 당이 희망인가? 재앙인가?'를 냉정히 판단해야 한다.

성찰적 진보와 합리적 보수

이들은 '성찰적 진보와 합리적 보수의 결합'과 '보수–진보의 진영대결 논리를 넘어선 중도통합'을 주장하며 윤여준과 한상진을 공동 창당준비위원장으로 영입했다. '성찰적 진보'를 대표하는 서울대 교수를 지낸 한상진의 발언이다. 이승만 묘역을 참배하면서 "이승만 대통령께서는 자유민주주의 체제를 이 땅에 도입하셨고, 굳게 세우신 분"이며 "이승만 대통령의 자유민주주의에 대한 헌신을 이어받아야 한다"고 말해서 사람들을 어리둥절하게 하더니 또 며칠 후 혁명성지 4·19 묘역에서 "이승만 전 대통령을 국부國父라고 생각한다"고 말해 상식적인 시민들을 경악시켰다. 누가 '이승만 국부론'을 주장하는가? 뉴라이트와 새누리당, 친일수구독재 세력이다. 뉴라이트 교과서 제작 보급 시도와 최근의 국정화 시도는 이를 관철하려는 이들의 행동이다. 이를 의도적으로 꺼낸 한상진 발언에 이은 안철수의 태도로 보아 이는 '국민의 당'의 선거전략으로 보이는 면과 그들의 정체성으로 확인되는 면 두 가지가 있다. 전자는 선거전략으로 의도적인 '우클릭'을 하면서 중원中原 공략 차원으로 새누리당 지지자들을 끌어당기는 것과 역사도 선거전략의 소재로 삼을 수 있다는 태도이다. 후자는 1)에서 거론한대로 2014년 안철수가 민주당과 통합을 추진할 당시, 신당의 정강·정책에서 4·19, 5·18, 6·15 공동선언과 10·4 정상선언을 빼자고 주장했었기 때문이다. 안철수의 역사 인식에는 그때부터 물음표가 붙었다. 그는 뉴라이트 교학사 역사 교과서 파동 때도 양비론으로 비판받은 바 있다.

제대로 된 정치개혁

이들은 또 '제대로 된 정치개혁'을 말하며, '친노 패권주의 타파'와 '호남

홀대론'을 주장하는 호남의원들을 영입하여, 창당준비위 내의 각종 분과 위원장을 맡겼다. 분과위원장을 맡은 탈당 국회의원들이 과연 '정치개혁'에 적합한 인물들인가? 지역 토호세력과 결합한 기득권세력이고 구태의 대표적인 인물들이며 청산대상이라는 지적에 적합한 사람들이다. 이들 대다수는 존재감이 없다. 천정배 신당에서는 받아주지 않고, 새정치민주연합에서는 공천 탈락의 위기에 몰려서 안철수당으로 가지 않으면 배지를 달 수 없어 갔을 것이라고 보는 유권자들의 일반적인 생각이 옳다. 이들은 이른바 '친노'보다 나은 점이 없고 정치개혁의 주체가 될 수 없다.

제1야당 분열 이유와 의미

첫째, 민심을 대변하지 못했다. 이명박 박근혜 정권 8년 내내 제1야당은 '진보층'과 '합리성층'의 민심에 부응하지 못했다. 김대중 노무현 정권을 거치면서 이들은 권력의 단맛을 보았고, 점점 기득권세력이 되었다. 이들이 민심을 얻지 못한 원인은 '우클릭'에 있다. 2012년 대선에서 우여곡절 끝에 일대일로 붙어 적은 차이로 패배한 데는 대중의 반박근혜 의지가 있었기 때문이었다. 그러나 대선 패배 이후 혁신하지 않고, 불복논쟁과 종북 공세를 피하고, 사회경제적 의제 해결에 집중하지 않고, 선명 야당 노선을 걷지 않으면서, 중도확장 타령만 계속한 결과 제1야당은 새누리당과의 지지율 경쟁에서 단 한 번도 우위에 서 본 적이 없었다. '우클릭' 즉 보수화된 야당으로는 민심을 대변하는 대안세력이 될 수 없다는 것이 그간의 교훈이다. 그런데 이 '민심 문제'를 둘러싼 해석이 꾸준히 서로 달랐다. 이른바 '선명 야당론'과 '중도 확장론'으로 대별되는 제1야당 내의 주체들 간 경향성의 차이이다.

둘째, 우클릭의 제도화이다. 이런 일이 벌어지기 전까지는 선거 때마다 결과 해석을 놓고 다퉈왔다. 그러나 이제는 안철수가 행동으로 이를 제도화하고 있다. 한상진은 창당의 변에서 "새누리와 더민주 양당은 양극단에서 분열을 조장해 온 것이 문제다. 국민의 당은 그 중심에서 중도 개혁과 합리적 개혁을 추구하겠다"고 밝혔다. 하지만 전통적으로 제1야당은 수구-보수로 일컬어지는 한나라당-새누리당과 진보로 일컬어지는 민주노동당-통합진보당-정의당 등 사이에서 '합리적 개혁정당'을 주장하며 자리매김해 왔다. 반면 국민의 당이 내세우는 중도는 새누리와 더민주의 중간을 의미한다. 국민의 당은 온건 보수를 천명했다. 그런데 이는 우리 사회에 분명히 존립 근거가 있다. '1부'에서 본 것처럼 계층으로서 '중산층'과 사회의식으로서 '합리성층'이 존재하기 때문이다. 이는 우리 정치가 다당제로 가야 함을 반영하는 것으로 제3당 가능성은 충분히 있다 아래 셋째에서 더 다룬다. 그러나 '중산층'을 거대 양당이 끊임없이 포섭하고 있고, '합리성층'은 정치 투쟁 과정에서 '진보층'과 '수구층'의 의제 해석 대립과 '지역성'의 영향을 받고 있고, 그들 내부에 '온건 진보'와 '온건 보수'의 성향이 섞여 있기 때문에 '정체성 형성' 면에서 일정한 시간이 필요하다. 특히 현재와 같이 유력한 정치 주체들이 '제왕적 대통령제'를 차지하기 위해 서로 다투고 있는 현실에서는 더 그러하다.[24] [25]

셋째, 다당제 성립의 시점이다. 새누리당, 민주당 계열에 이어 그간 의미 있는 제3당은 민주노동당이었다. 지역 기반은 미약하지만 노동자 농민 서민 등 계급계층에 기반한 정당으로서 10여 년간 의미 있는 결과를 얻었다. 그러나 2012년 통합진보당 사태 이후 진보정당들은 소수 정치세력이 되었다. 계급계층과 노선, 가치에 따른 다당제 체제 성립은 양당제에 기초한 각종 선거법과 지역 기반문제 등 중요한 사항들의 변화가 선행돼야 하며, 또 그를 위한 정세변화도 관련이 깊다. 앞으로 상당한 시간을 요한다. 소선거구제 다수대표제인 현행 국회의원 총선을 세달 앞두고, 야권 연대 없이는 새누리당의 압승이 예고되는 상황이다. 이에 따라 야권지지자들은 선거가 가까워질수록 여야 일대일 구도를 요구할 것이다. 그러나 개별 지역구 단위의 야권 후보단일화는 어려운 점이 많다. 따라서 유권자들은 가능성 있는 후보로의 쏠림 현상을 보일 가능성이 크고, 지역에 따라서 특히 호남에서는 전략투표 가능성이 충분히 있다. 결론적으로 이 총선에서 계급계층에 기반한 다당제 성립은 어렵고 지역에 기반한 가능성은 충분히 있다.

6

2016년 총선

민심의 절묘함, 선물과 심판

민심의 선택은 절묘했다. 선물과 심판

선거 때마다 그 절묘함은 개표 직전까지 갖는 정당들과 지지자들의 과도한 기대나 참패로 인한 공포심 특히 정치공학적 사고가 옳지 않음을 적절하게 일깨워주곤 했다. 이 선거 역시 그러했다. 유권자들은 바닥 민심이 근본이라는 사실을 또 삶 속에서 차곡차곡 쌓이는 분노의 에너지가 어떻게 표출되는지를 극명하게 보여주었다. 정치공학적인 정당들과 언론, 여론조사기관, 평론가들을 뛰어넘어 '압도적인 여소야대'를 국민에게 선물하였다. 동시에 유권자들은 각 정당을 매섭게 심판하였다. 박근혜 정권과 새누리당에는 여권 성향 무소속까지 포함해도 130석밖에 안 되어 독립적인 행보를 하기 어렵게 참담한 패배라는 심판을 했다. 더불어민주당에는 제1당을 선물하는 대신 호남에서의 참패를 안겨주었다. 국민의 당에는 독립적인 행보가 가능한 제3당을 선물했지만 수도권에서 2석만을 주는 심판을 하였다. 진보정당에는 정의당 6석과 무소속 2석이라는 퇴보를 통해 '정신 차리라'고 일깨워주었다.

선거 전 새누리당의 압도적인 우세가 예고되다

첫째는 1여 다야의 구도가 2016년 초부터 형성되었기 때문이다. 선거전이 본격화된 2월 말-3월 중순에 새누리당의 압승은 언론을 통해 널리 유포되었다. 호남과 서울을 제외하고는 여당의 압도적인 승리를 예측하였다. 야당의 분열과 여당의 어부지리는 누구나 쉽게 이해할 수 있었다. 둘째는 새누리당과 박근혜 지지율이 높았고, 이는 지지층의 견고함과 강력함을 설명하는 근거로 항상 인용되었다. 셋째는 범야권지지 유권자들의 뜻에 반하여 야당 간의 투쟁에만 몰두하는 야당들의 행태도 일조하고 있었다. 또 '무상급식'과 같은 정책 의제를 가지고 전국적인 선거 쟁점을 만들거나 이를 뒷받침하는 대여투쟁에 매우 미숙한 야당 지도부로 평가되었기 때문이다. 따라서 청와대와 여당은 자신 있는 선거였다. '친박'을 내세워 청와대가 공천을 주도했다. 박근혜의 오만과 독선, 이를 따른 새누리당의 일방적인 공천 일정과 공천행태는 결국 새누리당 지지자들 내에 큰 균열을 일으켰다. 김종인, 이상돈, 진영 등이 집권 여당을 버리고 야당으로 넘어가는 것의 위험성을 그들은 몰랐다. 새누리당의 두 기둥인 수구와 보수의 분열이 본격 시작되었다. 수구 리더십 참모들은 그들이 보이는 '불통, 오만, 독선'으로 인해 보수 지지자들이 얼마나 피곤하고 불편해하는지를 이해하지 못했다. 그들이 '모든 것이 더할 나위 없이 좋다고 느낄 때' 발밑에서 위기는 시작되고 있었다.

선거참패는 청와대로?

새누리당은 공천과정에서 비박계를 배제하고 치른 이 선거에서, 수도권과 제주에서 참패했고, 경북을 제외한 부산, 경남, 대구, 울산 등 영남권에서 큰 내상을 입었다. 대전, 충청, 강원권에서도 상당한 지지율 후퇴를 보였다. 과반에 턱도 없이 모자란 의석수와 지지율 후퇴로 박근혜의 레임 덕은 시작되었다. 물론 정권은 정보, 물리력, 금력을 쥐고 있으므로 한순간 무너지지는 않겠지만 집권 3년간과 같은 억박지르기식 통치는 더 이상 불가능해졌다. 또 우리 사회 지배세력의 핵심인 재벌들의 각종 이익을 확보하기 위한 입법 활동과 규제 완화는 이제 야당들의 동의가 없으면 불가능하다. 즉 지배 동맹 내에서 박근혜의 위상은 이제 약화되었다. 더욱 큰 일은 새누리당의 재집권이 가능한지가 현실로 다가온 것이다. 재집권의 필요성과 절박함은 새누리당이 야당들보다 훨씬 강하다. 그런데 이를 앞으로 누가 이끌 것인가? 청와대는 이제 퇴임 후 안전판을 구축하는 모드로 들어갈 수밖에 없게 되었다. 김무성은 상처를 안고 물러났다. 김문수, 오세훈은 정몽준처럼 상당 기간 뒷전에 있게 되었다. 이재오도 사라졌다. 남경필, 원희룡 등은 측근들의 낙선으로 인해 당내 세력 구축이 쉽지 않다. 홍준표는 경남지사다. 유승민의 복귀, 최경환으로 대표되는 친박 좌장의 전면 진출 등의 조율과정이 있을 것이나 누구도 당내에서 확실한 대선주자가 되기에는 많은 시간이 필요하다. 반기문 등 외부에서의 영입작업도 진행될 것이나 이 또한 시간이 걸릴 것으로 예상된다.

애매한 제1당 '더불어민주당'

이 선거는 큰 쟁점이 없었다. 다만 유권자들이 스스로 전략적으로 생각하고 움직인 선거였다. 공천 파동은 새누리당, 더불어민주당, 국민의 당 셋 모두에 있었다. 다만 새누리당은 그것이 지지자들의 이완과 타 정당·후보에 대한 지지로 바뀐 반면, 더불어민주당과 국민의 당은 범야권지지자들이 65%를 넘는 상황 그대로가 모였다는 데 차이가 있다.

안철수로의 탈당 사태 이후 당명을 바꾼 이래 더불어민주당이 한 일 중 긍정적인 것은 문재인이 신진인물들을 영입한 것과 김종인의 활약으로 당을 안정화한 것, '경제 중심'으로 박근혜 정권과의 대립을 만들어내는 일이었다. 이것만으로도 선거에서 이겼다. 즉 선거의 큰 쟁점을 만들지 못했고 국면 주도를 하지 못한 상황에서도 말이다. 그만큼 박근혜 정부와 새누리당이 보인 행태가 유권자에게 심각했었다는 것이다. 민주당은 생각지도 못한 제1당이 되었다.

김종인-문재인의 연합권력은 선거 기간 내내 비교적 잘 작동했다. 공천과정을 통해 정세균, 손학규, 박원순, 안희정 등의 잠재적 대권 경쟁자들의 세력을 약화시켰다. 이해찬 등 '친노' 상징성이 있는 인물들도 잘라냈고, 선거 과정을 통해 '친문세력'을 형성하는 데 성공했다. 선거전략으로 의미가 있었던, 선거 막바지 문재인의 호남 방문에서의 선언과 뒤이은 수도권에서의 호소는 '대미'였다. "지역구는 더불어민주당에 비례는 제3당에 투표하라"는 메시지가 그것이다. 이는 마침 스스로 전략적 투표를 하려는 야권지지 유권자들의 강력한 의지와 만나 대반전을 만들었다. 총선기획단장이나 선대위 관계자가 언론 인터뷰에서 "비례를 몇 석 못 받더라도 지역구 당선자를 늘리자는 입장이었다"는 언급을 고려하면 당차원의 선거 전략이었음을 알 수 있다. 문재인은 본인의 입지 강화에 매우 중요한 선거였고 이를 위해 최선을 다했고 결과가 좋았다. 따라서 문재인의 정계 은퇴나 대선 불출마는 끝난 문제가 되었다. 그럴 필요가 없어졌기 때문이다. 그러나 문재인의 호남에서의 '비토'는 앞으로도 '대선주자로서의 확장성 논란'

에 계속 시달릴 수밖에 없게 만들었다.

한편 지역과 중도 양면의 확장성을 가진 김부겸의 당선, 종로에서 오세훈을 꺾은 정세균의 생환은 앞으로 당권과 대권 문제에서 새로운 이합집산을 예고하고 있다. 송영길, 김두관의 복귀도 손학규, 박원순, 안희정 등과 맞물려 새로운 협력과 경쟁이 필요함을 예고한다. 비대위 체제 이후 새로운 당체제 정립이 과제가 된 제1당이다. 그러나 더불어민주당은 국민의당이나 진보정당과 손을 잡아야 제1당으로 기능할 수 있는 애매한 제1당이다. 따라서 진보적 색채를 강화하는 '정권교체를 위한 강력한 야당론'이나, 개혁적 보수와 합리적 진보의 결합이라는 '합리적 정권교체론' 중 어떤 길로 가야 하는가를 놓고 갈등이 시작될 것이다.

약진, 국민의 당

많은 사람의 예상을 넘어 국민의 당이 약진했다. 호남에서는 사실상석권했다. 민주당이 오랫동안 취해온 적대적 공생관계를 근간으로 하는양당제 체제를 끌어온 방식이 무너졌다. 왜 이런 일이 일어났을까? 알다시피 호남은 정치의식과 개혁 의지가 가장 높은 지역이다. 호남 유권자들이국민의 당을 강력하게 지지한 이유는 다음과 같다. 첫째, 더불어민주당으로 표현되는 최근 8년간의 민주당 계열로는 정권교체가 불가능하다는 인식이다. 둘째, 호남은 이미 양당 체제 극복을 강력히 요구하던 지역이다. 호남에서 민주당이 토호세력이 되어 '대구의 새누리당이나 광주의 민주당이 같다'는 말이 호남 유권자에게는 상식이었다.[26]

셋째, 호남은 김대중, 노무현이나 민주노동당, 통합진보당 등을 지지해왔는데, 모두 도전자로서 선명 야당의 기치를 들고 싸울 때 지지를 보냈다. 즉 사회경제적 의제들, 인권, 민주주의, 평화 등의 의제에 대해 제대로 투쟁하는 정당과 정치인을 지지했다. 그런데 지금 국민의 당에는 천정배, 정동영, 동교동계 등이 함께하고 있어 이를 지지한 것이다.

이상의 점을 보면, 현실에 안주해왔던 더불어민주당에 대해 호남 유권자가 지지 철회를 한 것은 자연스럽다. 천정배의 국민회의나 안철수의 국민의 당은 이런 현실을 알고 창당을 한 것이다. 두 사람 모두 '야권교체로 정권교체'를 주장한 것은 이에 기초한 것이며 모두 호남을 기반으로 함을 명백히 밝히고 시작했다. 만약 진보정당들이 천정배, 정동영 등과 손을 잡고 전년도 하반기에 호남에 자리를 먼저 잡았다면 안철수는 탈당하지 못했을 것이고 국민의 당 창당은 이루어지지 않았을 것이다. 이 대목은 진보정당들에 두고두고 뼈아픈 대목이 될 것이다. 진보정당들은 계급계층의 기반만 있을 뿐 지역 기반이 거의 없다. 따라서 민주당의 균열로 정계개편이 확실시되는 절호의 기회에서 세력을 늘리는 전략을 채택했어야 한다. 정치적으로 가장 앞서 있는 호남을 기반으로 삼으려는 정치 행동을 해야 했다.[27]

결론적으로 한상진의 잘못된 발언들, 민주당 탈당 구태 정치인들 또 잡동사니 같은 인물들을 모두 사소한 것으로 치부하고, '확실하게 힘을 실어주는 전략적 투표'를 한 사람들이 호남의 유권자들이다. 사족으로 한마디 하면, '왜 호남 유권자들이 진보정당을 지지하지 않고 국민의 당을 지지했는지 이해가 안 간다'는 물음에 대해 답한다. 간단하다. 사표방지 심리다. 되지도 않을 정당에 왜 표를 몰아주겠는가? 누울 자리를 보고 발을 뽑는 것이다. 대중이 현명한 것이다.

이 총선에서 국민의 당의 선거전략은 단순하고 명확했다. "양당 기득권 체제를 심판하자." 이는 호남에서 압도적 지지로 연결되었다. "선거연대는 없다. 사퇴 없이 끝까지 간다. 새누리당 이탈자들이 지지할 것이다. 확장성 있는 제3당이 국민의 당이다." 이는 힘을 얻었고, 문재인의 발언 및 더불어민주당의 막판 선거전략과 맞물려 돌풍이 일었다. 국민의 당은 큰 성과를 얻었다. 하지만 국민의 당은 알다시피 이상돈, 안철수와 정동영, 천정배, 박지원 등 구성원의 결이 매우 다르다. 캐스팅 보트를 쥐고 새누리당과 더불어민주당 사이에서 움직일 가능성이 크지만, 이합집산에 참여할 가능성도 있다.

퇴보한 진보정당

진보 4당의 정당 지지율을 보자. 정의당 7.23, 녹색당 0.76, 민중연합당 0.61, 노동당 0.38로 합계 8.98%를 얻었다. 2012년 총선 당시 통합진보당 10.3, 진보신당 1.1, 녹색당 0.5, 합계 11.9%보다 2.92% 떨어졌다. 2014년 지방선거에서는 4당 합계 9.81%였으니 이와 비교해도 1% 정도 감소했다. 의석은 정의당 6, 민중연합당과 가까운 무소속 2명으로 총 8석을 얻어 의석수도 후퇴하였다. 정의당은 총선 전 진보대통합, 진보-개혁연합에 관심을 두질 않았다. 진보정당의 대표 주자로서 정의당이 모든 성과를 가질 것으로 예상했고 결과는 '정의당으로의 쏠림 현상'을 얻었다. 그러나 이것은 진보 4당의 지지율을 정의당이 가져간 것뿐이다. 문제는 정의당만으로는 확장성이 없음을 명확하게 보였다. 과거 민주노동당과 같은 지지 획득이 불가능함을 보였다. 정의당 단독으로는 앞으로도 어렵다.

7

2016년 가을 -2017년
박근혜 탄핵 촛불 정국

촛불의 탄생과 진화

10.24. 박근혜의 국회 연설이 있었고 그날 박근혜는 모든 사안을 빨아들이는 블랙홀로 불리던 개헌을 이야기했다. 그러나 그날 저녁 JTBC의 최순실 태블릿 PC 보도는 모두가 알다시피 새로운 국면으로의 전환을 가져왔다.

그런데 10.23.까지 크게 두 흐름이 있었다. 하나는 최순실 문제가 언론을 통해 계속 문제 제기되면서 대형 사건이 될 가능성이 있었다는 점이고, 둘은 고 백남기 선생이 9.25. 사망 후 서울대병원 영안실을 중심으로 정국이 급격히 경색되고 있었던 점이다. 첫째 것은 권력 작동 방식과 부정부패라는 면에서 정권을 흔들 사항이었으므로, 권력 집단이 총동원되어 막으려 했으나 이를 막지 못한 상태에서 시급히 박근혜가 개헌을 들고 나서는 것으로 귀결되었다. 그러나 두 번째가 큰 의미를 가진다. 알다시피 백남기 대책위는 노농빈 등 단체들과 진보적인 종교 및 사회단체들, 그리고 참여연대, 환경운동연합 등 대표적인 시민단체들이 함께했던 것이 특징이다. 이것이 나중에 시국 경색국면을 거치면서 대책위에서 투쟁본부로 진화하고, 진보정당들과 민주당 국회의원들이 결합하면서 명확한 반정부투쟁기구의 성격을 형성하고 있었기 때문이다. 즉 위의 둘을 합하면 간단히 이렇게 정리할 수 있다. 오랜 과정 동안 쌓인 적폐에 불만을 가지고 있던 대중들이 분노를 표출하며 행동에 나설 수 있는 상황이 만들어지고 있을 때, 동시에 대중운동의 지도부가 준비되고 있었다는 것이다.

10.24. 밤, 뉴스를 본 사람들 가운데 긴급한 제안이 돌았다. 제안은 다음 날 광장에서 기자회견으로 이루어졌다. 내용은 '박근혜의 즉각 퇴진, 거국중립내각구성, 비상시국회의 결성'이었다. 그러나 급하면 체한다는 옛말이 맞다. 이 기자회견은 매우 중요한 시점에 이루어진 것으로서 큰 역할을 했지만, '거국중립내각구성' 주장은 대중과 야당에 정치적 목표에서, 또 '비상시국회의'라는 명칭은 대중의 힘을 모으는 조직적 목표에서, 이후 3–4주가량 혼란을 가져왔다. 다행히 매년 늦가을 민중대회를 진행해 온 민중총궐기투쟁본부 준비팀이 있어서 급하게 촛불은 시작되었다. 10.29. 청계광장에서 1차 촛불집회가 있었고 참석인원은 3만 명가량 되었다. 11.5. 2차 집회가 있었고 인원은 크게 늘었다. 충분히 예고되었고 사회단체들이 주도하여 20만 명이 집결하기로 한 11.12. 민중총궐기의 날, 노동자, 농민, 빈민들은 각기 다른 장소에서 사전대회를 하고, 그 외의 모든 부문과 단체 및 개인들은 시민이라는 이름으로 대학로에 모여 집회를 하고, 모두가 광화문으로 행진하였고, 종교계를 비롯한 많은 사람이 청와대로 향하였다. 주최 측 추산 100만 명의 함성이 울렸다. 주요 구호는 '박근혜는 퇴진하라!' '새누리당 해체하라!'였다. 본격적으로 광장에 정치적인 힘이 모였다.[28]

이날 이후 주최단체는 '박근혜퇴진 비상국민행동'이라는 명칭으로 정리되기 시작했고, 조직 구성과 운영방법, 주요 구호, 집회 및 행진을 포함한 투쟁 전술 등에 관해 본격적인 토론에 들어갔다. 그리고 전국에서 자발적인 조직들이 급속도로 만들어지기 시작하며 스스로 광역단체의 결성에 나섰고, 서울과 연결되기 시작했다. 11.19.부터는 양상이 달라지기 시작했다. 전국의 집회참여자가 서울 60만, 지방 95만 명을 넘어섰고, 수능을 마친 수험생들이 합류했고, 처음 시위에 나서는 시민들의 참여가 두드러졌다. 가족, 친구들과 함께 하는 참여자가 급속히 늘기 시작했고, 시민들의 자유발언이 불을 뿜기 시작했다. 광화문 집중을 선포한 11.26. 집회에는 서울에만 130만, 전국적으로 160만 명을 기록하였고, 집회 및 행진의 형식이 정형화되었다. 구호는 기존 것에 더해 '재벌도 공범이다. 재벌총수 구속하라. 전경련을 해체하라'가 추가되었다. 11.29. 박근혜의 3차 담화 이후 공이 국회로 넘어오고 탄핵 관련하여 혼란을 겪던 정치권을, 한 방에 날려버린 12.3. 집회에는 사상 최대 규모인 232만 명의 시민이 거리로 쏟아져 나왔다. 이날로 박근혜 퇴진은 가시권에 들어왔다. 종교계가 이를 확인해주었다. 결정적인 것은 불교였다. 12.6. 조계종 총무원, 종무원을 비롯한 종단 공식조직 전체가 박근혜 퇴진을 선언하였다. 이 사건은 많은 시민에게 '우리가 이긴다'는 확신을 심어주었다. 그간 수구세력의 대표 격이었던 자승 총무원장이 앞장섰기 때문이다. 연이어 12.7. 한국천주교주교회의 사회주교위원회의 선언과 12.8. 개신교 NCCK의 박근혜 퇴진 선언문 발표 및 시국기도회가 있었다. 3대 종교가 공식 확인을 한 것이다. 이어 12.9. 국회의 탄핵 가결이 있었다.

12.10. 승리의 기쁨을 안고 시민들의 촛불은 계속되었다. 이날부터 시민들은 새로운 구호로 '박근혜 정권의 적폐청산'을 강하게 주장하였다. 12.17. 청와대 방면, 총리공관, 헌법재판소의 3코스로 행진이 확대되었다. 탄핵을 앞두고 12.7.-9.까지 여의도에서 국회를 압박했던 것처럼 대중은 현명하게 스스로 행진 코스를 만들어냈다. 구호가 하나 더 추가되었다. '헌재는 즉각 파면하라'. 그리고 지도부가 제시한 올해가 가기 전 꼭 해야 할 6대 긴급현안(세월호특별법, 백남기특검, 언론관련법 개정, 성과연봉제 퇴출, 국정교과서 폐기, 사드철회)을 대중은 적극적으로 받아들이기 시작했다. 큰 특징은 집회 및 시위가 매주 진행되면서 대중 스스로의 인식이 경험을 통해 급속하게 확장된 점이다. 지속적으로 구호가 확장된 것에서 이를 확인할 수가 있다. 이후 12.24, 12.31.에도 촛불집회와 행진은 계속되었고, 해를 넘겨 추운 겨울에도 진행되었다. 광장에서의 발언과 구호는 보다 다양해진다. 크게 보아 '적폐청산과 새로운 사회 건설'로 모아졌다. 마침내 2017년 3월 10일 헌법재판소에서 만장일치로 탄핵 소추안을 인용하면서 박근혜는 대통령직에서 파면된다. 3.11. 제20차 집회가 '촛불의 승리'를 자축하는 축제로 열리며 6개월에 걸친 광장에서의 투쟁은 막을 내린다. 3.21. 박근혜는 검찰에 소환되어 조사를 받고, 3.31 서울구치소에 수감된다. 그리고 5월 9일 대선이 치러졌다.

이명박 정부가 대통령 본인과 집권 그룹이 권력을 사익을 위해 이용한 것처럼 박근혜 정부 또한 그러했다. 절대다수 대중을 분노하게 한 것은 게다가 공적 자리에 있지도 않은 이른바 '비선 실세'에 의한 국정 농단이었다. 이명박 정부에 이어 박근혜 정부에서도 '개혁'은 없었고, 민주주의는 크게 후퇴했다. 대중은 누적된 모순을 '적폐'로 표현했고, 이는 제6공화국의 본격적인 균열을 의미했다. 광장에서 주장하는 '새로운 사회 건설'의 내용은 새롭게 만들어져야 할 제7공화국의 근간이었다. 그러나 제7공화국에 대한 대중의 많은 기대는 있었지만 이를 앞장서 실현할 '정치력'은 부재했다. 따라서 대중은 다시 '변화'를 주장하는 기존 정치세력에 관심을 둘 수밖에 없었다.

8

2017년 대선
촛불혁명을 완수할 새로운 정치세력을 호출하다

6개월에 걸쳐 이 땅을 뜨겁게 달군 촛불시민혁명은 박근혜 탄핵과 구속으로 1단계, 대선으로 2단계가 마무리되었다. 3단계는 문재인의 당선으로 시작되고 있다. 문재인과 그의 캠프는 당선 직후 박근혜와는 전혀 다른 행보를 하고 있는데, '비정상의 정상화', '소통', '개혁 의지 천명' 등에서 긍정적인 모습을 보이고 있다. 하지만 광장의 요구인 '적폐청산 및 사회대개혁'은 이제 막 시작되었다.

대선 결과 해석

대선 결과에 대해서는 각 정당과 언론의 초점은 서로 다르다. 그것은 그들이 어느 계급계층에 기반하는가와 정치적 이해관계에 따른 것이므로 당연한 일이다. 여기서는 각 정당, 언론과는 달리 분석해 보고자 한다.

직전 세 번 선거에서의 각 정당 및 후보의 득표율%이다.
2017 대선: 문재인 41.1%, 홍준표 24.0%, 안철수 21.4%, 유승민 6.8%, 심상정 6.2%, 조원진 0.1%, 김선동 0.1%

2016 총선: 새누리당 33.5%, 더불어민주당 25.54%, 국민의 당 26.74%, 진보 4당 8.98% 정의당 7.23%

2014 지방선거: 새누리당 48.56%, 새정치민주연합 41.2%9, 진보 4당 9.81% 통합진보당 4.27%, 정의당 3.62%, 노동당 1.17%, 녹색당 0.75%

2017 대선 결과에 대한 필자의 분석이다.

첫째, 홍준표, 유승민, 조원진의 합계 지지율은 30.9로써 총선 득표율보다 낮고 지방선거보다는 매우 낮다. 일차적으로는 구심점인 박근혜가 사라진 점, 다음으로는 수구세력의 분열이 가져온 결과로 보인다. 그러나 탄핵 정국에서 20% 수준의 탄핵 반대 여론을 고려하면, 대선 기간 중 상당한 비중인 10%가 복원되었다. 이는 정당들의 선거 캠페인의 결과로 이른바 '샤이 보수'의 결집과 동시에 '개혁적 보수'의 양 흐름으로 나타났다. 그런데 이 양 흐름의 지속 여부는 향후 정계개편과 지방선거 등과 맞물려 있다는 판단이다. 즉 국회의원들의 입지를 둘러싼 정당 간 이해관계가 부딪히는 시점이 올해 안에 시작되기 때문이다.

둘째, 안철수와 홍준표의 득표율 및 순위가 선거 막판 역전된 것이다. 이 대목은 여러 가지가 중첩되어 결과가 나타난 것으로 보인다. 우선 더불어민주당, 자유한국당의 '적대적 공생관계 활용' 선거전략이 첫 번째이다. 양당의 지지세가 모이고 강고할수록 안철수의 지지층과 지역 기반의 입지가 좁아진다는 것을 노린 전략이 주효했다. 그러나 2016년 총선에서 확인된 거대 양당에 대한 비판세력인 제3당 기반은 살아있음이 확인되었다. 다음으로 국민의 당의 선거전략이, 초기 노무현 정부 실정 비판-계파

패권 비판—적폐세력 심판—야야 대결론—새로운 미래론으로 이어지는 '제3당 입지론'과 '미래론'으로부터, 안철수의 지지율 급등상태에서 선대위가 구성된 후, 선거전략 기조가 크게 흔들려 '어정쩡한 중도'로 자리매김한 것이다. 게다가 안철수의 TV토론에서의 무능력과 매력 없는 모습은 고민하던 유권자들을 타 후보들에게로 돌아서게 했다. 그리고 5자 구도의 지속과 유승민, 심상정의 토론 능력이 급격히 호감을 얻은 점과 바른 정당 탈당 사태를 겪으며 유권자들 내에서 '전략적 투표'와 '소신투표' 흐름이 경쟁하는 현상이 나타난 것도 중요한 이유이다.

홍준표의 2위에 대해 조금 더 보자. 아래에서 보듯이 더불어민주당은 대세론이 한 번도 흔들리지 않았음에도 불구하고 선거를 문재인—안철수 대결이 아니라 문재인—홍준표 대결로 몰아갔다. 더불어민주당은 자유한국당을 2위로 선택한 것이다. 물론 안철수와 국민의 당의 태도 문제 또한 있었지만, 촛불정신이 관철되는 공동정부 수립과 개혁을 원하는 범야권 지지자가 압도하는 상황에서, 이는 경쟁자인 국민의 당과 안철수를 왜소화시켜 향후 정계개편에서 유리한 고지를 점하고자 하는 당리에서 나온 선택으로 보인다. 또 단기적으로는 안철수가 2위를 하여 국민의 당, 정의당과 함께 범야권의 개혁동력을 만드는 '협치'나 '실제적인 연정'은 애초부터 고려하지 않았다는 뜻이다. 선거 기간 중 바른 정당의 탈당 사태와 홍준표 지지, 또 선거 결과 호남과 영남에서의 전략적 투표가 재생된 것, 대선 이후 '이번 정권은 더불어민주당 정권'이라는 문재인을 비롯한 모든 민주당 관계자들의 발언이 이를 뒷받침한다. 그러나 정치는 양면성이 있다. 이로 인해 자유한국당이 의석수 3분의 1을 넘는 107석이 되어 앞으로 사

사건건 국회에서 발목을 잡히게 되었다. 사족을 보태면 야야 대결 프레임으로 끝까지 갔다면 유승민과 홍준표의 지지율 합계는 더 낮았을 것이고, 심상정의 지지율은 더 높아졌을 것으로 추론된다. 또 홍준표의 지지율을 묶어 놓았다면 자유한국당에서 바른 정당으로의 이탈도 기대할 수 있었고, 다당제의 안착과 이후 선거법, 정당 개혁, 개헌 등에서 개혁적인 흐름을 형성하는 것도 가능할 수 있었다.

셋째, 문재인 대세론은 처음부터 끝까지 흔들리지 않았다. 촛불시민혁명의 과정에서 '정권교체'는 당연한 사항이 되었다. 촛불시민혁명은 철저하게 '헌법적 틀 내'에서 진행되었다. 집회 및 시위의 형식만이 아니라 내용에서도 일관되었다. 제도 내에 있었고, 상식과 비상식이 일반적인 기준이 되었다. 사회구조를 바꾸는 혁명으로는 나아가지 못했고 정치권력을 바로 세우는 데 초점이 있었다. 물론 '민주공화국의 권력이 주권자인 국민에게서 나온다'는 집단적인 경험과 인식의 거대한 변화는 있었지만 말이다. 이 흐름에 기초하여 대선이 시작되었다. 따라서 가장 큰 수혜자는 문재인 후보였다. 야권 내에서 가장 큰 세력을 형성하고 있었기 때문이었다. 더불어민주당의 경선 과정은 촛불 민심의 상당 부분에 부합했다. 경선에서의 좌이재명, 우 안희정 구도는 민주당의 정당 지지율 상승과 외연 확장을 가져왔고, '문재인과 민주당으로의 정권교체론'을 현실화했다. 본선은 이를 확인하는 과정에 불과했다. 20-40대 유권자에서 압승하였고, 50대에서도 큰 성과를 거두었다. 이명박-박근혜 정권에서 야당 노릇을 제대로 못 하며 '정치 자영업자들의 모임'이라 조롱당했던 더불어민주당이 촛불시민혁명의 가장 큰 수혜자가 된 것이다. 하지만 촛불시민혁명의 주역들 중 상당 비율은 '정치의식'이 더불어민주당을 뛰어넘기 때문에 향후 문재인 정부가 적폐청산 및 사회대개혁 과제들에 대한 해결을 적극적으로 하지 않을 때는 지지를 철회할 가능성이 크다.

넷째, 견제와 균형, 다당제 현실화. 41.1%라는 문재인의 득표율은 새 정부에 기회를 주는 한편 야권에는 정부에 대한 견제력을 준 것으로 해석할 수 있다. 한편 야당이 현재 수구-보수-중도-진보로 구성되어 있고, 각자의 지지세력이 있음이 확인되었기 때문에, 또 박근혜 재판이 진행되어야 하고 촛불 민심이 지속되고 있으므로 즉각적인 인위적 정계개편은 쉽지 않다. 현재로써는 정당마다 존재감을 드러내는 방식의 운영을 할 가능성이 커, 사안별로 협조와 대립을 할 것으로 보인다.

진보정당의 성과와 한계

정의당의 심상정은 진보정당 후보로서는 대선 사상 가장 높은 지지율을 얻었다. 그러나 이전 선거에서 '민주당 후보에 대한 비판적 지지'가 압도했던 반면, 이때는 다자구도이고 촛불시민혁명으로 인해 치러지는 선거인 점을 고려하면 지지율이 높다고만 볼 수는 없다. 그럼에도 원내 6석에 불과한 정의당에 대한 '과소평가론'이 제기돼 선거제도 개정의 강한 근거로 작용할 수 있게 된 것은 성과이다. 또 가장 큰 선거인 대선을 통해 진보정당에 대한 지지세가 충분히 있음을 확인한 것도 성과이다.

여기서 그간 정의당의 활동방식과 선거전략 몇 가지를 비판적으로 들여다보자. 먼저 지적할 것은 촛불시민혁명 초기에 왜 이재명은 뜨고, 심상정 노회찬은 주목을 받지 못했는가이다. 간단히 말하면 이재명의 의제 형성방식, 대국민 소통방식이 그 시점 이전에 이미 압도적으로 앞서 있었다. 이 누적적인 정치 활동의 결과가 매우 결정적인 순간에 정의당과 두 정치인을 왜소하게 한 것이다. 두 의원을 포함하여 기존 진보정당들의 국회의원들은 이재명과 같은 정치 활동을 평소에 해 오지 않았던 것이다.

다음은 '유일 진보정당론'이다. 2012년 총선 때 통합진보당이 득표율을 독식한 효과가 있었다. 이것이 2016년 총선과 이번 대선에서 정의당을 통해 반복되었다. 대선은 총선보다 큰 선거라는 점에서 '쏠림현상'은 더 두드러졌다. 민중연합당의 김선동 후보의 득표율은 실제로는 0.08%로 무명의 무소속 후보에게도 뒤졌다. 노동당이나 녹색당이 설령 후보를 냈더라도 유사한 결과를 얻었을 것이다. 문제는 '유일 진보정당론'을 주장한다고 해서 다른 진보정당들이 사라지는 것은 결코 아니라는 점이다. 잘 알려진대로 진보정당의 분열은 시민사회단체들의 힘을 단일하게 모아내지 못하는 질곡으로 작용하고 있다. 이 선거 기간 동안 정의당과 민중연합당은 실제로 노동조합들의 지지를 얻지 못했다. '노동 존중'을 앞세웠지만 말이다. 오래된 분열과 상처에 대한 치유과정이 없었기 때문이다. 대선은 전국 선거지만 시군구, 읍면동에서 적극적인 선거운동원들이 있어야 하는 선거이다. 선거운동원이 없는 선거를 정의당은 치른 것이다. 그 결과 훨씬 더 약진할 기회를 놓쳤다. 민중연합당은 말 그대로 처참했다. 당원 외에는 한명도 찍지 않은 충격적인 결과를 얻었다. 촛불시민혁명의 거대한 물결을 함께 했던 수많은 노동, 농민, 시민사회단체가 움직이지 않은 점에 대해 진보정당들은 큰 반성을 해야 한다. 광장에서 형성된 6대 현안 과제에 대해 일관되게 해결 의지를 말한 것은 진보정당 두 후보밖에 없었음에도 불구하고 낮은 득표를 한 것에 대해서 말이다.

세 번째는 선거방식이다. 위와 같은 사정이 있다 보니 언론에 노출되는 선거운동에 힘을 기울였다. 두 당 모두 큰 정당들이 하는 지역 순회 선거운동 방식을 따랐다. TV토론에 참여한 심상정은 효과를 거두었고, 신문에서도 많은 지면을 할애받았다. 반면 김선동은 애초부터 이런 대접을 받기가 불가능했다. 두 당 모두 후보의 동선 이외 지역에서의 선거운동은 조직되기 어려웠다. 앞서 말한 대로 선거운동을 할 사람들이 없었기 때문이다.

넷째, 진보정당의 운영방식이 매우 제한적이다. 정당이 주장하는 내용이 노회찬의 비유대로 "골목을 배회하지 않고 가정에 전달"되려면 언론에 의존하는 이벤트식 중앙당의 활동만으로는 되지 않는다. 실제로 가정에 전달할 수 있도록 당원들의 지역 내 활동방식이 단단하게 구축되어 있어야 한다. 그러기 위해서는 시민사회와의 다종다양한 활동 네트워크를 구축하고 신뢰를 얻어야 한다. 그런데 전국의 모든 지역마다 정당 간의 갈등에 따라 수많은 단체의 활동가들이 서로 등을 돌리고 있는 처지에서 무엇을 바랄 수 있을까? 분열되어 있는 진보정당들의 기초단체별 조직은 수구-보수정당들과 비교할 수 없을 만큼 너무나 취약한 것이 현실이다.

과제

촛불시민혁명기에 적극적으로 나선 전국의 개인들과 단체들에는 앞으로 '적폐청산과 사회대개혁'과제가 있다. 문재인 정부의 출범으로 개혁은 시작된 것이지 완성된 것은 아니다. 국회의 구성으로 볼 때 개혁의 후퇴

가능성이 크기 때문이다. 이 과제는 개헌과 제7공화국 수립으로 이어져 있다. 이 과제 해결을 위해 민주당의 변화와 혁신을 끌어내고, 진보정당들 또한 그렇게 될 수 있도록 하려면 '깨어 있는 시민의 조직화된 힘'의 유지가 중요하다. 그렇지 못할 경우 제6공화국의 균열 상태는 계속될 것이고, 많은 문제는 개선되지 않은 채 시간만 흘러갈 공산이 크다.

2018년 지방선거

9

구시대의 몰락과 새시대 개막의 재확인,
진보세력 아직도 방황할 것인가?

1) 선거의 핵심

이 선거는 여전히 이어지고 있는 구정치체제에 대한 대중의 파산 선언이다. 크게는 박근혜 퇴진 이후 변화와 반성, 자숙이 없는 자유한국당에 대한 심판이고, 시대정신에 맞지 않는 행보를 해온 바른미래당과 민주평화당에 대한 거부이며, 대안세력으로 정의당 등 진보정당을 인정하지 않은 선거이다. 대중은 현실적인 선택으로 문 대통령과 더불어민주당에 힘을 크게 모아 주었다.[29]

2) 선거 전 특징

첫째, 선거의 기본 구도는 이미 정해져 있었다.

광역마다 각 정당의 지지율은 이미 형성되어 있었고, 문 대통령의 지지율은 계속 고공행진하고 있었다. 즉 새 시대의 개막은 촛불혁명을 통해 시작되었으나, 촛불은 박근혜 탄핵 직후 민주당에 포섭되었고, 그 결과 민주당의 대선 승리와 이후 문 대통령에 대한 지지를 통해서 자기 존재를 드러내고 있었다. 한편 불평등 의제를 제외하고 집권 이후 문재인 정부는 적폐청산과 개혁, 공정과 정의라는 의제를 세우고, 또한 자신들이 하는 일을 대중에게 효율적인 방식들로 연출하며 알려왔다. 이에 따라 더불어민주당의 지지율은 계속 높았다.

반면 자유한국당은 친박세력의 퇴진 등 반성과 자숙하는 모습 없이 당 내외 투쟁을 하다가, 대표로 홍준표를 뽑고 나서는 변화한 시대에 어울리지 않는 온갖 막말과 구태를 반복하며 정치세력으로서는 재앙에 가까운 활동들을 반복해왔다. 안철수와 유승민 또한 시대정신에 맞는 변화 및 대중과 함께하는 진정성이 없었다. 양자의 결합은 대중에게 공학적 합당 이상의 의미를 전혀 주지 못했고 연출 능력 또한 제로에 가까웠다. 민주평화당은 호남 자민련의 위상조차도 갖지 못하고 졸렬한 이미지와 더불어 왜소해졌다. 더불어민주당보다 개혁적인 모습을 보이기는커녕, '친문패권 타령'만 반복하며 당의 정체성 확보에 실패했다. 수도권에서는 지지기반을 완전히 상실했고, 호남에서도 '곧 민주당에 합류할 세력' 정도의 인식을 주었다. 이에는 민주평화당이 안철수와의 결별 과정에서 개혁성을 확실히 드러내지 못한 점, '욕심 많은 도토리들'의 이합집산체라는 세간의 인식을 불식시키지 못한 점도 크다. 진보정당들은 2012년 이후 계속, 심지어 2017년 대선 이후에도 별다른 성찰 없이 새로운 시대의 변화에 조응하지 못하고, 여전히 진보진영 내에서의 입지 강화 투쟁에만 골몰해왔다. 지방선거 수개월 전까지 주목 자체를 받지 못했다.

종합하면 모든 정당은 문 대통령 및 민주당과 비교할 때 다수 대중에게 지지를 받을 수 있는 보다 나은 점들을 만들지 못했다. 따라서 지방선거 수개월 전에 이미 언론에서 말하는 '기울어진 운동장'은 형성되어 있었고, 이는 매우 강고했다.

둘째, 한반도 정세의 급격한 변화이다.

동계올림픽을 계기로 시작된 남, 북, 미, 중의 연쇄 정상회담이라는 사상 초유 한반도의 급격한 평화 분위기는 가장 중요한 이슈였다. 냉전의 종말과 평화 시대의 개막! 이것이 모든 뉴스를 압도한 것은 사실이고 또 그럴 수밖에 없다. 엄청난 양의 뉴스 앞에 대중의 관심이 여기로 집중된 것은 당연하다. 이는 새로운 시대가 열린다는 점을 대중에게 각인시켰고 새로운 희망을 품게 하였다. 이것이 지방선거와 국회의원 재보선을 여러 달 앞두고 벌어졌다. 집권당에 대한 유권자의 지지가 강력해짐은 당연하다.

셋째, 경제, 사회, 문화 이슈로 표현된 대중의 고단한 삶과 개혁 의지

불평등 의제는 2012년 대선부터 우리 사회에서 가장 큰 의제였다. 그러나 개선은커녕 계속 악화되고 있다. 청년 문제, 저출산 고령화 문제, 비정규직 문제, 일자리 문제, 저임금 장시간 노동 문제, 농어민 문제, 빈민 문제 등이 그렇다. 또 사회적인 의제 또한 계속 제기되었다. 올해 상반기를 달군 미투 운동과 최근 몇 년간 대두되어온 성평등 운동, 갑질에 대한 저항 운동 등은 새로운 국면을 맞았다. 이는 우리 사회의 실태를 폭로하고 경종을 울리는 차원을 넘어, 대중이 인식을 바꾸고 직접 행동에 나서도록 하는 데 크게 기여했다. 이렇게 된 데에는 촛불혁명을 통한 경험과 인식이 결정적이었다. 즉 '할 수 있다', '해야 한다', '가능하다'는 사회의식이 형성된 것이다. 그리고 이를 막는 세력은 '적폐'나 '구닥다리'로 인식되고 조롱당하고 있다. 따라서 법과 제도의 관리자들 또한 이를 집행해 나갈 수밖에 없도록 대중의 힘이 강제하고 있다. 사회 내에 불가역적인 의식과 행동의 변화가 거대하게 일어났고 진행되고 있다.

3) 선거전의 특징

첫째, 후보군(群)의 문제

광역단체장, 기초단체장, 광역 및 기초의회 후보군 모두에서 더불어민주당은 치열한 경선을 치러야 할 정도로 후보가 많았던 반면, 자유한국당은 현직을 제외하곤 마땅한 후보들이 없었고, 다른 당들은 후보가 아예 없었다. 특히 광역단체장 후보의 격차가 매우 두드러졌다. 이 광역단체장 후보 문제는 이미 정당들이 선거 대비를 할 때 매우 중요한 판단의 근거 중 하나였는데, 그대로 드러난 것이다. 이는 선거에서 '기본 구도'를 더욱 강화하는 계기가 되었다. 이로 인해 국회의원 재보선은 정당 지지율에 묻어가는 선거가 되었다.

둘째, 여론조사 추이의 일관성

선거 직전까지 발표된 광역단체장 선거에서의 더불어민주당의 압승 분위기는 정당 지지율, 대통령 지지율을 통해 일관된 추이를 보였다. 한편 많은 유권자가 투표에 대해 적극적인 의사표명을 하지 않는 듯이 보여, 시민들이 이 선거에 무관심한 것이 아닌가 하는 언론의 주장이 많았으나, 이는 사실이 아님이 밝혀졌다. 오히려 사전투표율을 볼 때, '빨리 심판하고자 하는 마음'이 직전 대선과 같았음을 보여주었다. 6·13 지방선거와 국회의원 재보궐선거의 사전투표율은 각각 20.14%와 21.07%를 기록했다. 2014년 6월 지방선거 11.49%, 2016년 4월 총선 12.19%, 2017년 5월 대선 26.06% 등 사전투표율과 비교하여 매우 높은 수치이다. 선거 일주일 여를 앞두고 발표된 방송 3사의 여론조사 발표 _{광역 14:2:1, 재보선 11:1}로 인해 대중은 마음을 완전히 굳혔다.

셋째, 특별한 이슈가 없었다.

제주, 대구에서의 변화 여부, 이재명 관련 논란, 정태옥의 '이부망천' 등이 화제가 되었을 뿐, 과거 '무상급식' 같은 '의제' 중심의 선거가 애초에 되질 않았다. 압승이 예고되는 민주당은 '조용한 선거'를 원했고, 자유한국당은 '견제론'을 형성할 수가 없었다. 바른미래당은 선거 기간 내내 우왕좌왕했다. 민주평화당은 존재를 느끼기 어려웠다. TV토론에 참여한 유일한 진보정당인 정의당은 '대선 때 심상정 효과'를 거두기에는 후보들의 준비나 집중점이 약해 역부족이었다. 유독 한 가지 의제를 집중하여 전면에 내세운 녹색당의 신지예 서울시장 후보가 오히려 시선을 끌었고 이는 결과로도 나타났다.

넷째, 교육감 선거 또한 관심이 적었다.

교육감 선거는 현직 12명이 그대로 당선되었다. 선거의 의제가 형성되지 않은 상태에서 소위 '진보 우위'의 지형은 14명 당선으로 그대로 진행되었다. 지적돼야 할 문제는 진보정당들이 분열되어 있었고 수구정권에 맞서 제3당 효과를 기대하기 어려웠던 2014년에, 진보정당들과 진보적인 시민사회 단체들이 교육감 선거를 통해 '유효한 정치적 성과'를 내고자 했던 전술을 이때도 별다른 고민 없이 채택했다는 것이다. 그러나 진보교육감 출신으로 유명세를 가지고 있는 김상곤 교육부총리가 개혁적인 행보를 전혀 하지 않았고, 2014년 당선된 진보교육감들이 박근혜 정권에 맞서 치열하게 투쟁하지 않았고, 또 이들 중 대다수가 대중과 호흡하는 행보를 거의 보이지 않았던 일들을 상기하면, 이들에 대한 관성적인 지지운동에 대한 심각한 검토가 필요하다. 즉 이들이 4년간 도대체 무엇을 해 왔는지에 대해 평가가 필요하고, '어떤 점에서 도대체 진보'인지 깊은 질문을 던져야 한다.

4) 선거 결과 특징

첫째, 안보 이데올로기의 종말이다.

안보론과 색깔론, 종북몰이 등 오랜 기간 이 땅을 지배해 온 안보 이데올로기가 무너졌다. 이는 최근 10여 년 선거를 통해 줄어들고 있었으나, 한반도 평화 모드가 결정적이었다. 또 '미국'이라 조롱하던 젊은 세대의 의식은 이미 '친미사대주의'를 넘어선 지 오래되었는데, 이를 대중적으로 확실하게 한 것은 아이러니하게 트럼프 대통령의 행보였다. 트럼프의 '또라이' 같음과 '자국 우선', 그리고 '평화 행보'는, '안보'라는 이름으로 친미반북 또는 친미사대주의를 끝없이 재생산해 온 한국의 수구세력을 허물어뜨리는 데 기여했다. 또 일본 문제에 대해서 대중은 한일정보보호협정 문제,

역사교과서 문제, 일본군 성노예 문제, 소녀상 설치 문제 등을 거치면서 매우 '구체적인 반일 의식'을 형성했고, 이는 올해 평화모드 기간에 아베에 대한 조롱과 '재팬 패싱'을 넘어 '미일 중시 운명'이라는 수구세력 전가의 보도를 깨뜨리는 데까지 나아갔다.

둘째, 90년 3당 합당 체제가 무너졌다.

민주당의 부산, 울산, 경남에서의 승리를 통해 오랫동안 한국 정치를 장악해 온 지역주의가 무너졌다. 이른바 TK–PK 연합과 호남에 대한 고립이라는 오래된 수구세력의 정치 전략이 깨진 것이다. 그러나 대구 경북을 이들이 장악하고 있고, 앞으로 수구세력들이 보수로 탈바꿈하려 할 것이고, 민주당이 제대로 혁신을 해나갈지 의문이므로, 앞으로 이런 상황이 계속 이어질 것으로 보는 것은 성급하다.

셋째, 보수 제3당 입지가 어렵다는 것이 증명되었다.

더불어민주당은 본질이 진보정당이 아닌 보수정당이다. 본인들이 자랑하는 60년 역사에서 탄생부터 지금까지 항상 보수적이었다. 상대편에 있던 공화당–민정당–자유민주당–신한국당–한나라당–새누리당–자유한국당이 수구정당이었기 때문에 상대적으로 개혁적인 정당이었을 뿐이다. 개혁–평화–정의를 내세운 더불어민주당에 맞선 바른미래당, 민주평화당은 더불어민주당에 비해 모든 면에서 훨씬 못 미쳤다. 이 선거는 말 그대로 '상식과 비상식'의 대결이었다. 대중은 상식을 택했다. 바른미래당, 민주평화당, 정의당이 제3당 경쟁을 했으나 결과는 정의당의 정당 지지율이 가장 높았다. 2016년 4월 총선에서 국민의 당이 제3당 지위를 얻었을 때와 지금은 근본적으로 정치 지형이 바뀌었다. 2017년 대선을 치를 당시에는 제3당 효과가 남아 있었으나, 이후 안철수의 정체성 없는 행보 및 민주평화당이나 바른정당 세력 모두 '보수 정체성'에 의존하며, 급격한 입지가 소멸되는 추이를 읽지 못했다. 민주당보다 더 '개혁성'을 보이지 못하면 제3당 입지는 어렵다는 것이 증명되었다. 대중의 전략적 투표의 무서움은 수도권의 민주당 압승으로 표현되었다. 서울 24개 구청장 당선, 서울 경기 인천에서 사상 초유의 광역의원 싹쓸이가 그것이다. 이는 2004년 노무현 탄핵 후 있었던 총선 결과를 훨씬 뛰어넘는 것이다.

5) 진보정당의 선거 결과

첫째, 정의당은 목표를 달성하였는가?

정의당 이정미 대표는 5월 2일 기자회견을 통해 4가지 목표를 발표한 바 있다. 두 자릿수 정당득표율, 9개 광역단체장 선거에서 득표로 존재감 드러내기, 수도권과 영남권의 기초단체장 재탈환, 다수의 광역의회와 전국 대다수 기초의회에 입성 등이 그것이다. 이 4가지 목표에 대해 하나씩 따져보자.

가. 정당득표율

정의당은 '오비이락5번이 날면 2번이 떨어진다'이라는 슬로건으로 제1야당 교체라는 목표를 내세웠지만 자유한국당 교체에는 실패했다. 애초에 현실적이지 못했고 유권자들에게 소구력이 있는 슬로건으로 보기 어려웠다. "정의당의 비례대표 정당득표율이나 대선에서의 득표율은 2014년 지방선거 3.61%, 2016년 총선 7.23%, 2017년 대선 6.17%, 이 지방선거에서 8.97% 를 얻어 최근 네 차례의 선거에서 높여왔다. 특히 이번에는 바른미래당 7.62%, 민주평화당 1.68%보다 앞섰다." 많은 언론은 이렇게 정의당의 선전이라 기사를 내보냈고, 이정미 또한 "목표했던 두 자릿수 지지율에는 아깝게 미치지 못했지만 양당 독점체제를 견제하는 제3당의 지위를 공고히 했다"고 밝혔다. 하지만 4년 전에 비해 득표율이 높아진 것은 사실이지만, 제3당 지위를 공고히 했다고 보기는 힘들다. 득표율은 훨씬 높아질 수 있었다. 이점은 최근 여러 번 선거에서 보인 진보 4당의 성과와 한계에 대해 뒤에서 다룰 때 서술한다.

나. 다수의 광역의회와 전국 대다수 기초의회에 입성

정당 지지율을 통해 2014년 지방선거 때는 0명이었던 비례 광역의원을 10명, 지역구 광역의원 1명 포함 총 11명의 광역의원을 당선시켰다. 비례는 서울 1명, 경기 2명, 인천 1명, 광주 1명, 충남 1명, 전북 1명, 전남 1명, 경남 1명, 제주 1명으로 골고루 입성하였다. 한편 2014년 11명의 당선자를 냈던 기초의회 선거보다 많은 26명의 당선자를 내며 늘어났지만, 전국 226곳 중 20곳에 입성하였기 때문에 목표에는 실패했다. 이정미의 목표는 사실은 가능하지 않은 목표였다고 보는 것이 합리적이다. 오히려 출마자 대비 15.35% 당선이 의미가 있다. 즉 이 선거에서는 타 진보정당들에 비해서나, 정의당 자체가 직전 선거보다 상대적으로 후보들의 희생이 적었다고 볼 수 있기 때문이다.

다. 9개 광역단체장 선거에서 득표로 존재감 드러내기

정의당을 알리기 위한 역할이고, 정당득표율을 높이기 위한 출마였기 때문에 광역과 기초의원 당선자를 많이 내는 데는 일조했지만, 광역단체장 후보들은 당이 얻은 득표율보다 평균 득표율3.3%이 매우 낮았다. 서울 1.6%, 경기 2.5%, 인천 2.8%, 대전 2.6%, 광주 6%, 전북 5.4%, 전남 3.6%, 경북 3.4%, 부산 2.1%. 또 광역비례의원 당선자들이 9곳 중 3곳인 충남, 경남, 제주에서 각 1명씩 나온 것과 대전, 경북, 부산이 일치하지 않는 결과를 보인 점은 선거전략에 문제가 있었다고 판단된다. 한편 광역단체장 후보들이 거대 정당과의 경쟁에서 경쟁력이 있는 인물들인가의 여부도 중요하게 평가할 필요가 있다.

라. 수도권과 영남권의 기초단체장 재탈환

실패했다. 선거 구도도 문제였지만 인물도 문제였고, 각 지역에서 진보정당 간 관계도 문제여서 애초에 기대하기 어려웠다고 보는 것이 합리적이다.

위 4가지 목표를 종합하면 정당 지지율 확보 외에는 목표를 달성했다고 보기 어렵다. 그런데 선거를 앞둔 정당의 목표라는 것이 정당의 기대감을 포함하거나 정치적 의도를 담는다는 것을 고려하면, 현실적이지 못한 목표들을 놓고 왈가왈부하는 일은 큰 의미는 없다. 더 중요한 것은 실제의 성과이다. 그런데 정의당 지도부는 실제 성과가 크지 않을 것으로 사전에 판단했을 것으로 보인다. 그 이유는 위에서 간략하게 지적한 현실적인 이유들을 이미 알고 있었고, 아래에서 다룰 진보정당들의 문제에 대해 알고 있었기 때문이다. 한편, 정의당의 향후 방향성과 목표가 제시됐다. 이

정미는 "정의당은 이번 지방선거를 발판으로 2020년 총선에서 반드시 제
1야당을 교체하고 한국 정치를 근본적으로 바꿀 것이다. 이를 위해 필수
적인 것은 첫째도 둘째도 선거제도 개혁"이라고 주장했다. 심상정 의원도
"개헌과 선거제도 개혁을 이뤄서 2020년도 총선에서 의석수로 제1야당이
되겠다"고 말했다. 과연 이 일이 정의당의 힘으로 가능할까? 현실적인 목
표가 되기 어렵다. 이유는 아래에서 언급한다.

둘째, 목표를 너무 높게 잡은 민중당

민중당은 이 선거에 270명 국회의원 재보선 출마 3인 포함이 출마하여, 광역비례
득표에서 전국적으로 245,437표, 0.95%의 득표율을 얻었고, 기초의원 선
거에서 11명의 지역구 당선자를 배출했으나, 당 지지율 약세로 광역·기초
비례의원은 단 1명도 당선되지 못했다. 민중당은 100만 표 득표와 현재
33명인 지방의원 수를 뛰어넘는 당선자를 배출하여 진보정당 중 가장 많
은 지방의원 당선자를 낸다는 목표를 내세웠으나 두 가지 목표 다 이루지
못했다. 이 목표는 비현실적이었다. 왜냐면 진보적인 유권자들의 정의당으
로의 쏠림현상이 직전 대선에 이어 이 선거에도 예고되어 있었기 때문이
다. 정의당과 경쟁하려는 선거전략이 과연 올바른 것이었는지도 평가돼야
한다. 민중당은 여러 지역에서 정의당보다 강한 조직세를 가지고 있고, 정
의당보다 훨씬 많은 후보를 냈음에도 불구하고, 목표에 훨씬 미치지 못했
다는 점은 선거전략을 넘어 향후 당의 노선과 전략에 대한 근본적인 고민
을 해야 할 문제라 생각한다. 이는 직전 대선에서 김선동 후보의 지지율이
충격적으로 낮았던 점에 연이은 문제라 더욱 그러하다. 또 노동자 밀집 지
역이든, 민주노총 지지 후보이든, 전농 지지 후보이든 간에 무기력한 선거

결과를 얻게 된 것에 대해서도 깊은 고민이 필요하다.

셋째, 이슈를 만들어 존재를 알린 녹색당

녹색당은 신지예 서울시장 후보의 '페미니스트 시장'이라는 슬로건과 강한 이미지의 벽보로 공감과 논란을 불러오며 이슈를 만드는 데 성공했다. 김종민 정의당 후보의 득표율 1.64%81,662표보다 높은 1.67%82,873표의 득표를 한 점도 주목할 만하다. 예전 선거에서 소수자 문제, 동물권, 탈핵 등 선거 때마다 제1 의제를 바꾸어 온 역사를 볼 때 이 슬로건은 시대의 흐름에 맞는 좋은 선택이었다고 판단한다. 그간 조직력이 미약하고 활동이 약했고 또 이 선거에서 몇 명 되지 않는 후보를 낸 녹색당에 대한 관심도를 높이는데 크게 기여했다. 또 녹색당은 제주에서 의미 있는 성과를 냈다. 고은영 제주도지사 후보는 3.53%를 득표해 자유한국당과 바른미래당 후보들을 제치고 3위를 기록했고, 정당 지지율도 다른 지역보다 훨씬 높은 4.87%를 득표했다. 물론 제주도에는 이주한 사람들이 많고 그들이 적극 지지했다는 정황이 많지만, 진보적 유권자들이 소신투표를 하도록 분위기를 형성하는 데 크게 기여했다고 판단한다. 제주의 정당 지지율은 정의당 11.87%, 녹색당 4.87%, 노동당 1.87%, 민중당 1.60% 합치면 20.17%였기 때문이다. 물론 신지예, 고은영 두 후보에 대한 지지가 녹색당에 대한 지지로 이어지지 못하면서 지역구와 비례 모두에서 단 1명의 당선자도 배출하지 못했다. 그러나 정당의 조직력이나 대중적 기반이 약한 상태에서 기득권 정치세력에 대한 도전을 어떻게 하는 것이 약자의 힘을 극대화하는가를 두 젊은 후보를 통해 녹색당은 보여주었다.

넷째, 존재감이 전혀 없는 노동당

노동당은 이 선거에서 23명의 광역과 기초의원 후보만을 냈다. 광역과 기초단체장은 1명의 후보도 내질 못했다. 기초 지역구에서는 울산 중구의 이향희 후보 23% 외에 의미 있는 득표를 한 후보는 없고, 광역 정당 비례에서도 상당 지역에서 후보를 내지 못했으며 울산 1.76%, 제주 1.83% 외에는 1%를 넘은 곳도 없었다. 존재감이 전혀 없었고, 존재감을 드러내려는 선거전략도 부재했다. 2016년 총선부터 당 지지율이 녹색당에 밀리는 결과를 연속으로 보였다.

노동당은 숫자는 적지만 평소 노동 의제나 민생 의제, 각종 사회 의제에 대해 사회단체 이상의 활동을 헌신적으로 해왔다. 또 박근혜 탄핵 국면에서는 누구보다도 열심히 거리에서 투쟁했다. 그러나 정당으로서는 존폐의 기로에 있다고 보인다. 이 선거에 대해 제대로 된 준비를 할 수 없었던 데는 올해 초부터 터져 나온 당내 사태가 큰 문제였다. 대중정당에서는 있을 수 없는 일들이 터져 나왔다. 본인들 스스로 작성한 2017년 7월 22일 노동당 전국위원회 명의로 발표한 "평등한 공동체를 위한 우리의 약속" 문건이 무색하게 됐다.

6) 진보정당의 선거 결과와 본질적인 문제

지난 몇 차례 선거에서 진보 4당이 얻은 결과이다. 각 시기 선거 상황과 득표율에 대해서는 앞에서 다룬 바 있다.

2018 지선: 진보 4당 11.2% 정의당 9%, 민중당 1.0%, 노동당 0.4%, 녹색당 0.8%

2017 대선: 문재인 41.1%, 홍준표 24.0%, 안철수 21.4%, 유승민 6.8%, 심상정 6.2%, 조원진 0.1%, 김선동 0.1%

2016 총선: 새누리당 33.5%, 더불어민주당 25.54%, 국민의 당 26.74%, 진보 4당 8.98% 정의당 7.23%, 녹색당 0.76%, 민중연합당 0.61%, 노동당 0.38%

2014 지선: 새누리당 48.56%, 새정치민주연합 41.29%, 진보 4당 9.81% 통합진보당 4.27%, 정의당 3.62%, 노동당 1.17%, 녹색당 0.75%

2012 총선: 진보 3당 11.9% 통합진보당 10.3%, 진보신당 1.1%, 녹색당 0.5%

2017년 늦가을에서 2018년 이른 봄까지, 진보정당들의 처지와 상황

정의당, 민중당, 노동당, 녹색당 등은 모두 다가올 6월 지방선거 및 국회의원 재보선에서 가장 큰 문제로 모든 단위의 극심한 후보 부족 현상이 있었다. 당시 민중운동 단체와 진보사회단체에서 꾸준히 진보대통합론을 제기하였으나 정당들은 관심이 없었다. 서로 안 된다고 생각하고 있었기 때문이다. 그러나 진보대통합이 될 경우는 6월 선거에서 '진보정당 효과'를 크게 얻을 것이라는 점에 대해서는 이견이 없었다. 또 통합 없이 각자도생 방식으로 가면 선거 결과는 불 보듯 뻔할 것이라는 점도 동의하고 있었다. 또 이 선거는 제3, 제4당이 있는 상태이므로, 제5번부터 시작하는 선거 기호와 후보 부족 현상은 진보적인 유권자들의 투표 불참을 높일 것으로 예상하였다. 진보정당들은 또다시 각자도생할 것인가? 아니면 새로운 협력 틀을 만들 것인가? 이것이 이 시기에 가장 중요한 주제였다. 수구세력에 대한 대중의 심판과 민주당의 압승이 예고되는 상황에서, 진보정당들은 이 선거의 목표를 정하고 선거 후 벌어질 정계개편 과정 대응 및 차기 총선까지의 정치 일정에 대한 종합적인 고려를 해야 했다. 통합이 불가능하면 연합이라도 해야 했다. 그러나 결국 하지 못했다.

7) 진보정당의 오늘과 내일

오늘

2018년 6월 지방선거가 끝났다. 진보정당들은 정치세력으로 존재를 인정받지 못했다. 대중이 인정할 만한 당선자 수와 득표율, 정당의 힘 등을 종합하면 결론은 그렇다. 또 그간 쌓인 '분열의 역사'로 인해 '본질적인 위기'에 봉착했다고 판단한다.

정의당은 이 선거 때 진보정당 지지율을 거의 다 가져갔다. 그리고 선거 직후 여론조사에서 바른미래당, 민주평화당을 앞서는 정당 지지율을 보였다. 당분간 계속 그럴 것이다. '유일 진보정당' 효과를 계속 누리고 있기 때문이다. 그러나 이것이 앞으로도 지속가능할 것으로 믿는다면 이는 정의당에 재앙이 될 것으로 판단한다. 이유는 이러하다.

첫째, 나머지 진보 3당은 절대 스스로 사라지지 않는다. 이 3당은 탄생으로부터 오늘까지 온 제각기 역사가 있고 연결된 사람들이 있기 때문이다. 둘째, 진보정당의 분열로 인해 전국의 수많은 사회단체의 협력은 기대하기 어렵다. 이로 인해 정의당의 인물난 해결, 조직력 확보는 계속 어려울 것이다. 오히려 이 지방선거에서 민주당이 압승했기 때문에, '거버넌스'라는 이름으로 수많은 단체와 인물이 민주당과 함께 활동할 가능성이 훨씬 커졌다. 우리는 박원순 시장의 정책으로 인해 이미 서울에서 많은 사례를 보았고, 직전 대선 이후 시민단체의 많은 활동가가 민주당 정부에 참여한 것을 보았다. 선거 때마다 있던 일이라고 치부해서는 곤란하다. 민중운동 단체와 진보사회단체들에서 수혈이 되지 않는 상황에서, 민주당으로 사람들을 계속 빼앗기는 상황이 커지면 매우 어려워진다. 셋째, 문재인 정부나 민주당과는 다른 '임팩트 있고 차별화된' 의제를, 진보정당들이 분열된 상황에서 정의당 단독으로 힘 있게 만들어내기가 어렵다. 선거 때를 제외하면 정의당의 활동이 나머지 진보정당에 비해 대중결합형 활동에서 그간 우수했다고 볼 근거는 없기 때문이다. 단지 유명한 의원들이 언론에 노출됨으로써 생기는 효과 말고는. 넷째, 위 3가지 문제로 인해 새로운 세대와 새로운 운동 양식을 창출할 가능성이 이미 충분한데도 불구하고, 의미 있는 진전을 전혀 만들어내고 있지 못한 현실이다.

이런 '정의당에 대한 비판'은 나머지 3당에도 고스란히 적용된다. 진보 4당은 동전의 양면과 옆면을 함께 구성하고 있는 존재이기 때문이다. 사족을 달면 이런 점들도 중요하다. 진보정당들은 대중의 지지 확대와 신뢰 형성을 위해 제대로 된 활동을 하지 못한 점, 지역에 깊이 뿌리내리고 생활 정치를 실현하지 못한 점, 의정활동에서 진보적 가치를 효과적으로 실현하였는지 등에 대해 깊은 성찰이 있어야 한다. 또 진보정당들이 보인 리더십, 정책, 이미지, 문화, 활동방식 등에서 대중과 거리가 멀어진 것은 치열한 반성이 요구된다. 대중은 '매우 혁신적인 과정'을 거치지 않고 있는 진보정당들을 더이상 지지하지 않는다. 이 점이 오늘 진보정당 활동가들이 깊이 유념해야 할 대목이다.

내일

선거를 기준으로 볼 때, 앞선 기간에 대한 깊은 연구와 성찰이 필요하다. 그래야 2020년 총선을 제대로 대비할 수 있다. 게다가 근본적으로 정치 패러다임이 바뀌고 있는 현실에서 분열과 다툼을 일삼고 있는 진보정당들이 '가장 구식은 아닌지' 반성해야 한다. 또 진보정당들이 민주당보다 무엇이 나은지, 무엇이 나을지, 어떤 면에서 성장할 수 있는지에 대해 비전을 형성해야 한다. 이에는 당연히 '향후 정치세력으로서의 존립이 가능한가?'의 문제의식도 포함해야 한다. 왜냐면 앞서 서술한 것처럼 박근혜 탄핵 이후 촛불혁명을 포섭하고 자기들의 정치적 성과로 가져간 세력이 지금의 집권 여당이기 때문이다. 이 선거는 수구와 애매한 보수를 심판한 선거였지만, 1년 10개월 후의 총선에서는 집권 여당이 진보정당도 심판의 대상에 포함시켜 충분히 공격할 수 있기 때문이다. 따라서 첫째, 진보정당 대통합을 위해 노력해야 한다. 수구정당, 보수정당들로부터 역으로 배우는 자세를 가지고 풀어내야 한다. 억울하고 고통받는 대중의 현실을 타개하는 것이 무엇보다 우선하는 기준이다. 대통합은 많은 사회단체와 인물의 연합한 힘을 얻을 수 있고, 새로운 양식의 운동을 창의적으로 만들어낼 수 있다. 둘째, 대통합은 빠를수록 전격적일수록 좋다. 대중은 각국 정상의 정치적 상상력과 행동을 최근 직접 겪었다. '정치는 상상력을 실행하는 것'임을 겪은 것이다. 진보정당 또한 그래야 한다.

10 2020년 총선
촛불의 독점과 배제, 달은 차면 이지러진다

이 총선은 정부 여당의 승리이다

총선이 끝났다. 유권자들 스스로 매우 놀라워하는 결과가 나왔다. 정부 여당이 1987년 이후 최초로 선거를 통해 대통령, 지방정부, 국회까지 압도적으로 차지하는 일이 일어났다. 한편 선거 결과를 두고 해석이 다양하다. 선거 때마다 각 정치세력은 자기중심으로 평가하므로 아전인수식 해석은 늘 있었다. 또 선거 결과를 "위대한 국민의 승리다" "촛불혁명을 완성하고자 하는 열망이 이루어낸 결과다"라는 말도 많은데, 이는 일부는 옳지만 전체 사실과 이유를 설명하지는 못한다. 필자는 '2020 총선시민네트워크'에서 발표한 논평대로 "유권자의 선택은 20대 국회 임기 동안 개혁에 발목 잡고 구태 정치를 일삼아온 보수야당을 심판하고, 문재인 정부와 더불어민주당에 '제대로 개혁하라' 주문한 것이다. 탄핵과 촛불 이전에 구성된 국회를 촛불 이후의 민심을 반영한 국회로 바꾼 것이다."라는 내용이 제한적이지만 사실과 가깝다고 본다. 하지만 필자가 제한적이라고 하는 이유는 이런 결과를 만든 유권자가 다수가 아니라, 여당 지지자와 전체 유권자 중 '약 18%의 진보정당 및 합리층 지지자들'이 '지역구'에서 여당 후보에게 투표했기 때문이다.

총선 의석수와 득표율 의미

더불어민주당과 더불어시민당을 합해 그들이 말한 '꿈의 숫자'인 180석, 열린민주당 3, 무소속 1을 포함하면 184석을 얻었다. 미래통합당은 미래한국당을 합해 103석, 무소속 4를 포함하면 107석을 얻었다. 우리공화당, 기독자유통일당, 친박신당은 모두 의석을 얻지 못했다. 국민의 당은 3석, 민생당은 0석으로 '중도'를 자처하는 세력은 몰락했다. 진보정당인 정의당은 6석, 민중당, 노동당, 녹색당은 0석을 기록했다.

지역구 당선자 수/출마자 수, 득표율%을 보자. 더불어민주당 163/253, 49.91%, 미래통합당 84/237, 41.45%, 정의당 1/77, 1.69%, 민생당 0/58, 1.44%, 국가혁명배당금당 0/253, 0.72%, 민중당 0/60, 0.59%, 우리공화당 0/42, 0.16%이다. 기독자유통일당 10명, 친박신당 5명, 노동당 3명, 미래당 1명은 득표율이 낮아 제외하였다. 득표율은 여당 49.91%, 미래통합당 41.45%, 제3세력인 정의당+민생당+민중당 3.72%이다.

한편 비례대표 득표율%을 보자. 더불어시민당 33.35%, 미래한국당 33.84%, 정의당 9.67%, 국민의 당 6.79%, 열린민주당 5.42%, 민생당 2.71%, 기독자유통일당 1.83%, 민중당 1.05%, 우리공화당 0.74%, 여성의당 0.74%, 국가혁명배당금당 0.71%, 미래당 0.25%, 녹색당 0.21%, 노동당 0.12%이다.

여기서 여당인 더불어시민당+열린민주당의 합계 지지율은 38.77%이다. 진보정당인 정의당+민중당+노동당의 합계 지지율은 10.84%이고, 녹색당, 미래당을 합치면 11.3%, 젠더 이슈를 가진 여성의 당까지 합하면

12.04%이다. 중도를 자처한 국민의 당과 민생당을 합하면 9.5%이다. 수구세력인 미래한국당+기독자유통일당+우리공화당+친박신당을 합하면 36.92%이다. 정리하면 집권여당은 38.7%, 수구세력은 36.92%, 중도는 9.5%, 진보는 12.04%이다.[30]

핵심은 비례대표 득표율과 지역구 득표율의 차이이다. 비례에서 지역으로 옮겨간 지지율은

여당이 38.77%에서 49.91%, 미래통합당이 36.92%에서 41.45%, 중도와 진보가 21.54%에서 3.72%로 바뀌었다. 여기서 주된 것은 중도와 진보의 21.54-3.72=17.82%가, 여당으로 11.14%, 미래통합당으로 4.53% 이동한 것이다. 이렇게 이동하게 된 몇 가지 이유에 대해 생각해보자.

먼저 소선거구제와 관련된 문제이다. 첫째, 중도를 표방한 국민의 당은 지역구 후보를 아예 내지 않았다. 또 58곳전체 지역구의 23%에 후보를 낸 민생당은 호남을 제외한 다른 지역에서는 유권자 지지를 이끌만한 요소가 거의 없었고, 후보들이 인물에서 거대 양당과 격차가 컸다. 따라서 이 두 당 지지자들은 여당과 미래통합당으로 나누어 투표했을 것이나 안철수 대표가 보인 태도 때문에 국민의 당 지지자는 미래통합당 후보에게, 민생당 지지자는 여당 후보에게 많이 투표했을 것으로 보인다. 둘째, 정의당, 민중당, 노동당 후보는 140명겹치는 곳이 있어 전체 지역구의 약 50%이 지역구에 출마하였다. 이들의 불출마지역에서 진보정당 지지자들은 대부분 여당 후보에게 투표했을 것이다. 또 출마지역에서는 소수를 제외하고는 인물 면에서 여당, 미래통합당 후보와 격차가 컸다. 또 여당의 선거전략에 따른 사표 심

리가 크게 작용하여, 여당 후보를 많이 선택하였다고 보인다. 이와 같이 소선거구제는 1인만 뽑기 때문에 유권자들은 이른바 전략투표를 할 수밖에 없다. 따라서 항상 유권자의 뜻과 선거 결과가 일치하지 않게 된다. 우리는 이런 세월을 오래 겪은 탓에 대개 여대야소나 여소야대에만 큰 관심을 가진다. 또한 "지역구는 민주당을 찍고 비례는 진보정당을 찍는다"가 사실이 아니고, 반대로 "비례는 진보정당을 찍고, 지역구는 어쩔 수 없어서 민주당을 찍는다"라는 것이 사실임을 잊어버리고 있다. 셋째, 시민들에게 '사회적 거리 두기'라는 초유의 행동을 하게 만든 코로나19 과정에서, 사회안정을 바라는 심리를 '합리성층', '진보층' 지지자들이 모두 가지고 있었다. 이는 여당에 유리했다.

더불어민주당의 선거전략과 성과

한편 여당은 선거 초기에 미래통합당의 과반수론, 문 대통령에 대한 탄핵가능성론을 시작으로, 비례위성정당을 만들면서 정의당에 대해 맹렬한 폭격을 하였다. 이는 한편으로 '조국 사태' 이후 '한일전'이라고 명명하며, 선거 이전에 이미 결집되어 있던 여당 적극 지지자들에게 선거운동을 맹렬히 진행하게 했고, 다른 한편으로 정의당을 마녀사냥 하면서 진보정당 지지자들의 입지를 대폭 축소시켰다. 그리고 나서 여당은 코로나19 사태를 '국란'으로 성격 규정하여 '국란 극복'을 핵심 구호로 삼았다. 이미 의료진, 자원봉사자, 말단 행정조직에서의 헌신, 그리고 시민들의 적극적인 협조와 사회적 연대가 '감동적인 수준'에서 진행되고 있는 점을 적극적으로 활용하였다. 또 긴급재난지원금을 여당 광역단체장들이 동시다발로 꺼내고 이를 여당이 받아 공론화하였다. 이 두 개의 프레임은 투표율을 높였고, 여기에 미래통합당이 끌려가면서 여당 승리는 현실화되었다. 게다가 막판에 터진 미래통합당 후보들의 막말 퍼레이드는 흐름을 결정적으로 굳혔다.

미래통합당은 패배했고, 응징되었고, 탄핵되었는가?

미래통합당이 패배한 것은 사실이다. 여당이 184이고 자신이 107, 정의당 6, 국민의 당 3이고, 여당이 20대 때보다 크게 늘어났는데, 이는 제3당 것에 자신들 것도 가져갔기 때문이다.

그러나 이는 상대적인 패배는 맞지만 응징되었거나 탄핵됨을 뜻하지는 않는다. 이들이 제1야당인 것에는 변화가 없다. 오히려 2017년 대선, 2018년 지방선거에 비해서 득표율이 매우 높아져 여당과 차이가 크지 않다. 즉 탄핵 이후 사라져야 할 수구정당이 오히려 야당으로서 인정받고 살아난 것이다. 이들은 한 번도 과거와의 단절이나 사죄, 반성을 하지 않았다. 역사 왜곡과 망언, 거짓 선동을 일삼았다. 게다가 황교안 대표는 대중정치인이라 보기에는 처신이 너무 아마추어였다. 많은 이들이 미래통합당의 선거전략 부재, 공천 실패, 막말 파동을 패배의 원인으로 꼽는다 "못살겠다 갈아보자"는 하이라이트였다. 옳은 지적이다. 그렇지만 지역구에서 여당 49.91%, 미래통합당 41.45%, 비례에서 여당 38.77, 수구세력은 36.92를 얻었다. 중요한 것은 이들은 여당과 제1당을 놓고 다툴 것으로 판단했다는 점이다. 공식 선거 전 이전에 확실한 정황이 언론에 많이 소개되어 있다. 그래서 선거 구호는 '문재인 정부 심판' '경제 살리기'로 잡았다. 이유는 그것으로 자신들이 살아났고 힘을 모았기 때문이었다.

박근혜 탄핵-대선-지방선거 시기, 3가지 사회의식 층의 변화 흐름

박근혜 탄핵을 위해 많은 이가 촛불을 들고 나섰을 때, 참여자 중 상당수는 진보층이 아닌, 합리성층 및 수구층의 영향력에서 벗어난 보수층이었다. 이들의 광범한 참여와 지지가 탄핵을 끌어내는 데 결정적이었다. 당시 탄핵지지율은 75-80%였다. 탄핵 직후 2017년 5월 대선 때, 문재인 41.1%, 홍준표 24.0%, 안철수 21.4%, 유승민 6.8%, 심상정 6.2%를 득표하였다. 진보층은 문재인과 심상정으로 나뉘었는데 주로 문재인을 지지했다. 반면 합리성층은 주로 문재인과 안철수로 나뉘어 지지했고, 수구에서 벗어난 보수층은 안철수를 일부 지지했지만 주로 유승민을 지지했다. 정통적인 수구층은 흔들리지 않고 홍준표를 지지했다. 이어진 2018년 지방선거에서 합리성층은 안철수-유승민 연합의 바른미래당이 아닌 더불어민주당을 대부분 지지했다. 당시 광역의원 비례득표율은 더불어민주당 51.42%, 자유한국당 27.76%, 정의당 8.97%, 바른미래당 7.81%이었다. 앞서 본대로 당시는 남북관계의 급진전에 따라 문재인의 지지율이 하늘을 찌르던 때였고, 야당들은 반대를 위한 반대 외에 특별한 비전을 보여주지 못했기 때문이다. 특히 안철수-유승민 연합의 바른미래당은 정치적으로 패착이었다. 합리성층은 둘의 결합을 단지 정치 공학이라 본 것이었다. 이날 이후 안철수와 유승민은 어려워졌다. 2년간 우여곡절 끝에 유승민은 미래통합당에 합류했으나 이 총선에서 역할이 미미했고, 안철수는 미약한 결과만 얻었다.

지방선거 이후 합리성층의 의식 변화

문제는 합리성층이 2018년 지방선거 이후 꾸준히 문재인 정부와 더불어민주당에 대한 지지를 철회해왔다는 것이다. 평화문제는 기대를 잔뜩 높였기 때문에 실망이 커졌고, 경제문제는 나아지지 않아 정부 여당에 대해 실망감이 쌓여갔다. 청문회 때마다 후보자들은 촛불을 경험한 시민의 눈높이에 맞지 않는 이들이 태반이었다. 치솟는 부동산 가격에 시민 다수가 충격을 받고 있을 때 고위직들이 투기를 했다는 것이 밝혀졌다. "그놈이 그놈이다"는 실망이 누적되었고, 정치적 반대자인 자유한국당의 메시지가 점점 이들에게 다가왔다. 누적된 실망감은 이른바 '조국 사태'를 계기로 폭발했다.

조국 사태 당시 주목할 곳은 광화문이다. 그 이전 광화문에 수구세력이 2년간 모여 떠들 때 그들의 숫자는 많아야 수천 명 수준이었다. 그런데 이를 넘어 백만 명이 모인 데는 이탈했던 보수층의 복귀와 함께 합리성층의 지지가 있었기 때문이다. 또 서초동 집회를 여당 정치인들이 활용하면서 광화문 집회는 정당성이 더 커졌다. 서초동 집회를 이끌던 '친문 단체'가 나중에 '시민을 위하여'를 만들고 '더불어시민당'을 만든 것이 이를 반증한다. 수구세력은 조국 사태 이후 광화문광장에서의 경험을 엄청나게 강조한다. 그럴만하다. 군사독재정권 때의 관제 데모를 제외하고, 수구세력이 주도하는 대형집회는 해방정국 이후 최초이기 때문이다. 독립운동가와 친일파의 구도가 반탁/찬탁을 겪으며 좌우 구도로 바뀐 것을 우리는 잘 안다. 마치 이것처럼 자유한국당은 수구-보수-중도의 힘을 묶으려 했다. '반문재인 전선'이 그것이었고, 광화문 경험은 그들을 고무시켰다. 이 흐름은 2020년 2월까지도 강력했고, 코로나19 사태가 커지면서 약화되긴 했지만 총선 국면에서도 지속되었다. 이것이 미래통합당이 경험을 통해 확인한 믿음이었다.

진보층 분화의 지속

한편 진보정당들은 분열된 상태가 계속되었다. 진보정당들과 가까운 진보사회단체들은 촛불의 주력이었음에도 불구하고 문재인 정부 출범 직후부터 의식적으로 배제되었다. '시민사회연대회의' 소속 인물들만을 정부 여당은 받아들였을 뿐이다. 정부 여당은 분할과 배제를 통해 자기들만의 권력을 행사하고 싶어 했다. 따라서 진보정당과 사회단체들은 수많은 현안을 들고 다시 거리에서 2년 넘게 외쳐야 했다. 그러다가 진보단체들에 힘이 실리게 된 것은 반아베 투쟁 정국이 열리면서였다. 배제되었던 예전 박근혜 탄핵 촛불의 주역들이 다시 힘을 모으기 시작했다. 그런데 힘이 제법 모였을 때 장관청문회가 시작되었고, 조국 사태가 되었다. 이때 진보정당들과 진보사회단체들은 대응능력이 떨어졌다. 이유는 오래된 진보정당들의 분열, 그로 인해 사회단체 간 팀워크가 약화된 점, 또 배제로 인해 정부 여당에 대한 적대감이 형성되어 있었던 점, 또 반아베 투쟁과 검찰개혁, 조국 문제 등을 동시에 대응해 나갈 힘이 모자랐다는 점 등이 함께 작용했다. 바로 이때 민주당은 친문 단체를 앞세워 서초동 집회를 시작했다. 광화문 집회와 맞불 성격은 계속해서 커졌다. 더불어민주당과 자유한국당 양당의 목적이 같았다. 핵심은 적대적 공생관계를 이용하여 각자의 진영을 강화하는 것이었다. 자유한국당이 얻은 성과처럼 민주당은 이 과정을 통해 내부 결집을 충분히 했다. 그리고 민주당은 진보정당들의 분열과 대응능력 부족을 충분히 파악했다.

기득권 양당의 강화

서초동과 광화문 집회는 거대 양당의 강화로 일단락되었다. 미래통합당은 커졌고 지지율을 상당히 회복하였다. 바른미래당 등은 의석수 대비 매우 미약해지고 지역당 성격의 민생당으로 귀결되었다. 정의당은 지지율이 제법 빠졌다. 돌아온 안철수는 합리성층 규합에 나섰으나 이미 많이 빼앗긴 상황이었다.

비례위성정당 추진 과정에서 지적할 점

수치심 없는 미래통합당은 대놓고 미래한국당을 만들었다. 더불어민주당도 따라서 할 수밖에 없다고 하며 만들었다. 양당은 제3당의 입지를 용납하지 않았다. 미래통합당은 나머지 수구세력의 분화는 신경 쓰지 않았다. 지역구에서 득표력 있는 후보가 없기 때문이었다. 이는 더불어민주당도 같은 입장이었다. 다만 민주당 핵심들은 앞서 필자가 지적한 지역구에서의 승리 가능성을 높이기 위한 절차를 미래통합당보다 보다 세련되게 진행한 것이다. 이 과정에서 예전 재야인사와 시민사회단체로 구성된 '정치개혁연합'은 농락당했다. 민주당 핵심들이 민주화운동의 선배들에게 큰 욕을 보인 것이다. 정의당은 '공공의 적'이 되었고 민중당, 녹색당은 활용되고 배제되었다. 노동당은 거론조차 되지 않았다. 민주당은 철저하게 진보정당들을 공격했다. 그 이유는 명확히 '진보층 표를 가져오기 위함'이었다. 2018년 지방선거 결과 우려했던 일이 현실화한 것이다. 민주당 전략가로 언론에 공개된 양정철, 이근형과 친문 핵심들은 역할을 나누어 최대한 포장해서 일을 진행했다. 양당은 선거법 개정의 근본 취지를 뒤흔들고 다시 거대 양당으로 판을 정리했다.

수구정당은 기득권 동맹 위에 서 있다. 그러나 범민주라 불리거나 때로 민주개혁이라 불리는 민주당은 기득권 동맹 위에 서 있는 그룹, 기득권 동맹과 가까운 그룹, 다소 먼 그룹, 매우 먼 그룹 등으로 다양하다. 현재 여당은 이들이 섞여 있다. 이때 여당 핵심들이 진보정당들, 재야인사, 시민사회단체들을 공공연하게 활용, 배제, 배신, 공격한 행위는 앞으로 적당한 때에 부메랑이 되어 돌아갈 것이다. 불평등과 불공정을 개선하고, 그것을 양산하는 사회구조를 바꾸고, 평화체제를 만들고, 생태사회를 만들자는 사람들을 자신들의 정치적 이익 때문에 짓밟은 것은 반드시 저항으로 돌아가기 때문이다. 대통령, 지방정부, 국회 2/3를 확보하여 민주당은 달로 비유하면 보름달이 되었다. 그러나 달은 차면 기운다. 섭리이다.

진보정당들의 과제

정의당은 총선 기간에 더불어민주당에게 당한 공격 이외에, 유권자들로부터 지지 철회 이유로 세 가지 문제 제기를 크게 받았다. 하나는 조국 사태에 대한 대응문제고, 둘은 심상정 대표의 사당화 논란이다. 특히 사당화 논란은 비례대표의 순번 구성과 앞 순위 배정에서 두드러졌다. 오랫동안 당을 위해 헌신하거나 민중운동 부분에서 헌신해 온 이들이 아닌 것이 그것이다. 또 선거 결과에서 나타났듯이 청년이 과잉대표되었다는 지적도 타당하다. 셋은 심상정 대표가 당권을 쥔 상태에서 또 차기 대선주자로 나서 진보의 대표성을 온전히 자기 것으로 가지려 한다는 점이다. 이는 구체적으로 민중당, 노동당, 녹색당과의 연대와 통합은 포기하고 미래당과만 통합하려 한 행동을 보였기에 충분한 설득력이 있다. 앞으로 21대 국회에서 정의당의 입지는 매우 좁다. 위와 같은 문제를 적극적으로 해결해

나가지 않으면 정의당은 분란에 휩싸일 가능성이 크다.

민중당과 노동당은 최근 선거까지 거의 같은 선거전략을 채택해왔다. 그 성과는 매우 참혹하다. 각자 버티고 고난의 행군을 하는 것만이 능사는 아니다. 이제는 진보정당 대통합을 현실 과제로 삼아야 한다. 특히 노동당은 기본소득당 사태를 거치며 또 한 번 큰 상처를 받았다. 또 녹색당은 변해야 한다. 토론하고 기자회견하고 피케팅 하는 것이 녹색당이 아니다. 현장에서 부딪히며 싸우고, 사회구조를 바꾸기 위해 치열하게 투쟁해야 하는 것이 환경운동, 생태운동, 기후행동 등을 포함한 녹색당이 할 일이다.

4개 진보정당의 정책은 90% 이상 같다. 민주당은 내부의 정책 차이가 이보다 훨씬 크다. 그래도 한 정당 안에 같이 있다. 진보정당들은 민주당으로부터 배워야 한다. 선거에 참여하는 정당은 말 그대로 대중적인 정당의 길을 가야 한다. 민주당과 경쟁을 통해 이겨야 한다. 그러려면 많은 아집을 버려야 한다. 그래야 미래가 있다. 변화하지 않으면 또 민주당에 처참히 당하거나 아니면 새로운 형태의 정당 출범으로 인해 더욱 큰 어려움을 겪을 수 있다. 많은 논란을 예상하면서도 이처럼 필자가 강력히 말하는 이유는 진보정당들이 귀하기 때문이다. 진보정당들은 분열 이후에도 지방선거나 총선에서는 10-13%의 지지는 항상 받았다. 민주노동당 때는 25%를 받은 때도 있었다. 통합을 하면 20-25%는 바로 나올 것이다. 우리 사회에 어려운 사람이 많고 계속 늘어나기 때문이다. 현재로써는 문제 해결에 진정성을 가지고 헌신할 수 있는 이들이 진보정당들이기 때문이다.

11

2020년 여름-겨울
민심 이반의 가속화

7월 20일 발생한 박원순 시장 사망 사건은 안희정, 오거돈에 연이은 민주당 광역단체장의 사건이었고, 그가 살아온 인생 궤적과는 전혀 다른 성격의 사건인 데다가, 유력한 차기 대선 주자 중 한 명이었기에 사회적인 충격은 매우 컸다. 사건 직후부터 사건의 성격, 장례절차, 각 정당과 사회단체의 대응방식을 둘러싸고 큰 논란과 갈등이 있었다. 미래통합당과 수구단체들은 개혁−진보진영 전체를 공격하였고, 민주당과 진보정당들은 입장을 둘러싸고 내부 갈등이 증폭되었고, 탈당 및 지지 철회가 이어졌다. 사회단체 간에도 또 단체들의 내부에서도 대립과 갈등이 증폭되었다.

2017년 가을부터 시작하여 2018년부터 본격적으로 큰 흐름을 형성한 '미투 운동'이 한국 사회에 '성 평등 문제'를 핵심 의제로 만들고 있었고, 'N번방 사건'으로 대표되는 '디지털 성범죄'에 대한 엄단의 필요성이 사회적 동의를 얻는 상황이었기 때문에, 이 사건에 대한 태도, 대응, 해결책을 마련하는 일련의 과정은 매우 중요했다. 하지만 민주당과 관련 정부기관들은 소극적인 태도를 보였고 젊은 여성들은 정부 여당에 대해 크게 실망했다. 정의당은 조국 사태에 이어 다시 큰 어려움을 겪었고, '페미니즘 정당'

성격이 강화되었다. 이 과정은 연말까지 지속되었다. 이 해는 코로나의 확산, 추미애-윤석열 대립, 부동산 가격 폭등, 남북관계 파행, 태풍과 물난리 등으로 여당에 대한 지지율이 계속 낮아지고 있었다. 그리고 미래통합당은 5월 김종인 비대위원장이 영입되며 9월 2일 당명을 '국민의 힘'으로 바꾼다.

12

2021.4.7. 재보궐선거

강력한 정권 심판 가시화하다

언론을 달군 여론조사 결과대로 정부 여당의 참패와 수구—보수 야당의 압승 결과가 나왔다. 이 선거 과정과 결과에는 주목할 만한 몇 가지 특징이 있다. 첫째, 2017 대선, 2018 지방선거, 2020 총선까지 승리를 연이어온 민주당에 대해 국민의 힘이 판도를 뒤집고 승리한 것이다. 지난 '탄핵 대선', '한반도 평화 지방선거', '진영 총동원 총선'과 같이, 이때는 '정권 심판'이라는 대형 프레임이 작동한 선거였다. 이로 인해 정책, 인물 등은 묻혔다. 둘째, 사실상 일대일로 경쟁한 서울과 부산시장 선거는 민주당과 그 연합, 국민의 힘과 그 연합의 대결이었다. 그런데 이에는 각 연합을 구성하는 집단들의 성격 변화가 포함되어 있었다. 합리성층과 전통적 진보층, 수구층 등의 입지 및 선택의 변화가 그것이다. 특히 이를 잘 보여주는 것이 서울시장 선거였다. 셋째, 11개월 앞으로 다가온 대선과 대선 직후 치러질 지방선거와의 연관성이다. 넷째, 진보정당들의 몰락에 대해 확실한 확인을 한 선거였다. 이런 점들을 고려하여 정치 상황을 잘 보여준 서울 선거를 중심으로 간략하게 정리한다. 국민의 힘은 국힘, 국민의 당은 국당, 더불어민주당은 민주당으로 짧게 표현하고, 직책을 제외하고는 간략히 인물 이름만 쓴다.

1) 4.7. 재보선의 분기점

3.23. 오세훈과 안철수의 단일화는 오세훈의 승리로 끝났다. 이것이 큰 분기점이었다. 오세훈은 3월 첫 주에 당 후보로 선출된 직후부터 계속 앞섰다. 이에 따라 국힘은 '이길 것'이라는 자신감에 따라, 그들답지 않게 시끄러운 소리도 내지 않고 조직을 가동해왔다. 후에 밝혀진 여론조사 기관들의 조사 결과는 오세훈-안철수 단일화 이후 오세훈과 박영선의 차이가 훨씬 크게 벌어졌음을 보여준다. 이는 부산 선거에도 영향을 주어 부산에서도 박형준과 김영춘의 격차가 더 커진다. 주목할 점은 국힘 당내 경선에서 오세훈이 나경원을 이긴 것이다. 이는 오세훈이 갖는 중도 성향의 이미지가 결정적이었다. 김종인 비대위원장 체제 이후 당이 극우 아스팔트 세력으로부터 벗어나, 변화를 통해 중도로의 행보를 하며 지지율 상승을 얻은 것과 궤를 같이하기 때문이다. 즉 오세훈은 김종인이 만들어 놓은 흐름 위에 올라탄 덕분에 짧은 기간 후보로 노출되었음에도 승리하게 된 것이다.

한편 김종인 체제 동안 집권세력인 민주당과 청와대는 국힘의 변화와 성장을 제어하기는커녕, 이들이 급성장할 수 있도록 비료를 주고 물을 뿌려주었다. 대통령, 지방권력, 국회권력을 다 가진 상태에서, 중산층과 서민의 삶의 개선에는 진전이 없었고, 한반도 평화는 손을 떠났으며, 코로나는 계속 사람들을 괴롭혔다. 또 안희정 충격이 가시지 않은 상태에서 오거돈, 박원순 사건은 큰 충격을 주었고, 사건 대응방법에서 민주당은 '상식'에 벗어난 행동을 했다. 그리고 '조국 사태' 때부터 시작하여 '추윤 갈등'으로 표현된 '공정'에 대한 문제 제기와 청와대, 정부, 여당 고위직들의 부동산 소유 문제는 부동산 폭등과 맞물려 '대중의 분노'로 전화되었다. 문재인 정부가 출범한 2017년 5월 서울 아파트 평균가격은 국민은행 통계 기준으로 6억 원이었는데, 2021년 3월에는 11억 원으로 폭등했다. 게다가 정부 여당은 사회의 제대로 된 '미래'와 '희망'은커녕, 계속 진영 논리로만 일관했다. 이는 결국 진보층과 합리성층의 반발과 이반을 불러왔고, 이를 통해 국힘이 민주당에 맞설 힘을 얻도록 했다.

3.23에 오세훈이 안철수를 이긴 요인은 세 가지다. 첫째, 중도확장 전략을 통한 안철수 지지세의 분산 및 오세훈의 획득, 둘째, 국힘의 조직력이 살아난 점, 셋째, 안철수캠프의 전술 실패이다. 첫째는 앞에서 언급했다. 둘째, 국힘의 조직력이 살아난 것은 '수권세력'으로서의 위상을 상당히 정립했다는 점 이로 인해 구심력이 작용하여 수구-보수층에서의 결집력이 높았고, 당협위원장들이 열심히 움직였다. 서울에서 이들은 대부분 원외다과 2022년 대선 이후 치러질 지방선거 출마희망자들의 맹활약에 있다 구청장은 1/25, 시의원은 거의 없음. 당선 가능성이 커지고 있으므로 공천 경쟁의식이 치열했다. 즉 배고픈 이들이 열심히 움직인 것이다. 셋째, 안철수는 조기에 후보 단일화를 확정했어야 했다. 시간이 갈수록 김종인이 당을 장악할 것이라는 점을 인식하지 못했다. 또 제3당을 강조하며 강력한 배수진을 치고 '국힘이 서울시장을 가져가도 대선에서는 진다'는 논리. 또 '3파전으로 가도 중도확장성이 있는 후보는 나뿐'이라는 논리가 그것이다, 또 윤석열이 움직이지 않는 상황을 역이용하여 '윤석열과의 연대 및 제3당'을 강조했어야 한다. 그런데 안철수는 여당 견제론, 야권 합심론을 꺼내며 스스로 프레임에 갇혔다. 이렇게 된 데에는 국당의 당력이 형편없이 모자라는 상태에서, 2020년 12월,

안철수의 서울시장 출마 선언 시점이 빨랐고, 예상되는 윤석열의 사퇴 및 이후 벌어질 상황 전개에 대한 예측능력과 전술 구사 능력 등이 모자랐기 때문이다.

2) 4.7. 본선

본선을 앞둔 여론조사는 이미 선거 결과를 보여주었다. 오세훈과 박영선의 대결은 '바람'민심과 조직의 대결이었다. 언론들은 앞다투어 여론조사 결과를 공표했고, 이는 바람이 커지는데 기여했다. TV토론을 포함하여 민주당의 주 메시지는 내곡동 땅과 거짓말이었을 뿐이다. 부산은 LCT와 거짓말 그러나 예전 이명박의 도곡동 땅과 BBK 문제를 고려하면 '새 발의 피' 정도의 메시지였다. 그리고 언론들의 높은 투표율 예상은 보수 및 중도 유권자들합리성층의 결집력이 높다는 경향을 반영하였는데, 이는 결과로 나타났다.

한편 진보정당들을 지지하는 유권자층은 과거 선거와는 달리 박영선에 대한 '비판적 지지'를 할 만한 요인이 거의 없기 때문에 문재인 정부와 민주당에 대한 누적된 실망 및 선거 의제도 없었다. 투표 불참 가능성이 매우 컸고 결과 또한 그러했다. 또 이 층이 민주당 지지층 내에 갖는 영향력을 고려하면, 민주당 지지층 내에서도 투표 불참 가능성이 컸고 결과로 나타났다.'혼 나봐야 정신 차릴 것'이라는 논리와 그보다 더 중요한 '똑같은 놈들' 또는 '더한 놈들'이라는 정서.

민주당은 3.23. 이후 2주간 '진영 논리'를 강화하고, 조직을 풀가동하여 유권자들을 투표소로 끌어내려 했으나, '진영 결집력' '응집력'을 높이는

데 실패했다. 민주당으로서는 진보층을 되돌리는 데 필요한 '비판적 지지 거리'를 준비하지 않았고, 시간이 늦었고, 일련의 사태들로 인해 돌아선 합리성층을 찾아오기에 어려웠기 때문이다. 또 민주당의 대선 주자들은 이낙연을 제외하고는 선거에 앞장설 이유가 없었다. 또 서울의 민주당 국회의원들도 나서지 않았고, 구청장들은 선거법 때문에 운신의 폭이 좁았다. 심지어 당내 일각에서는 '버리는 선거' 이야기도 나왔다. 게다가 박영선이 후보로서 준비가 덜 되어있는 점도 드러났고, 박영선 참모 그룹과 선대위간 의견 대립도 있었다.

3) 서울 선거 통계 분석

가. 총 유권자수 8,425,869명. 여성 약 436.4만 명, 남성 약 406.2만 명

연령별로는 18-19세 17.3만, 20대 144.9만20대 이하 합계는 162.2만, 30대 147.0만, 40대 151.9만, 50대 152.4만, 60대 126.5만, 70대 이상 102.6만 명이었다. 총 투표자 수는 4,902,630명으로 최종투표율은 58.2%였다.

나. 각 구별 유권자 수 순위 및 투표율

1위 송파구 567,754, 61.0%/ 2위 강서구 505,314, 56.4%/ 3위 강남구 452,344, 61.1%/ 4위 관악구 450,757, 53.9%/ 5위 노원구 446,223, 59.9%/ 6위 은평구 418,393, 56.0%/ 7위 강동구 398,380, 59.2%/ 8위 양천구 382,189, 60.6%/ 9위 성북구 378,436, 58.5%/ 10위 구로구 356,799, 57.7%/ 11위 서초구 352,622, 64.0%/ 12위 중랑구 350,306,

53.9%/ 13위 동작구 345,047, 59.3%/ 14위 영등포구 339,660, 58.3%/ 15위 마포구 323,492, 59.7%/ 16위 광진구 306,559, 57.2%/ 17위 동대문구 301,862, 57.3%/ 18위 도봉구 284,777, 57.5%/ 19위 강북구 273,146, 54.3%/ 20위 서대문구 272,986, 59.1%/ 21위 성동구 258,172, 58.7%/ 22위 금천구 210,110, 52.2%/ 23위 용산구 204,483, 57.9%/ 24위 종로구 132,257, 59.6%/ 25위 중구 113,861, 57.4%

다. 확실한 계급투표

강남 3구의 총 유권자 수는 1,372,720명으로 서울 총유권자수의 16.3%이다. 여기서는 오세훈을 압도적으로 지지했다. 또 강동구, 양천구, 동작구, 마포구 등 아파트값이 비싼 지역에서 투표율이 높았음을 알 수 있다. 이 지역들은 명확한 '계급 투표' 성향을 보였다. 그리고 '공개적, 공식적'으로 이를 마음껏 드러냈다. 이는 매우 중요한 문제이다. 앞으로 정부여당의 큰 변화가 없다면 대선에서도 또 그 이후에도 상당 기간 규정력을 가질 것이다. 이는 첫째, 조국 사태 때부터 형성된 '너희들은 뭐가 달라?'라는 정서와 의식, 둘째, '부동산가격 상승으로 인한 자산 가치 상승은 좋지만', 2020년 총선에서 프레임으로 형성된 '세금폭탄은 싫다'는 것이 명분으로 강력히 유지되고 있는 것, 셋째 지역 주민 내 합리성층의 이반에 대한 집단 경험으로부터 첫째와 둘째 항목을 마음 놓고 떠들 수 있었던 점, 넷째 오세훈-안철수 단일화로 투표 명분이 생긴 것 등을 포함하여, 강력한 '정권심판론'의 진원지가 되었다.

한국에서 아파트는 부와 신분의 상징이다. 초등학생 사이에서 '빌거'라는 말이 유행한 것은 2018년부터다. 빌라에 사는 사람을 부르는 '빌라 거지'의 약어이다. 또 '휴거'라는 말이 있다. LH의 과거 아파트 브랜드인 '휴먼시아'를 이용한 '휴먼시아 거지'의 줄임말이다. 임대아파트 거주자를 비하하는 뜻이다. 거주지에 빗댄 계급과 차별의 말이 빌거이다. 휴거라는 말이 중고생 사이에서 유행했다면 빌거는 초등학생 사이에서 쓰인다는 점에서 심각하다. 알다시피 '강남에 산다'는 것도 그런 의미를 가지고 있다. 부동산의 축적을 향한 욕구는 탐욕이면서 제도화된 행동이기도 하다. 수십 년간 부동산 가격의 지속적인 상승과 성공적인 자산 축적 경험은 마치 보편적인 '사회윤리'처럼 자리 잡았다. 강남과 신도시에 이어 전국적으로 확대된 부동산 성공 신화는 모든 세대를 아우르는 매우 강력한 사회의식이 됐다. 한국에서 공공복지가 꾸준히 확대되고 있음에도 자산에 대한 믿음과 의존도는 계속 강해졌는데, 배경에는 계층 하락과 노후 불안이 있다. 한편 이는 정서적인 지탱 수단으로도 작용한다. 즉 상층 여성들이 '명품' 쇼핑을 하는 이유가 자신의 사회적 지위를 재확인하는 일종의 '의례'로써, 자부심, 기쁨, 위신 등을 느끼는 것과 유사한 성격을 갖는다.

한편 2015년 통계청 인구주택총조사에 따르면, 서울의 65세 이상 고령자 중 소득수준이나 주택 가격이 높은 강남 3구 거주자들은 여가, 종교활동, 학술단체 참여 등 사회활동 참여 비율이 타 지역보다 월등히 높았다. 반면 서민이 많이 살거나 임대아파트가 많은 구에 거주하는 이들은 경제활동에 종사하는 비율이 높게 나타났다. 이중 서초구는 고령 인구에서 압도적으로 학력이 높고, 평균 수명이 길고, 자산이 많은 1위를 차지했다. 사는 지역은 곧 부의 정도 차이를 드러내고, 당연히 사는 방식 곧 문화가 다르다. 계급투표 성향은 이미 오래전부터 있었고 우리가 잘 아는 바다.

라. 득표 결과

박영선 39.18, 오세훈 57.50, 신지혜 0.48, 허경영 1.07, 오태양 0.13, 이수봉 0.23, 김진아 0.6, 송명숙 0.25, 신지예 0.37였다기호순, %. 박영선+ 오세훈의 득표율은 96.68%이다. 남은 3.32%를 나머지 후보들이 득표하였 다. 첫째, 제3당으로서의 민생당은 직전 총선을 통해 사실상 정치적으로 소 멸되었고, 이후 1년간 언론의 주목을 받은 적이 없고, 이수봉 또한 대중적 으로 알려진 인물이 아니라는 점에서 소멸을 재확인했다고 보인다. 둘째, 정의당, 노동당, 녹색당이 출마하지 않은 상태에서, 진보정당 지지표는 불 참 또는 분산이 예고되었다. 우선 원내정당인 기본소득당의 신지혜보다 여 성의 당의 김진아가 높은 것이 눈에 띈다. 이는 유권자들이 '여성문제'에 더 주목한 것이라고 볼 수 있다. 한편 공보물, 현수막, 포스터를 통해 나타난 '페미니즘' 유사성을 가진 신지혜, 김진아, 신지예를 합하면 1.53%이다. 셋 째, 허경영은 여러 번의 출마, 특히 직전 총선에서 많은 후보를 냈고, 이 선 거에서도 차량이 많이 돌아다녔고, TV 선거 연설을 하는 등의 노력에 대 해, 거대 양당에 실망한 유권자층이 지지한 것으로 보인다. 하지만 유권자 들이 허경영을 제3당으로 인정했다고 보기에는 지지율이 매우 낮았다. 넷 째, 오태양은 미래당의 의제가 청년이라는 점을 제외하면, 남성 후보인 점, 미래당의 정책이 다른 진보정당에 비해 미약하고, 조직력이 약한 점을 고려 하면, 자기 역량과 비슷한 정도의 지지를 받았다고 볼 수 있지만, 당의 지 속성에 대해서는 의문을 갖게 되었다. 한편 송명숙은 진보당의 후보이고, 민주노총 지지 후보였지만 당과 민주노총의 선거 능력의 한계를 여실히 보여주었다. 진보당은 반복적으로 같은 선거 전술을 쓰고 있는데, 이에 대한 적절성 문제를 심각히 검토해 볼 필요가 있다. 신지혜, 오태양, 김진아, 송명숙, 신지예를 합하면 1.91%이다. 진보정당의 현 수준이다.

마. 많은 이들을 놀라게 한 청년층 남녀 투표 결과

이 선거에서 많은 이들을 놀라게 한 20대 남녀 투표 결과에 대해 생각해보자. 자료는 방송 3사의 출구조사를 토대로 한다. 18세–30대 초반 여성은 모든 세대 중에서 박영선 지지가 높고 기타 후보 지지가 높은 층이었다. 그런데 진보 성향 후보들의 당선 가능성이 전혀 없다는 것을 알면서도 민주당이 아닌 다른 선택을 한 것은 매우 의미가 크다. 즉 현실이 아닌 미래를 위한 투표를 한 것이다. 이 점에서 18세–30대 초반 여성은 한국사회의 미래에 대한 희망을 보여주었다. 또 경제적 평등과 함께 가장 중요한 성평등 문제에 대해, 이 재보궐선거가 성폭력으로 비롯된 점, 또 선거 이후 고 박원순 시장 사건을 둘러싼 논쟁이 진행된 점, 그리고 정의당 당 대표의 성추행 사건이 터진 점 등을 고려하면, 이 여성층은 페미니즘 문제를 중심으로 선택할 수밖에 없었다고 보인다. 알다시피 여성들은 우리 사회에서 매우 심각한 성 불평등을 겪고 있고, 또 성폭력 위험을 항상 느끼고 있다. 이 문제를 정면으로 드러낸 여성 후보 3명에게 이 여성층이 집중 투표를 한 것은 새로운 미래를 열고자 하는 중요한 행동이다. 이는 또한 거대기득권 양당 구조를 넘어서려는 행동으로 평가할 수 있다. 젊은 여성층이 페미니즘만이 아니고, 평등 평화 생태 문제 해결에 가장 민감하다는 것은 잘 알려져 있기 때문이다.

한편 20대 남성의 72.5%가 오세훈을 선택한 것에 대한 원인 분석과 이해는 다소 복잡하다. 이 현상에 대한 원인 분석과 이해에는 다면적 접근이 필요하다. 이를 단지 청년세대의 보수화나, 박영선이 말한 것처럼 역사에 대한 경험 부족으로 원인을 돌리는 것은 잘못된 판단이다. 문재인 대통령 취임 직후 2017년 6월 여론조사에서, 20대 남성의 국정운영 지지율은 민주당의 가장 강력한 지지층인 40대 남성 89%와 거의 같은 87%였다. 그런데 2018년 12월 여론조사에서 20대와 30대 초반 남성 지지율은 20%대까지 급격히 하락했다. 페미니즘을 둘러싼 논쟁, 혜화역 시위, 이수역 사건 등을 둘러싼 논쟁이 계기가 되었다. 강력한 지지층이었던 이들이 급격하게 문재인 정부에 대해 지지를 철회한 이유를 생각해보자.

이들은 초등학교 때부터 치열한 경쟁을 통해 대학입시로 한번, 그리고 대기업과 공기업, 정규직 취업이냐 아니냐로 두 번, 부모가 자산이 있느냐 없느냐로 세 번, 이렇게 사람의 등급을 나누는 사회에서 성장했고 살고 있다. 연애, 결혼, 출산은 등급에 따라 할 수 있든지 할 수 없는 일이 되었다. IMF 이후 한 세대 만에 우리 사회가 이렇게 만든 것이다. 20대와 30대 초중반 남성 청년들에게 삶은 곧 경쟁이다. 이들은 어렸을 때부터 '공정'과 '합리성' 그리고 '민주주의'를 배우고 익혔다. 초등학교 반장 선거부터 남녀 차이는 없었다. 남성우위의 사고와 문화는 공정, 합리성, 민주주의에 위배되기 때문에 그들 내에서는 통용되지 않았다. 단지 그들의 부모와 이웃 등 기성세대만이 남아선호사상을 가지고 있었을 뿐이다. 이렇게 성장한 젊은 남성들에게 대안이 제시되지 않는 상황에서 군가산점 폐지는 군대 생활로 단절된 인생을 국가와 사회가 다른 방식으로 보상해주지 않는

'제도적 불합리' '불공정'으로 받아들여졌다. 이들은 대학진학률에서 여성이 남성을 앞지른 경험을 한 세대이고, 각종 시험에서도 여성의 합격률이 남성을 앞선 경험을 하였다. 또 이들은 30대 초반까지는 성별 임금 격차가 거의 없고, 임금 격차와 유리천장을 만든 것은 기성세대이지 본인들이 아니라고 인식하고 있다. 그러니 여대에 로스쿨이 추가 설치되는 것에 대해 불만을 표현하는 것은 자연스럽다고 봐야 할 것이다.

한편 또래 여성들이 남성보다 범죄 피해에 노출되어 있고 때로 불리한 조건에 있고, 자신의 어머니가 가부장제의 피해자라는 데에는 동의한다. 그러나 젊은 남성을 잠재적 범죄자로 취급하는 것에 대해서는 분노를 느낀다. 젊은 남성들은 본인들의 정당한 문제 제기에 대해 정부 여당 관계자들과 언론기업들에서 '여성들이 오죽했으면' '여성들이 그동안 당해왔으므로'라고 표현하는 것에 대해, 이를 '전도된 가부장적 시혜주의'라고 인식한다. 청년 남성 본인들은 가부장적 특권에 대해 일말의 환상도 없다고 주장하고 있는데 말이다.

래디컬 페미니즘으로 지칭되는 급진적인 여성주의 논란에 대해 민주당이 문제 해결에 적극적이지 않았던 것은 분명한 사실이다. 수구정당은 이 상황을 때마다 활용했다. 또 젊은 남성들은 진보정당들도 여성 편에만 서 있다고 인식했다. 남성 청년들은 사회경제적 계급문제를 급진적 페미니즘을 통해 남성과 여성의 대결로 프레임을 전환하여 활용하고 있다고 본다. 청년 남성들은 스스로 바보가 아니라고 생각하고 있다. 이들은 오히려 사회경제적 불평등 문제와의 투쟁이라는 선명한 전선을 원하고 있다. "기회는 평등하고, 과정은 공정하고, 결과는 정의롭게"라는 구호는 '조국 사태' 이후 매우 심각하게 훼손되었다. 청년들은 조국 부부의 자녀 문제에 대해 최순실 정유라와 차이가 없다고 느끼고 있다. 그리고 부동산 폭등은 많은 청년을 영혼까지 끌어내 투자한다는 뜻에서 '영끌'이라는 신조어를 탄생시켰으며, 부동산을 살 수 없는 이들을 주식시장과 비트코인으로 몰아넣었다. 주식시장과 가상화폐에 참여하는 청년 남성의 비율이 여성보다 압도적으로 높은 것도 이해해야 한다. 부모와 친척의 기대, 엄친아엄마 친구 아들와 비교되는 본인의 현실을, 이 막강한 한국 자본주의 사회에서 개인 차원에서 해결할 수 있는 유일한 길이라고 인식하는 것을 우리는 이해할 필요가 있다.

한편 청년들에게 인터넷과 모바일은 또 하나의 세계를 만들어 주었다. 국가는 기업들 특히 재벌들의 요구에 따라 인터넷과 모바일 관련 산업을 육성했다. 게임과 커뮤니티 서비스는 IT기업 육성이라는 미명하에 급성장했다. 부모들이 주는 용돈으로 유소년들은 어렸을 때부터 소비자가 되었고, 그들만의 세계를 빠르게 만들어나갔다. 게임 중독, 게임 머니, 커뮤니티 갈등 등 온갖 문제가 터지고, 텔레그램 N번방, 단톡방 등 포르노와 성착취물이 넘치고, 마약이 급격히 퍼져나가는 통로가 되었다. 사회적으로는 일베 같은 것들이 자라나고, 폭력적인 댓글 문화, 끼리끼리 문화가 형성되었다. 이런 과정 전반에 오직 이윤을 좇는 기업 논리가 핵심이었음을 우리는 알고 있다. 이 과정에서 수많은 청년은 돈을 내는 단순 소비자로 더 강력하게 포획되어 갔다. 실제 현실만이 아닌 가상 현실에서도 돈이 있어야만 하는 시대가 된 것이다. 이들은 불행하게도 온라인 세계에서 존재증명을 위해 노력할 수밖에 없었다. 이 과정에서 언론기업들은 청년 남성과 여성의 대립을 의도적으로 조장하고, 중계하고, 발표하며 접속자 수를 늘려 돈을 벌었다. 청년들을 현실 세계에서 활동하지 않고 온라인 세계에 머무르게 한 데는 국가와 기업, 정당, 언론만이 아닌 부모세대와 반체제세력에도 책임이 있다.

기성세대는 열심히 일을 하고 돈을 모으면 먹고살 만한 날이 올 것이라고 기대하며 살았고 많은 경우 그것이 가능했다. 또 군사독재정권을 몰아내고 민주화가 되면 모든 면에서 삶이 나아질 것이라는 기대를 했고 어느 정도 진전된 삶의 경험을 했다. 그러나 청년들은 매우 불행한 삶을 살았다. 유년기부터 의무적으로 학습지를 해야만 했고, 놀이터에는 아무도 없으니 싫더라도 학원에 가야 했다. 오직 합리성과 경쟁만이 살길이었다. 청년들의 '경험'에는 낙타가 바늘구멍에 들어가는 것과 같은 기회를 잡아 '안정된 미래'를 얻거나, 아니면 이에 실패해서 평생 불안정한 미래로 전락하거나 하는 것 외에는 없다. 이 점에서 지금 청년세대는 이전 세대와는 근본적으로 다른 환경에서 살아왔고 살고 있다. 이에 대한 이해가 중요하다. 이를 단지 '선진국에서 태어나 자란 세대'라고 말하는 것은 사실의 작은 면만을 드러낸다. 계급 계층적으로 그렇지 않은 이들의 숫자가 압도적으로 많기 때문이다.

그러나 앞서 본 대로 청년들이 성장 과정에서 공정, 합리성, 민주주의를 배우고 익힌 것 이상으로, 이 젊은 세대에게는 본질적인 급진성이 있고 기성체제를 전복하려는 저항 에너지를 가지고 있다. 이 세대가 기존 체제를 거부한 것을 우리는 촛불혁명 과정에서 보았다. 문제는 가장 절박하게 이 시대를 살아가고 있는 이들에게 잠재된 에너지가 어디로 나아갈 것인가이다. 지금 청년들은 기성세대에 대해 특히 정당들에 대해 기득권세력, 비합리세력이라고 인식하고 있다. 특히 수구기득권세력과 이에 맞서왔다는 민주개혁세력 둘 다에 대해 그렇게 인식하고 있다. 두 거대 정당이 보이는 사회경제적 불평등 문제와 한반도 평화 정착에 대한 의지박약, 생태를 도외시하는 무책임한 태도 등 모두에서 그러하다. 또 두 정당이 보인 대형교회들에 대해 눈치를 보는 태도는 청년들에게 모두 조롱거리가 되었다. 극우 태극기 집회만이 아니고 성소수자, 비정규 노동자 문제, 석탄발전소 확대, 탈핵 정책의 후퇴 등에 대한 민주당의 태도를 생각하면 쉽게 알 수 있다.

한편 청년들은 '식민지근대화론'을 거부한다. 이 점에서 이들은 역사에 대한 올바른 인식을 하고 있다. 미국 일본을 싫어하고 똑같이 중국 러시아도 그렇다. 이 점에서 기성세대보다 훨씬 자주적이다. 북한은 좋아하지 않는다. 단지 '가깝지만 귀찮은 존재'라고 인식하고 있다. 필자 생각에는 청년들의 북한에 대한 인식에 대해 수구정당의 반북 공세는 워낙 비합리적이어서 먹혀들지 않는다고 보인다. 오히려 민주당의 거리 두기가 한몫을 해왔다고 보이고, 진보정당과 단체들의 접근법도 구닥다리 방식으로 느끼고 있다고 판단한다.

그러나 무엇보다 중요한 것은 '대한민국을 떠나고 싶다'는 청년들의 외침이다. 이 흐름을 그동안 기성세대는 눈감고 귀를 닫았다. 사실 떠날 수 있는 사람들은 떠났다. 떠나지 못하고 남은 이들 그리고 그들의 후배들이 지금 아우성을 치고 있는 것이다. 지금 한국은 청년들이 가지고 있는 '공정' '합리' '민주주의' 개념이 실현되고 있는 사회가 아니다. 참기가 매우 어려운 사회이다. 그래서 기득권 세력에게 분노하고 있다. 이들에게 여야는 차이가 없다. 같은 기득권세력이다. 본질을 보는 면에서는 훨씬 지혜롭다고 할 수 있다.[31]

이들에게 진보정당들이나 진보사회단체들이 '너희 스스로 나서서 평등 평화 생태사회를 만들어라'는 말은 멀게 느껴진다. 지금 청년들에게는 '당장 내가 내 생존을 걱정해야 하고, 내 미래를 위해 뭔가 만들어야 하는데, 시간도 없는 내가 왜 나서야 하지?'라고 생각하고 있다. 온라인에서 손가락을 놀리는 일은 하지만 현장에서 하는 활동은 큰 부담이다. 그래서 그들은 적극적이지 않다. 답답해할 일이 아니라고 생각한다. 젊은이들을 이렇게 만든 것이 바로 우리이기 때문이다. 이들과의 현실 접점을 만드는 일을 힘들더라도 기성세대가 해야 한다.

정치적으로 볼 때 이 선거에서 오세훈 캠프는 이준석을 내세워 남녀 청년을 대립시켰고, 그 결과로 재미를 보았다. 이 작전은 앞으로 선거에서도 이들이 써먹을 가능성이 크다. 이점을 민주당이나 진보정당들은 유념해야 한다.

바. 양 진영을 구성하는 연합의 성격 변화

앞장에서 다루었는데, 2020년 총선 당시 정당 비례득표율은 여당은 38.77, 수구+보수세력은 36.92, 중도는 9.5, 진보는 12.04였다. 여야의 차이는 불과 1.85%였다. 이 장의 서두에서 언급한 대로 이 선거에서 민주당과 그 연합, 국힘과 그 연합의 대결에서 양 진영으로 표현되는 각 연합을 구성하는 집단들의 성격 변화가 있었다는 것이 확인된다. 즉 4.7재보선에서 중도층은 오세훈을 지지했고, 진보층의 상당수는 불참했다. 알다시피 선거는 항상 고정적인 구도에서 치러지는 것이 아니다. 변화된 정세에서 그에 맞는 유권자 연합을 어떻게 구성하고 진전시키는가에 따라 달려 있다. 다대다 선거가 아니고 일대일 선거일수록 이 성격은 더욱 분명하게 드러난다.

4) 재보선 이후 정치세력의 처지

재보선 와중인 2021년 3월 4일 윤석열이 검찰총장을 사퇴했다. 그는 사퇴 전부터 유력 대선 후보 물망에 올랐고, 사퇴 후 단숨에 차기 대선주자 지지율 1위가 되었다. 윤석열은 알다시피 문재인이 임명한 검찰총장이다. 문재인이나 집권세력이 왜 윤석열을 임명했는지에 대한 진실은 나중에 밝혀질 것이다. 중요한 것은 당시 집권세력이 그를 '권력에 저항한 강골 검사'로 '검찰개혁의 적임자'로 발표했고, 야당은 '박근혜를 감옥에 보낸 장본인'이라고 격렬히 반대했던 사실을 기억하자. 주목해 보아야 할 점은 세 가지이다.

하나는 조국 사태 당시 윤석열은 수구—보수층 외에 중도층 대중에게도 '공공의 수호자'로 인정받았다는 점이다. 중도층은 앞에서 설명한 대로 2016-2017 촛불시위에 참여하거나 지지했던 이들이다. '살아있는 권력'을

'성역 없이 수사하겠다'는 윤석열의 입장은 그들의 지지 위에서 절호의 기회를 맞은 것이다. 그가 민주당과 친문 단체가 주도하는 힘에 맞서, 검찰을 동원하여 지독하게 조국 일가에 대한 수사, 기소를 밀어붙인 배경이다. 둘은 윤석열이 검찰 조직을 지휘하며 장악해나가는 리더십을 세운 것이다. 이는 이후 추미애와의 대결이나 대선 과정에서도 검찰과 법조계가 그의 편에 서 있는 것으로 확인된다. 셋은 조국 사태 전 윤석열에 대해 그가 대통령 후보가 될 수도 있다는 말을 소위 민주당 전략가들이 했다는 사실이다. 이런 점들을 보건대, 윤석열은 검찰총장 임명 이후 조국 사태를 거치면서 '정치인'이 된 것이다. 한편 서울 법대 그룹이나 법조계 인맥은 윤석열 그룹의 일부일 뿐이다. 관료 출신, 특히 모피아 그룹, 언론계, 학계 등이 움직이고 있다. 그 외 동교동계, 반 국힘 비민주당 정치인들이 다채롭게 확인된다. 앞으로 국힘 내에서 그와 손잡는 정치세력이 나타날 것으로 보인다.

김종인은 4월 8일 박수를 받으며 떠났다. 그러나 김종인의 입지는 재보선 승리로 더욱 강화되었다. 그는 1년간 중도 확장을 이룬 성과에 더해 안철수를 약화시켰다. 윤석열 영입을 포함한 '야권 통합론'이 커지면, 김종인을 대신할만한 사람을 찾기는 어렵다. 한편 세 차례에 걸친 연속적인 김종인의 성공을 현 여야 정당은 무시하기 힘들다. 최근 1년간 정국 운영을 주도해 온 인물은 김종인이었다. 문재인도 민주당도 그 누구도 아니었다. 그리고 대선까지도 그러하다.

안철수는 서울시장과 부산시장 선거 지원을 했다. 입지가 약화되었지만 미래를 기약하기 위해 움직였다. 그러나 안철수가 주도하는 국면은 당

분간은 없다. 윤석열에 이어 두 번째 위치를 점하게 되었다. 윤석열과 김종인의 행보와 맞물려 정치적 선택을 할 수밖에 없는 처지가 되었으나, 여전히 일정 정도의 지지율을 가지고 있는 것을 최대한 활용하는 선택을 할 것이다.

민주당은 선거 후에도 진정성 없는 사과 논란에 처해있다. 무엇을 사과하는지 왜 용서를 비는지 유권자가 알 수 없기 때문이다. 그런데 근본적인 문제는 여당이 집권했을 때부터 촛불정신과는 거리를 둔 점이다. 이들은 촛불의 주역들을 배제하고, 자신들의 권력 유지에만 관심이 있었고, 촛불혁명에 나선 사람들의 의지를 모아내는 것에는 관심이 없었다. 촛불정부라는 이름으로 과실만 독차지했다. 촛불혁명은 '적폐청산과 사회대개혁'으로 표현되는 한국사의 대전환에 대한 방향과 내용을 담은 것이었는데 이를 외면했고, 쪼개진 제6공화국에서 기득권의 한 축으로서 과실을 챙기는 데만 집중했다. 촛불정부를 자임한 문재인 정부는 실패했다. 이것이 사과와 반성의 핵심이 되어야 한다. 그러나 이들이 그렇게 할 가능성은 거의 없다.

진보정당들은 연대와 통합을 위한 행보를 적극적으로 하지 않으면 답이 없는 상황이 되었다. 대선 대응은 곧 따라오는 지방선거에서의 입지와 연결되어 있기 때문이다. 분열된 상태로는 두 선거 모두에서 존재감을 회복할 수 없다.

2022년 대선
이재명은 이길 수 없었다

윤석열이 당선됐다. 그것도 0.73% 차이로. 왜 이런 결과가 나왔을까?

역대 대선 결과

1997년: 김대중 40.2%, 이회창 38.74%, 1.53% 차이. 이인제 19.21%, 권영길 1.19%. 다자구도.

2002년: 노무현 48.91%, 이회창 46.59%, 2.33% 차이. 권영길 3.90%. 미약한 다자구도.

2007년: 이명박 48.67%, 정동영 26.15%, 22.52% 차이. 양당 간 가장 큰 차이. 이회창 15.08%, 문국현 5.83%, 권영길 3.02%. 다자구도.

2012년: 박근혜 51.55%, 문재인 48.02%, 3.53% 차이. 양자구도.

2017년: 문재인 41.1%, 홍준표 24.0%, 안철수 21.42%, 유승민 6.76%, 심상정 6.17%. 다자구도.

수구-보수 대 개혁-진보가 51대 49라는 정치평론가들과 언론의 언급은 타당한가? 위에서 보듯 그렇지 않다. 일종의 고정관념일 뿐이다. 여론조사 기관들의 "귀하는 진보, 중도, 보수 중 어디에 속하십니까?"라는 질문에 대한 유권자의 답변은 선거 때마다 다르기 때문이다. 우리가 한국 정치의 역동성에 꾸준히 관심을 가져야 하는 이유이다. 한편 여론조사 기관은 언론사나 정당, 기업 등의 의뢰에 돈을 받고 일을 한다. 따라서 발주자들이 모두 '입을 모아' 진보–중도–보수라는 용어를 사용하기 때문에, '실제로 무엇이 진보, 중도, 보수인지'를 파악하는 것이, 일상 정치 활동에서나 특히 정치 투쟁이 격렬해지는 선거 시기에는 '정치적 힘'이 약한 진보정당들과 사회단체들에게는 더욱 곤란함을 준다. 실제 활동에서 만나는 사람들에 대한 '종합적인 이해와 그에 근거한 대책 마련'을 제대로 수행하는데 어려움을 겪기 때문이다. 이것이 진보정당들, 사회단체들에 대한 비판에 앞서 그들에게 '돈을 지원하는 일'이 매우 중요한 한 이유이다. '잘하면 밀어줄게'가 아니라 '밀어줘야 잘할 수 있다'. 이는 과거 민주노동당 시절, 민주노총, 전농, 전빈련 등 대중조직뿐만이 아니라 일반 시민들이 후원을 많이 했을 때 성과가 있었던 것을 기억하면 이해가 쉽다. 또 민족문제연구소, 환경운동연합, 참여연대 등 이름 있는 단체들이 활발하게 활동하는 것도 같은 이유이다. 물론 더 좋은 일은 '모든 시민이 한 개의 시민단체에 가입하여 활동'하는 일이다.

2022년, 20대 대선 결과

윤석열 48.56%, 이재명 47.83%, 심상정 2.37%, 허경영 0.83%, 김재연 0.11%, 조원진 0.07%, 오준호 0.05%, 이백윤 0.02%. 안철수, 김동연의 사퇴 이후 미약한 다자구도로 바뀌었다. 유권자 수는 44,197,692명, 투표율은 77.1%사전투표는 36.93%, 총득표수는 33,760,311표, 무효표는 307,542표였다. 당선자 윤석열과 2위 이재명의 차이는 0.73%, 247,077표였다.

시대정신을 반영한 대형 의제가 없었고, 대형 의제는 '정권교체', 전략은 '응징 선거'

역대 대선에서는 이긴 후보가 제시한 대형 의제와 승리를 위한 기본 선거전략이 있었다. 핵심만 보면 1997년 외환위기 극복, DJP연합충청-호남연합, 2002년 행정수도 이전, 민주당의 영남출신 후보, 2007년 경제 살리기, 정권심판, 2012년 경제민주화, 정권 차별화 등이 그것이다. 2017년은 '이게 나라냐?'는 말로 표현되었던 적폐청산이 시대정신이었다. 선거전략은 탄핵 직후 선거인 데다가 다자구도여서 '나라를 나라답게 든든한 대통령'을 내세운 문재인의 승리가 예상된 선거였다.

2022년 대선은 대형 의제가 '정권교체'였다. 그리고 전략은 2019년 이후 형성된 거대 양당 중심의 '상호 응징 선거전략'이었다. 2017년과 크게 다른 점은 후보와 정당들이 서로 상대를 응징하는 선거로 규정하고 치른 것이다. 그런데 이렇게 각 진영의 총동원 대결에서는 앞서 본 것처럼 2021년 재보선부터 나타난 국힘당 우위 구도가 선거 초기부터 정해져 있음을 알 수 있다. 즉 '정권교체론'의 압도적 우위가 끝까지 힘을 발휘했다. 제3세력 지지자 거대 양당이 아닌 제3의 인물이나 정당 지지자 및 스윙 보터swing voter. 특정 정당을 꾸준히 지지하지 않고 선거 때마다 지지 정당을 바꾸는 층 유권자 중 다수가 윤석열의 손을 들어주었고, 진보정당 지지자들 및 제3세력 지지자 중 상당수는 투표에 불참했다. 차기 대통령의 과제는 엄중하다. 코로나로부터의 일상 회복, 부동산 가격 안정을 포함한 불평등과 양극화 해소, 한반도 평화 안착 노력, 기후위기 대처 등 시대정신인 평등, 평화, 생태 과제를 가지고 있다. 그런데도 전혀 대형 의제가 형성되지 않았다. 왜 그랬을까? 이유는 국힘당의 전략 프레임에 민주당이 빠졌기 때문이다.

국힘당의 전략

첫째, '정권교체론'이 유일 의제였고, 나머지 모든 전략과 정책, 메시지는 '응징 선거전략'에 따라 배치하여 선거운동을 했다. 이에 따라 계급별, 세대별, 성별, 지역별 갈라치기 전략을 구사했다. 이는 주효했고 동시에 민주당의 선거전략 실패를 끌어내었다. 정권교체론은 흔들리지 않고 1년간 지속되었다. 때마다 청와대, 문재인 정부, 민주당에 대해 분리 공격하다가, 공식 선거 기간에는 '이재명의 민주당'이라는 표현으로 이재명과 민주당을 묶어 공격했다. 비호감 대선이라는 모든 언론의 중계방송은 이 흐름을 더욱 강화시켰다. 둘째, 당이 가지고 있는 부정적 요소를 후보와 분리하는 데 일정 정도 성공했다. 즉 '윤석열의 국민의 힘'은 형성되지 않았다. 셋째, 당은 여러 그룹으로 나뉘어 있음에도 모두 소수파라는 점이 상호 연합을 가능케 했다. 현역의원들과 선출직 희망자들의 집중과 노력이 민주당보다 훨씬 앞섰다. 넷째, 득표를 위해 유권자에게 접근하는 메시지가 민주당보다 더 간결했다.

이재명이 진 이유

민주당은 패배했다. 그러나 민주당보다 이재명이 졌다. 애초부터 민주당 주류는 소수파 이재명을 후보로 받아들이는데 흔쾌하지 않았기 때문이다. 이재명은 첫째, 진영 논리에 입각한 응징 선거전략 프레임에 빠졌다.

정권교체론은 처음부터 이재명에게 불리한 조건은 아니었다. 경기지사 시절 이재명은 정권교체론이 높은 상황에서도 여론조사에서 대선후보 지지율 1위였다. 그가 문재인 정부나 친문과는 다르다는 유권자의 공감대가 있었기 때문이다. 당시에는 이낙연보다 확장성이 크다는 평가를 받았다. 그러나 이재명의 경선 캠프는 정권교체론에 대한 대응에서, 문제점과 해결 방향에 대해 정확히 인식하지 못했다. 국힘과 안철수 또 언론기업들이 계속 이 프레임을 사용할 것에 대해서 그 심각성을 알지 못했다. 이재명은 문재인 정부, 민주당과의 차별화를 과거 대선 때 다른 후보들처럼 과감하게 하지 못했다. 이는 진영 논리에 기대어 이익을 얻어온 이른바 '친문'으로 불리는 민주당 주류의 관행과 의식을 후보 자신과 측근 그룹이 넘어서지 못하고 그들에게 '포획되었기' 때문이다. '민주당 주류의 힘을 얻지 않으면 안 된다'는 인식은 그동안 쌓인 정부 여당의 잘못을 반성하고 혁신하는 모습으로 나타내지 못했다. 이로 인해 이재명은 자신의 장점을 제대로 드러내지 못했다. 참고로 2012년 대선 전 정권교체 여론은 60%가 넘기도 했는데, 박근혜가 문재인을 이겼다. 경제민주화라는 프레임과 박근혜가 되는 것이 정권교체라는 또 다른 프레임으로 이긴 것이다. 이재명 캠프는 노무현의 경험도 박근혜의 경험도 살리지 못했다. 이런 선거 캠페인의 중요성을 이재명 경선 캠프는 몰랐거나 알고도 하지 않았다.

둘째, 민주당 국회의원 및 선출직들은 별로 움직이지 않았다. 오히려 이재명이 당의 후보가 되는 과정에서 적대적이었고 이는 이낙연과의 관계에서 크게 증폭되었다. '대장동'과 '후보 도덕성' 문제를 키운 것은 이낙연 캠프였다. 게다가 후보 확정 이후 선대위 구성과 선거운동 방식에서도 충분히 드러났다. '돼도 그만 안 돼도 그만이라는 주류의 인식은 확실했다. 특히 대선 이후를 내다보면서 일부러 움직이지 않는 정황도 여러 곳에서 드러났다. 즉 이재명이 낙선하면 '문재인의 유산'을 살려 나가는 것을 명분으로 삼겠다는 것이다. 한편 나중에 자칭 '몽골 기병식' 선대위로, 후보 중심으로 바뀐 후에도 당 차원의 운동은 미약했고, 공식 선거운동 기간이 돼서야 움직였다. 게다가 본선 선대위는 미국식 선거운동에 빠져 있었다. '소확행' 시리즈와 전국을 소지역으로 나누어 지역 공약을 한 것이다. 미국식 선거운동은 재앙이 되었다. 정치평론으로 먹고사는 이들은 이를 그럴듯하게 포장했다. 하지만 한국은 미국과 다르다. 지극히 당연한 이 사실을 그들은 인정하지 않았다. 이로 인해 오히려 국힘당이 대립과 갈등, 혐오를 부추기는 '트럼프식 캠페인'을 본격화했을 때 이를 저지할 수 없었다.

셋째, 이재명과 민주당은 한편으로는 진영 논리를 통해 세력을 강화하고, 다른 편으로는 제3 지대 및 스윙보터 층을 붙잡기 위한 선거전략으로 임했다. 그러나 이는 아래에서 보듯 각종 네거티브로 인해 상호 충돌하는 모습으로 드러났다. 선거 기간 동안 이재명은 점점 더 우클릭 했다. 이는 안철수와의 경쟁 때문이었다 아래에서 더 다룬다. 막판에는 김종인, 윤여준, 이상돈 등을 호출하며 실용을 넘어 통합정부를 주장하는 것으로까지 나아갔다. 그 효과는 어느 정도 있었지만 윤석열보다는 적었다.

넷째, 민주당은 2020년 총선 때 자행한 진보정당들에 대한 대폭격 이후, 20-40대의 진보정당 지지 유권자층이 이재명에 대한 '비판적 지지'를 할 거리를 만들어 주지 않았다. 이 층은 바닥에서 '오피니언 리더' 역할을 한다. 역대 선거에서 이들에 힘입어 민주당 적극 지지자들이 스윙보터 층을 설득해왔는데 그것이 실패했다. 이들이 거의 움직이지 않았다. 순망치한脣亡齒寒이었다. 이를 이재명이 선거 기간 중 회복하기란 불가능했다. 민주당은 윤석열이 돼서는 안 되는 이유만 열거하고 반복했지, 이재명이 돼야 하는 이유를 간결하게 제대로 제공하지 못했다. 이는 2012년 문재인-박근혜 대결 당시와 거의 같은 양상이었다.

이로 인해 상당수 사람이 투표에 불참했다. 이는 평균 투표율 77.1%와 비교해서, 20대 65.3% 19대보다 11% 낮음, 30대 69.3% 19대보다 4.9% 낮음가 매우 낮은 투표율을 보였고, 이재명 지지가 가장 강력했던 40대도 70.4% 19대보다 4.5% 낮음의 낮은 투표율로 나타났다. 반면 50대는 81.9% 3.3% 높아짐, 60대 이상은 84.4 5.3% 높아짐로 높아졌다. 세대별 유권자 분포를 보면, 19대에 비해 보수-수구 성향이 강한 60대 이상 비중은 늘고, 개혁-진보 성향 세대의 비중이 줄어들었다. 60대 이상 유권자 비율은 19대에서 전체 중 24.4%였는데 이때는 29.8%였다. 반면 20대는 15.9%에서 14.9%로, 30대는 17.6%에서 15.1%로, 40대는 20.6%에서 18.5%로 줄어들었다. 이런 변화된 상황에서 민주당은 단지 진영 논리로만 선거운동을 했다. 이른바 '세대 대결'은 이렇게 해서 이재명과 민주당이 졌다.

한편 민주당은 처음부터 진보정당 지지층에 대해 '결국 우리에게 올 것'이라고 판단하고 진보정당 후보들의 지지율을 3% 이내로 묶어 놓는 전략을 구사했다. 이로 인해 투표 며칠 전 이준석의 소위 '이대남 전략'에 위기를 느낀 20-30대 여성과 '윤석열 당선'에 위기를 느낀 호남의 진보층 유권자들이 심상정과 김재연이 아닌 이재명에게 '전략투표'를 하게 하였다.

성별 전략에 대해 보자. 18-29세 여성 투표자 중 이재명은 58%, 윤석열은 33.8%였다. 남성은 반대로 윤 58.7%, 이 36.3%였다. 30-39세에서 여성은 이 49.7 윤 43.8이었고, 남성은 이 42.6 윤 52.8이었다. 선거일 직전 여러 여론조사에서 이재명에 대한 20대 여성 지지율은 30%가 안 됐는데, 실제 투표에서는 2배의 표가 나왔다. 20대와 30대 중반까지의 여성은 이재명과 민주당이 좋아서 선택하지 않았다. 전략투표였다. 차선으로 이재명을 선택한 이들의 진짜 마음은 방송 3사의 출구조사 발표가 난 당일 저녁 7시 30분부터 다음날 새벽까지 심상정에게 입금된 12억 원이나 되는 후원금으로 입증된다.

지역 전략에 대해 보자. 상호 공포 마케팅을 하여 '영호남 대결'이 이뤄지면 호남 유권자의 숫자가 작으므로 민주당이 불리하다. 이는 정치권에서 모두가 아는 사실이다. 국힘당은 김종인 비대위 때부터 시작하여 꾸준히 호남을 공략했다. 이번 대선에서는 이준석이 "호남에서 30% 목표"를 주장하며 공략했다. 그는 일부러 황당한 목표를 내세웠다. 그러나 이 구호는 국힘당에게 세 가지 유리한 결과를 가져온다. 하나는 실제로 호남에서 12.9%로 역대 대선에서 국힘당 계열 중 가장 많은 득표를 했다. 둘은 국힘당의 전략에 따라 사전에 준비한 대로 민주당은 호남 민심을 자극하고 유권자들을 매우 강하게 결집시켰다. 심상정, 김재연을 지지하는 진보층 유권자들을 이재명으로 향하게 하여 소기의 목적을 달성했다. 그러나 동시에 사전투표에서 호남 투표율이 높게 나타난 것이 본 투표에서 영남 투표율과 서울 강남권 투표율을 높여 국힘당에게 유리하게 되는 것에 대해서는 단지 '투표 독려'뿐 실제 대책은 준비하지 않았다. 사전투표 이후 언론은 호남의 높은 사전 투표율이 서울과 수도권에 어떤 영향을 미칠지 주목된다고 떠들었다. 셋은 민주당은 수도권의 여러 지역 특히 서울의 '계급투표' 성향이 2020년부터 강하게 유지되고 있고, 2021년부터는 상당히 뒤지고 있음을 잘 알고 있었다. 이 때문에 민주당은 부동산 관련하여 국힘당과 같은 정책을 쏟아냈다. 그러나 이는 20-40대 투표율이 낮아지도록 작용했다.

종합적으로 보면 앞으로도 민주당의 이런 '강압적인 전략투표 방식'이 성공할 것이라고는 생각하기 어렵다. 왜냐면 가장 진보적인 유권자층이 '적극적으로 대안투표'를 하는 구도와 상황이 형성되거나, 아니면 아예 투표 불참의 태도가 강화되면, 민주당은 크게 후퇴하게 될 것이기 때문이다. 이는 바로 이어지는 6.1. 지방선거부터 나타날 가능성이 매우 크다. 특히 투표율 하락과 호남에서. 우리는 예전에 민주당 국회의원들이 '정치 자영업자들'이라고 조롱받던 시절이 '촛불혁명' 이전까지 꽤 오래 지속되었다는 사실을 상기할 필요가 있다. 이제 다시 이런 일이 재현되고 있다.

이준석 이해

언론에서는 이준석의 세대포위론과 호남 득표론에 대해, 국힘당 홈페이지에 올라오는 반이준석 글들을 인용하여 이준석이 틀렸다고 말하나, 이는 앞에서 본대로 사실과는 거리가 있다. 많은 이들이 지적하는 대로 이준석은 '싸가지 없이' 말하고 행동한다. 혐오를 주 무기로 하는 트럼프

선거전략을 사용했다. 그러나 그는 필마단기로 역사상 최초의 30대 당 대표로 선출됐다. 그는 2021년 6월 11일 당 대표가 됐다. 당시 나경원, 주호영을 이겼다. 당원에서는 2위였으나 국민여론조사에서는 58% 득표를 했다. 그는 '학력 엘리트'다. 서울과학고를 나왔고, 하버드에서 경제학과 컴퓨터학을 전공했다. IT 사용에 능하다. 청년 특히 남성들에게 기본적으로 힘을 얻는 배경이다. 2011년 말 박근혜 키즈로 출발했다. 언론 출연을 통해 성장했고 언론과 시청자의 생리를 잘 안다. 박근혜 탄핵 때 앞장서서 박근혜와 친박 그룹을 비판했고, 탈당하여 바른미래당으로 갔다. 그는 단지 수구나 보수 성향을 정체성으로 갖지 않는다. '합리성'이라는 명분을 가지고 움직인다. 그는 정치 투쟁에서 언론과 SNS를 결합하여 잘 활용한다. 민주당에서는 이재명이 가장 잘했던 분야다.

그가 본격적으로 능력 있는 정치인으로 평가된 것은 2021년 오세훈 선거 캠프 활동에서다. 단일화 국면에서 김종인과 함께 안철수를 누르고 오세훈을 후보로 만드는 데 결정적으로 기여했다. 이때 그가 꺼낸 것이 20–30대 청년이다. 20대 남성에서 72.5%의 득표를 끌어냈다. 선거 당일 출구조사 결과가 오세훈의 압승으로 나온 뒤, 여유롭게 컴퓨터 게임을 했고 그것을 자연스럽게 언론에 노출시켰다. 당 대표 선거에서 TK, PK에 의존하지 않는 당을 만들겠다고 출마하여 60대 이상을 제외한 전 연령층에서, 그리고 여성에서도 나경원을 앞섰다. 그는 20–30대 특히 남성층, 계파 중심이 아닌 새로운 정당, 즉 국힘당의 개혁을 원하는 층을 자신의 기반으로 만들었다 20-30대 전체에서 국힘당은 역사상 가장 높은 지지율을 얻었고, 투표율을 낮췄다. 그는 정치판에서 11년을 겪었다. 김종인의 신임을 얻고 있는, 정치 투쟁에

재능이 있으며 전략 전술과 선동에 능한 자다. 이준석은 이 대선에서 청년층 성 대결을 통해 본인의 정치적인 기반을 다시 다졌다. 물론 이는 앞으로 그의 확장성을 막는 족쇄가 될 수 있다. 하지만 현재 계급, 성, 세대, 지역이라는 지표로 볼 때, 이준석은 자기 기반을 가지고 있다. 우습게 보아서는 안 된다.

이른바 비호감 대선

이재명, 윤석열은 둘 다 국회의원을 한 번도 하지 않았다. 대선 후보 경쟁에서는 최초의 일이다. 그런데 두 사람은 대선 후보가 되었다. 먼저 민주당 경선에서 이재명이 최종 승리한 이유를 생각해보자. 정치 경험이 많은 전직 대표 세 사람이 떨어졌다. 이낙연은 5선 국회의원이고 총리를, 정세균은 6선에 국회의장, 총리를 했다. 추미애도 5선 국회의원이었다. 국민이나 당원들이 이재명을 대선 후보로 뽑은 것은 무엇일까? 정치에 대한 개혁 열망, 즉 '기존 정치판을 확 뒤집어엎으라'는 심리에 기반하고 있었다. 이른바 반反정치주의다. 그가 사적 이익과 패거리 싸움으로 인식되는 여의도 정치와 거리가 멀기 때문이라는 분석은 타당하다. 하지만 이는 윤석열에게도 적용되었다.

이재명은 '대중과의 직접 소통'을 통해 영향력 있는 정치인으로 성장했다. 2016년 이후 '사이다'라는 별칭은 그의 것이 되었다. 그런데 경선 이후 시장과 도지사 시절 업적을 덧붙여 '실용'을 이야기했다. 그는 '실용'이라는 단어를 두 가지 의미로 사용했다. 하나는 진영이 아닌 실용으로, 둘은 경쟁자와 비교되는 성과의 의미로. 그러나 이 '실용' 단어 사용의 성과가 얼

마나 있었는지는 의문이다. 본선 구호는 '위기에 강한! 유능한 경제대통령'
이었다. 그런데 코로나는 더 커졌고, 경제부총리 홍남기는 말을 듣지 않
았다. 문재인은 윤석열의 정치보복 언급에 대해 공격했을 뿐이다. 막판 한
달은 문재인 지지율에 기대어 왔다. 문재인과 차별화된 실용은 사라졌다.
동시에 이재명을 싫어하는 대중의 반응이 중요하다. 크게 세 가지다. 본인
과 가족의 도덕성 논란, 대장동 책임론, 말 바꾸기로 표현되는 정책 바꾸
기. 이 중 세 번째는 '실용'과 연결되어 있었다. 앞의 둘은 처음부터 끝까지
괴롭혔다. 이것들로 인해 이재명이 '정치판 판갈이'의 적합한 인물이 되기
에는 문제가 있었다.

　　윤석열이 대선 후보로 선출된 것은 놀라운 일이다. 이재명은 선출직
정치인이지만 윤석열은 아니다. 그의 정체성은 정치인이 아닌 검사다. 검
사는 수사, 기소, 재판하는 직업이고, 과거를 다루므로 미래를 다루는 정
치인과는 전혀 다르다. 최초의 일이 벌어졌다. 이 또한 반정치주의의 승리
다. 윤석열이 대통령에 당선되어 검찰이 권력의 공식적인 한 축이 된 것
은 확실하다. 그가 검찰을 상당 부분 장악하고 있기 때문이다. 생각해보
면 예전 여야의 정치 투쟁은 여야가 여론전을 핵심으로 했다. 그러나 최
근에는 '고소 고발'을 남발하며 정치를 검찰과 법원에 맡겨 왔다. 이 과정
에서 기소권을 가진 검찰의 힘은 매우 강해졌다. 이들은 오랫동안 재벌과
정치권력의 하수인 역할을 해왔는데, 그것이 아니게 되었음을 시사한다.
지배계급 내에 서열과 역학 관계의 변화가 확실히 나타났다고 보인다. 이
점은 앞으로 예의주시해야 할 사항이다. 즉 윤석열은 재벌-고위관료-정치
인-법조계-언론계-종교계-학계 등으로 이루어진 지배 카르텔에서, 검찰

을 필두로 한 법조계가 힘을 합쳐 '대통령'을 만들어낸 첫 번째 사례이다. 이들은 군부독재 시대 이후 또 국정원의 역할이 축소된 이후에 본격적으로 수사-기소-재판 과정을 통해 지배 카르텔 내에서 독자적인 힘을 구축해왔다. 과거 재벌의 뒷배를 봐주고 떡고물을 받던 처지에서 벗어나 독립적인 힘을 만든 것이다. 그리고 '엘리트주의'가 가장 강한 세력이다. 유사한 방식으로 모피아나 금융 마피아처럼 관료도, 조중동으로 대표되는 언론도, 대형교회나 조계종으로 대표되는 종교도 각자 독자적인 힘을 구축하여 카르텔 내에서 주도권 경쟁이 강하게 벌어지고 있음을 시사한다.[32]

하지만 많은 비판자들이 말하듯 군부독재 이후 검찰독재가 공식화되기는 어렵다. 이는 현재의 대의민주주의를 부정하는 일이므로 큰 저항에 부딪힐 것이기 때문이다. 또 검찰은 군부와 달리 '직접적인 물리력'을 가지고 있지 않고 숫자도 매우 적다. 그리고 경찰과의 대립도 있기 때문이다. 물론 윤석열은 권력 기반 강화를 꾀할 것이다. 한편 군 통수권자가 되므로, 지배 카르텔이 군에 대한 장악과 군내의 친미친일 성향을 강화하여 국내정치나 외교에 이용하여 한반도 정세에 변화를 가져올 형식과 내용에 대해서는 예의주시할 필요가 있다.[33]

민심에서 앞선 홍준표를 당내 경선에서 윤석열이 앞섰다. 민주당에서는 홍준표가 상대자가 되는 것을 더 우려했었다. 왜 당원투표에서 윤석열이 앞섰을까? 단순 명확하다. 홍준표는 당내에서 소수세력밖에 없었다. 유승민, 원희룡 또한 소수세력이었다. 반면 당권을 쥐고 싶고 대선 승리 후 입각이나 공천권을 통해 세력을 구축하고자 하는 이들이 새로운 연합

세력을 구성했다. 당내에서도 법조계가 핵심이었다. 대선 당시 알려진 인물들은 정진석, 권성동, 장제원, 권영세, 박민식 등이었다.

이재명이나 윤석열은 둘 다 인격, 도덕성 논란이 많았다. 윤석열은 '본부장'이라는 용어를 얻었고 주술 논란까지 있었다. 그런데도 경선에서 이겼고 본선에서도 이겼다. 어떻게 이런 일이 가능했을까? 다음의 인용문을 보자.

"바야흐로 '빌런'villain의 시대다. 빌런은 악당이지만 이야기나 연극의 중심인물이다. 빌런은 거악을 물리치기 위해 소환된 존재다. 정치도 마찬가지다. 대한민국을 구하기 위해서는 문재인 정부의 재집권을 저지하고 그들을 감옥으로 보내야 한다고 생각하는 사람들이 윤석열을 소환했다. 윤석열의 수많은 결함은 문재인 정부 사람들을 제대로 혼내주기 위한 장점으로 둔갑했다. 조직폭력배의 문신처럼 말이다. 반대로 '적폐세력'인 국민의 힘으로 정권이 넘어가는 것을 어떻게든 막아야 한다고 생각하는 사람들은 이재명을 밀어 올렸다. 중략 빌런의 시대를 떠받치는 구조적 기반이 있다. 21세기 정보화 시대의 특징은 사람들의 확증 편향이 강해진다는 것이다. 사실과 믿음이 충돌하면 사실을 버린다. 믿음에 부합하는 다른 사실이 얼마든지 존재하기 때문이다. 당선을 위해서라면 영혼도 팔아먹는 정치인들이 이런 생태계의 변화를 놓칠 리 없다. 유권자들의 분노를 자극하고 조직화해서 투표장으로 끌어내기 시작했다. 중략 그 결과가 미국의 도널드 트럼프 당선이다." 한겨레신문. 2021.11.6. 성한용 기자 칼럼

2019년부터 반정치주의는 심화되었다. 이를 거대 양당이 활용하였다.

상대방을 깎아내리는 '네거티브 캠페인'이 역대 어느 선거보다 심하게 벌어졌다. '편 가르기'는 극에 달했다. 게다가 이 틈새에서 확증 편향 강화 현상을 이용하여 '돈 벌자 주의'가 결합하여 유튜브 시대가 확실하게 열렸다. 그런데 이를 '비호감 대선'이라 이름 붙이고 이 용어가 회자된 순간부터 이재명에게는 불리했다. 이재명이 말하는 미래는 대중을 설득하는 데 매우 힘들었다.

서울-부동산-계급투표

서울에서 윤석열은 50.56%, 이재명은 45.73%를 얻었다. 윤석열은 강남 67.0, 서초 65.1, 송파 56.8 등 이른바 강남 3구에서 이재명을 압도했다. 강남 3구에서만 윤석열은 294,494표를 앞섰다. 용산 56.4, 성동 53.2, 강동 51.7, 영등포 51.6%, 동작 50.5 등에서도 과반을 차지했다. 마포 49.0, 광진 48.8%에서도 우세했다. 이른바 부동산 업계 용어인 '마용성'마포,용산,성동과 '한강 벨트'로 분류되는 영등포, 동작, 광진, 강동에서 우세했다. 이재명은 강북 52.3, 금천 51.6, 중랑 50.5%, 관악 50.3, 도봉 49.8, 성북 49.3, 강서 49.2, 구로 49.2, 노원 48.9에서 앞섰다. 직전 19대 대선에서 문재인은 서울 25개 구 전체에서 1위를 했다. 이는 비교하기 어렵다. 하지만 문재인과 박근혜가 붙었던 18대 대선에서 문재인은 강남 3구와 강동, 용산에서만 졌다. 또 서울 25개 구 중 24개 구청장, 49개 국회의원 지역구 가운데 41개를 민주당이 차지하고 있는 점을 감안하면, 조직 기반으로 '부동산 민심'으로 표현되는 '계급투표 성향'을 제어하지 못했다는 뜻이다. 앞서 본 것처럼 이 흐름은 계속되고 있다. 2021년 4.7. 서울시장 보궐선거에서 민주당이 25개 구 모두 패배했던 것과 비교해 1년 만에 부동산 문제가 많이 누그러졌다는 일각의 분석은 옳지 않다. 이 흐름은 예전부터 진행돼 왔기 때문이다. 이를 잘 밝힌 손낙구의 '부동산 계급사회'가 출판된 것이 이미 2008년이다. 문제는 이 흐름이 '공개적이고 공식적인 것'으로 나타났고 유지–강화되고 있는 것이다. 선거 직후 언론에서는 이와 관련된 기사들이 쏟아지고 있다. 심지어는 광주광역시에서 '광주의 강남'이라 불리며 아파트값이 비싼 봉선2동 제5 투표소에서 윤석열 지지가 39.1%나 나왔다. 광주 평균 득표율의 3배가 넘는다. 이런 현상은 전국적으로 나타난다.

진보정당들과 사회단체들은 부동산 문제에 대해 이미 '공공 정책'을 주장한 지 오래되었다. 대선 TV토론에서도 심상정은 무주택자의 설움을 대변했다. 이제 민주당은 매우 심각한 과제를 안게 되었다. 한국 사회에서 자산, 소득, 시간 불평등 중 자산 불평등이 첫째이다. 자산을 늘리는 가장 일반적인 방법이 부동산이다. 부동산을 통해 자산 증식을 하려는 사람들이 '투기꾼'으로 지탄받던 시절에 그들은 공개적이고 공식적으로 정치적 견해를 드러내지 못했다. 그러나 이제는 아니다. 이렇게 된 데는 민주당과 문재인 정부가 결정적인 역할을 했다. 청와대 김의겸 대변인부터 노영민 비서실장에 이르기까지 많은 고위직들이 유권자에게 실망을 준 것을 기억해야 한다. 민주당은 스스로 발목이 잡혔다. '중산층과 서민의 당'을 구호로 내걸고 오랫동안 활동했지만, 그 정체성 자체를 위협받게 되었다. 구조적인 불평등과 양극화가 심화되며 중산층은 계속 줄어들고 있다. 그리고 서민층 삶의 개선을 위한 정책은 거의 없었다. 현재와 같이 전 국민의 자산 증식 욕망을 부채질하는 입장을 앞으로도 취할 것인가? 지켜볼 일이지만 민주당 국회의원들과 선출직들은 대부분 자산이 많다. 서민층과 젊은 세대에서 거대 양당이 차별성이 없다는 목소리가 커지고 있음을 인식해야 한다. 향후 민주당은 큰 변화를 보이지 않으면 입지가 급격히 약화될 것이다.

심상정을 욕하면 안 된다

개혁-진보 성향의 사람들이 섞여 있는 SNS에는 평소 문재인 정부나 민주당의 정책과 행태에 대해 비판하고 공감하는 것이 주를 이루었다. 각종 문제로 고통받는 이들에 대해 함께 아파하며 서명을 받는 등 연대의 뜻을 표한다. 그런데 선거 기간 중 특히 막판에는 심상정, 김재연, 이백윤에 대한 지지 철회 및 이재명을 지지해야 한다는 메시지가 넘쳤다. 매우 이례적인 일이었다. 2021년 서울시장 보궐선거에서도 조금 있기는 했지만 '박영선'이 갖는 한계로 인해 크게 문제가 되지 않았다. 이때도 많은 진보층 유권자가 '민주당에 대한 비판적 지지'를 했다. 그런데 '비판적 지지'에 대한 입장과 논리는 세 가지가 있다. 하나는 민주당이 처음부터 기획하고 진행하는 것이다. 이는 1부에서 언급했다. 둘은 위에서 본 20-30대 여성들의 입장과 행동이다. 셋은 진보세력 내에서 영향력 있는 50대-70대 사람들의 논리이다. 주로 이러했다. "기호 1번과 2번의 차이는 크다. 한국 사회가 거꾸로 가는 걸 용납할 수 없다." 그러나 이런 입장이 과연 대중에게 영향을 미쳤을지 의문이다. 끼리끼리 모여 있는 카톡방에서만 일부 영향력이 있었을 것이다.

과거를 보자. 2002년 대선이다. 노무현 48.91, 이회창 46.58, 권영길 3.89%였다. 이때 권영길은 노무현보다 이회창에게 불리하게 작용했다.

이재명은 당시 노무현보다 더 불리했다. 당시 권영길은 간접적으로 선거 판세를 작게 움직였지만, 올해 안철수는 이재명을 직접 방해했다. 첫째, 안철수가 정권교체 여론을 잡아두는 저수지 역할을 하며 이재명의 확장을 막았다. 2002년이나 2012년 대선에서, 정권교체 여론은 시간이 지날수록 다른 의제로 옮겨가며 약화되어 결국 여당 후보가 승리했다. 이재명도 이 경로를 원했다. 하지만 본격 선거운동 기간에도 이 현상이 일어나지 않았다. 정권교체를 바라면서도 윤석열을 불신하는 유권자들이 이재명을 선택하는 흐름이 미약했다. 둘째, 이재명의 '진보정당 역이용'이 힘든 점도 2002년 노무현과의 차이다. 그동안 짓밟혔던 민주당의 책임이지 이재명의 책임은 아니다. 심상정은 이재명의 보수화를 맹렬히 공격하는 것이 당연했다. 이재명은 이를 활용할 일이었다. 그러나 중도 확장을 위한 과정에서, 중도 이미지를 가진 안철수와 경쟁할 수밖에 없었다. 이재명이 안철수와의 연대에 공을 들이는 장면을 여러 번 보인 이유가 여기에 있다. 막판에는 '안철수와 연대'를 위해 적극적으로 움직였다. 그러나 문제는 안철수가 윤석열과 손을 잡을 것이라는 점을 "혹시나"의 수준에서만 보고 대응했던 것이다. 생각해보라. 3석짜리 안철수가 당장 6월 지방선거를 어떻게 치를 것인가? 안철수는 살기 위해 누구와도 손을 잡을 수밖에 없었다. 그런데 '친문'은 이를 처음부터 강력히 반대하다가 나중에 송영길이 나선 다음에야 겨우 움직였다. '연합정부'는 이재명이 출마 선언 때부터 정부 여당과 차별화하며 미리 꺼냈어야 했고, 안철수를 미리 잡았어야 했다. 이재명은 처음부터 친문을 공격할 수 있었고, 탄핵당한 세력인 국힘당의 정체를 공격할 수 있었다. 그러면서 안철수를 잡았다면 대통령은 이재명이 수월하게 되었을 것이다. 김대중-김종필, 노무현-정몽준 연합을 통해서만 민주당은 집권했다. 문재인이 당선된 것은 민주당 때문이 아니다. 광장의 힘이었다. 게다가 이 선거처럼 탄핵 이후 막강 권력을 쥐고서도 '개혁'을 하지 않은 정부 여당을 비판하지 않고, 오히려 이재명은 친문을 등에 업으면서 출발했다. 이 점이 노무현과 그의 경선 캠프와 달랐다. 이런 큰 전략상 오류는 이재명과 경선 캠프에 그 책임이 있다.

생각해 볼 두 가지 사항

SNS의 특징

강하게 결속된 자기들만의 리그이다. 상호 확증 편향 현상을 매우 강하게 보였다. 앞으로도 상당한 기간 이럴 것이다. 그러나 정규분포 그래프를 항상 염두에 두어야 한다. 그래프의 왼쪽 하단에서 성장하여 점차 변곡점을 지나 중원을 차지하고, 오른쪽의 상당량까지를 차지하는 일은 지난한 일이다. 정치적인 힘을 얻는 과정은 매우 지루하고 힘든 과정이다. 옳은 견해, 현실을 고발하는 주장, 좋은 미래를 만들자는 대안이, 힘을 얻어나가는 과정을 우리는 6월항쟁과 촛불혁명으로 겪어봤다. 우리끼리만 소통하지 않고 대중에게 끝없이 다가갈 때 비로소 동의가 조금씩 형성되는 것을 우리는 이미 경험을 통해 알고 있다. 그럼에도 조급하거나 분노해서 힘을 강화하지 못하고, 심지어는 우리끼리 다투기도 한다. 이 또한 우리가 익히 알고 있는 사실이다. 이를 모두가 성찰할 필요가 크다는 것을 2022년 대선은 보여주었다.

여론조사 문제, 구글 트렌드 분석 문제

첫째, 현재 여론조사는 연령, 성별, 지역, 지지 정당, 진보-중도-보수, 정권교체-정권 유지, 대통령 지지도 등 외에 다양한 변수를 적용하지 않는다. 둘째, 여론조사 기관들은 예측 발표는 하지 않는다. '직업'을 잃어버릴 것을 두려워하기 때문이다. 이에 따라 양당과 언론사의 입맛을 고려한 설문을 설계하는 경우가 많다. 셋째, 여론조사에 응답한 사람이 실제 투표를 할 것인지에 대한 예측이 필요한데, 한국에선 아직 연구나 기법 개발이 이뤄지지 않고 있다. 미국 갤럽의 경우 '투표하시겠습니까'라는 질문 외에도 투표 참여와 관련해서만 7-8개 문항을 더 묻는다. '투표소 위치가 어디냐', '지난 선거에 참여했냐', '참여했다면 몇 시에 참여했나' 등의 질문이다. 이것을 투표 가능성likely vote 모델이라고 해서 판별 방법으로 쓰는데 한국은 아직 준비가 안 돼 있다. 넷째, 하지만 큰 흐름을 이해하는 데는 현재의 여론조사가 유용하다. 즉 확증 편향을 가지지 않고 여론조사를 보는 것은 의미가 있다. 또 모두가 확인했지만 출구조사는 정확하다. 그래서 선거와 다음 선거 사이의 변화를 이해하는 기본적인 틀로써 유용하다. 한편 구글 트렌드 분석은 아직은 정확성에서 여론조사에 미치지 못한다. 구글 이용자가20% 네이버 이용자에70% 비해 많이 적고, 한국인과 미국인의 사용법, 검색어와 상황, 의도, 지향의 연관성 등에 대해 아직은 데이터 종합 분석 역량이 약하기 때문이다.

그래서 이렇게 보는 것을 추천한다. 먼저, 앞서 강조한 대형 의제 형성과 정당들의 선거전략을 분석한다. 그것이 대중의 인식과 경험에 적합한지를 따져 본다. 이에는 발표되는 각종 지표를 사용한다. 그리고 여론조사

기관들의 발표 자료를 꾸준히 보고, 다루는 항목들을 추적해 나간다. 시기마다 그 변화의 이유와 분석의 적절성을 본인이 추적해 나가는 것과 비교하여 상관관계를 따져나간다. 한편 정당, 단체, 여론조사 관계자들의 해석, 의도, 예상 등을 참고하여 반영한다. 그러면 비교적 정확한 결과를 얻을 수 있다.

3.10. 갤럽 여론조사

3.11. 발표된 한국갤럽의 3월 10일 20대 대선 투표자 1,002명 대상, 윤석열과 이재명에게 투표한 이유와 투표하지 않은 이유를 보면 다음과 같다. 윤석열에게 투표한 423명 중 39%는 '정권교체'를 꼽았다. 이어 '상대 후보가 싫어서/그보다 나아서' 17%, '신뢰감' 15%, '공정/정의' 13% 순이었다. 투표하지 않은 이유는 응답자 457명 중 18%가 '경험 부족', '무능/무지' 13%, '검찰 권력/검찰 공화국' 6%, '가족 비리' '비호감' 이상 5% 등 이었다. 많은 SNS를 달구었던 '검찰공화국론'은 매우 적었음을 알 수 있다. 반면 이재명에게 투표한 이유는 417명 중 26%가 '상대 후보가 싫어서', '경험/경력' 20%, '능력' 18%, '잘할 것으로 기대', '정책/공약' 이상 13%, '민주당 지지/정치 성향 일치' 11%, '경제 기대' 8%, '추진력' 7%, '신뢰감' 6%, '호감 간다' 5% 순으로 나타났다. 투표하지 않은 이유는 응답자 463명 중 19%가 '신뢰성 부족/거짓말', '도덕성 부족' 11%, '대장동 사건', '부정부패', '정권교체', '전과/범죄자', '가족관계/개인사' 이상 6%, '민주당이 싫어서' 5% 등이었다. 이재명의 경력, 능력, 기대, 정책 등은 2순위 이하로 밀렸음을 알 수 있다. 결국 정권교체론과 응징 투표 전략이 선거판을 이끌었다. 이렇게 선거는 끝났다.

2022년 지방선거
진보-개혁세력의 치열한 성찰 필요

2월 1일부터 시장, 도지사, 교육감, 2월 18일부터 시의원, 도의원, 구의원, 3월 20일부터 군의원 입후보자들의 예비후보등록이 시작되었다. 대선 기간 중 이미 지방선거가 시작된 셈이다. 대선에 가려져 있었을 뿐이다. 각 당의 출마자들은 4월에 정해졌다. 윤석열은 5월 10일 취임식을 했고, 우리는 그날 단상에 있는 박근혜를 보았다. 지방선거에 출마하는 후보들의 등록 날짜는 취임식 이틀 뒤인 5월 12일과 13일이었고, 5월 19일부터 공식 선거운동이 시작되었다.

선거 결과

광역단체장은 국힘당과 민주당이 12 대 5, 기초단체장은 226곳 중 국힘당 145, 민주당 63, 무소속 및 군소정당 후보가 18곳에서 당선됐다. 광역의원은 국힘당 482, 민주당 271명이고, 비례 득표율은 국힘당 52%, 민주당 41%였다. 기초의원은 민주당 1384, 국힘당 1435명이었다. 대부분의 예상대로 국힘당의 승리, 민주당의 패배, 진보정당의 몰락이었다. 대선 과정에서 계속된 정권교체론이 국정안정론으로 용어만 바뀌었을 뿐이고, 유권자의 민주당에 대한 심판 기조는 명확했고, 진보정당들은 유권자의 관심을 받지 못했다. 앞서 2021년 4월 재보선, 2022년 대선 흐름이 정확하게 재현되었다.

이번 선거는 크게 두 가지 특징이 있다. 첫째, 민주당의 완벽에 가까운 연속적인 헛발질과 자멸이었다. 민주당은 대선 이후 지방선거 패배가 예고되는데도 변화를 보이지 않았다. 많은 이들이 우려한 대로 대선 0.73% 차이, 이른바 '졌잘싸'에 빠져 있었다. 반성과 변화의 의지조차 없었다. 박지현을 비대위원장으로 세워 청년 여성표를 지키려는 의도를 드러낸 것 외에는 특기할 만한 것이 없었다. 게다가 민주당 주류는 박지현의 역할을 제한하려고 했다 일종의 세대 프레임인데 이는 현재 국힘당이 앞서고 있는데도 말이다. 박지현은 개혁을 주장했으나 기반이 미약하고 시간이 모자랐고 실력도 약했다. 또 민주당이 윤석열 정부의 흠을 잡으려는 전략과 국회에서의 '검수완박'은 무리수였다. 인사청문회는 코미디였다. 게다가 본격 선거가 시작되며 박완주 의원의 성 비위 사건이 터졌다. 또 대선 패배에 대해 가장 큰 책임이 있는 당대표와 대선 후보인 송영길, 이재명 공천은 감동도 실익도 전혀 없었다. 투표율 하락을 막을 전략과 전술도 준비하지 않았고 선거 캠페인 또한 형편없었다. 수도권 특히 서울에서는 국힘당과 차별적인 요소가 없는 개발 공약과 부동산 세금 완화 공약뿐이었다. '부동산 계급투표'는 그대로 재현되었다. 선거 막판 박지현-윤호중의 갈등도 터졌다. 민주당은 일종의 '종합선물세트'를 국힘당에 주었다. 둘째, 투표율 하락이다. 광주광역시 투표율이 37.7%로 극히 낮았다. 민주당에 실망한 탓이었다. 2007년 이명박 당선 이후 2008년 총선에서 광주의 투표율은 42.4%로 전국 최저를 기록한 바 있다. 궤를 같이하는 흐름이다. 앞선 필자가 반복해서 지적한 대로, 진보층,

민주당 적극 지지층은 대거 투표 불참을 선택했다. 너무나 결과가 뻔하고, 의욕이 나지 않는 구도와 분위기였기 때문이다. 사회경제적 하층은 대거 투표 불참을 했고, 지역 기반의 연계적인 힘 호남과 호남 출신 수도권 유권자의 동조 현상 은 매우 약화되어 있음이 투표율로 드러났다. 청년 여성의 결집은 약화되었고, 40대-50대 초반 세대에도 투표 참여 동기가 미약했다. 모든 면에서 민주당의 자멸과 연결된 흐름을 보였다. 한편 호남에서 기초단체장의 무소속 대거 당선은 공천과도 직결되어 있다. 즉 현역 국회의원의 입김이 작용했다는 뜻이다. 이는 수도권에서도 유사하게 많이 발견되는데, '개혁 공천'이나 '공천과정에서의 공정 경쟁'과는 거리가 멀었다는 뜻이다.

한편 진보정당의 정당득표율은 정의당 4.1, 진보당 0.92, 녹색당 0.23%였다. 원내 정당인 정의당에서는 191명이 출마하여, 광역의원 2명 호남과 기초의원 7명 강원 1, 인천 1, 호남 5이 당선됐다. 4년 전 35명의 지방의원을 당선시킨 것과 비교해 매우 저조한 성적이다. 정의당은 광역단체 7곳에 후보를 냈지만 매우 미약했다. 서울에서는 4%의 정당 지지율을 얻어 광역의회 진출에 실패했다 5%를 넘겨야 한다. 2018년에는 9.7%여서 1석을 얻었다 7곳의 국회의원 재·보궐 선거구에는 후보를 내지 못했고, 기초단체장 선거구에는 9곳에 후보자를 냈지만 모두 미약했다. 호남에서 정의당은 민주당에 이어 제2당이었지만 이 선거에서는 국힘당에 자리를 빼앗겼다. 광주에서 국힘당은 14.11%를 얻어 9.46%를 득표한 정의당을 앞섰고, 전남과 전북에서도 정의당은 두 자릿수 득표를 기록한 국힘당에 뒤졌다. 선거전략을 볼 때, 대선에서 위축된 상황에서 정의당이 광역단체장 후보를 7명이나 내야 했는지는 의문이다. 특히 민주당과의 선거연합을 적극적으로 풀지 못한 것은 아쉬운 대목이다. 한편 원외 정당인 진보당은 178명이 출마하여, 기초단체장 1명울산 동구, 광역의원 3명호남, 기초의원 17명서울 1, 경기 1, 충북 1, 울산 2, 나머지는 호남이 당선되었다. 상대적으로 나은 성과를 얻었다. 하지만 두 당 모두 앞선 여러 번 선거에서 본 것처럼, 광역단체장, 기초단체장, 총선 지역구에서 경쟁력 있는 후보 숫자가 매우 모자란다는 점에서, 2024년 총선 전망은 매우 어둡다. 한편 각 7명과 17명이 출마한 노동당과 녹색당은 당선자를 한 명도 내지 못했고 정치적으로 유의미하지 않음을 재확인시켰다. 한편 231명의 정의당, 진보당, 노동당, 녹색당의 진보단일후보가 출마했으나 진보정당 당선자는 정의당 2명, 진보당 6명 등 8명에 그쳤다. 아직 진보정당의 후보들은 기초의회 3인 선거구 이상에서 후보 단일화를 하지 않으면 당선 가능성이 매우 낮은 현실임을 보여주었다. 진보정당들은 연합을 넘어서 통합을 해야 할 과제 앞에 다시 놓였다. 이를 더이상 부정하기 힘들게 되었다.

정국전망

정치 투쟁은 하루도 쉬지 않는다. 기득권을 유지하려는 세력, 기득권 내의 배분 비율을 바꾸려는 세력, 기존 질서를 크게 바꾸려는 세력들이 서로 투쟁하며, 그들 내부 각각의 소그룹과 개인들의 이해관계, 입지, 지향이 매일 바뀌기 때문이다. 그야말로 변증법이고 생물이다.

간단하게 향후 정국을 예상해 보자. 윤석열 정부는 평등, 평화, 생태의 시대정신과는 거의 모든 면에서 역행할 가능성이 크다. 또 윤석열의 '본부장' 문제는 계속 발목을 잡을 것이다. 언론에 보도된 대로 한동훈으로 대표되는 검찰권으로 정국을 주도해나갈 공산이 크다. 윤석열의 국정 업무 전반에 대한 이해 수준과 대응능력 수준은 하반기부터 본격적으로 나타날 것이다. 그 수준이 어떨지가 주목된다. 그에 따라 정부 내 또 당정 간 갈등의 폭과 깊이가 달라지기 때문이다. 한편 한국 정치가 매년 한 번은 큰 변동이 있었음을 고려하면, 늦어도 2023년에는 여야 갈등이 크게 격화되는 국면이 올 것으로 예상한다 더 당겨질 가능성도 충분하다. 워낙 역행 속도가 빠르고, 카르텔 내에서의 대립도 있을 것이기 때문에. 국힘당은 친윤 핵심 그룹, 이준석, 안철수가 언제 어떤 방식으로 본격적인 투쟁이 시작될지가 관건이다. 친윤 그룹과 안철수에게 이준석은 껄끄러운 존재이기 때문이다. 이준석은 85년생으로 현행법으로 2027년에는 대선 출마가 가능하다. 이준석의 공언대로 1년간 당 대표를 더 하게 될지 봐야 한다. 안철수는 당내세력 확보를 위해 가능한 빠르게 나서려 할 것이다. 오세훈은 지방선거를 통해 서울에서 세력을 크게 늘렸지만, 차기 대선 주자로서 자파 국회의원을 대폭 늘려야 하는 과제가 생겼다. 홍준표는 영남에서 당내세력을 키우는 일에 집중할 것이다. 한편 윤석열 정부와 국힘당의 공조가 총선 때까지 안정감 있게 갈 것인지도 중요하다. 총선 출마 희망자들이 넘치고, 이들의 줄서기와 그룹들의 세력화는 이미 시작되었기 때문이다.

민주당은 선거 직후 즉각 이재명계, 친문 그룹, 이낙연계 등의 투쟁이 시작되었다. 8월 말로 예정된 당 대표 선거에서 당권을 갖는 쪽은 2024년 총선의 공천권을 갖기 때문에 치열할 수밖에 없다. 누가 나서고 누가 당 대표가 되든지, 앞으로 민주당은 시끄럽고 험난한 과정을 밟을 가능성이 매우 크다. 윤석열 정부와 국힘당과 맞서며 변화와 혁신을 해야 하기 때문이다. 이 과정에서 내부 투쟁 수위가 높아지고, 사정 정국과 맞물리면 당의 분열 사태도 가능성이 있다. 한편 차기 대선 주자는 이재명, 이낙연 외에 직전 출마자들도 여럿 있지만, 김동연도 반열에 올랐다. 내부가 더 복잡해지는 요인이다.

한편 윤석열 정부에서 진보정당들과 진보적 사회단체들의 투쟁은 계속 이어질 것이다. 중요한 것은 정치 투쟁의 근간이 사회경제적 계급 계층들의 처지 변화와 그에 따른 사회의식의 변화에 있다는 점이다. 따라서 이 흐름을 꾸준히 보고 이해하면 우리는 '정국 변화'를 알 수 있다. 따라서 우리는 '현안'에 관심을 가지고, '의제 형성'에 집중해야 한다. 그것이 대중투쟁을 강화하고 기존 질서를 바꾸는 데 기여하기 때문이다. 이는 다음 총선까지의 기간에 '새로운 변화'를 가져오는 기초가 된다.

결론

1 위기 뒤의 위기

1987년 이후 한국 사회에 큰 변화를 가져온 세 차례의 사건, 즉 1997년 IMF 사태, 2008년 국제 금융위기, 2019년 코로나 위기가 있었다. 그리고 위기는 진행 중이다

1991년 구소련 및 동유럽 국가들, 중국, 베트남 등의 국가들이 자본주의에 본격 편입되면서, 자본주의는 큰 시장과 새로운 저임금 노동력을 얻었다. 그리고 지구 전역에서 값싼 원자재와 에너지를 얻었다. 그 과정에서 글로벌 자본주의를 주도하는 기업, 산업, 국가 등 세력은 변화해왔다. 그러나 지난 30년간 글로벌 자본주의 체제는 위기가 반복되었고 그때마다 불평등과 양극화는 더욱 심화되었으며, 지구 생태계 그 자체를 파괴해왔다. 그럼에도 핵심 운영방식은 변화가 없었고, 더욱 '약탈적인' 성격이 강화되어왔다. 현재 글로벌 자본주의는 대불황을 겪고 있다. 기후위기는 식량난과 대규모 이민을 촉발하고 있다. 생태계 파괴는 지구 차원의 대규모 감염병을 낳았고, 앞으로 더욱 창궐할 것이고, 인류에게 22세기는 오지 않을 것이라고 많은 과학자가 말하고 있다. 또 미국 주도의 중국, 러시아를 '공공의 적'으로 삼는 정치 외교적 행동은 글로벌 전쟁 가능성을 키우고 있다.

한국에서는 1997년 이후 사회경제구조가 바뀌었고, 2008년 이후 모순이 심화되었으며, 현재는 모순이 극에 달하고 있다. 한국에서는 최근 십여 년간 자산과 소득 상위 10%는 부가 계속 증가했고, 10-20%는 유지하고 있고, 20-50%는 감소하고 있고, 50-100%는 대폭 감소했다. 이제 하층이 50%를 이루며, 중산층이 30-40%를 이루지만 이 중 3/4은 소득이 계속 줄고 있다. 지난 25년간 국가와 재벌은 부를 축적했지만 가계는 부채만 쌓였다. 자산, 소득, 주거, 시간 불평등은 급속한 저출산 고령화 사회를 구조화하며 사회를 망가뜨리고 있다.

1990년대 전반까지 한국은 유럽과 비슷한 분배상태를 유지했으나, 지금은 가장 불평등한 국가가 되었다. '2022년 세계불평등보고서'에 따르면, 한국에서 상위 10%가 차지하는 비중은 2021년에 소득은 46%이고, 자산은 58.5%였다. 하위 50%는 5.6%를 가지고 있을 뿐이다. 또 한국은 탄소 배출에서도 매우 불평등한 것으로 나타났다. 2019년 기준 한국의 1인당 연간 온실가스 배출량은 평균 14.7t CO2 환산이었는데, 상위 10%가 54.5t을 배출할 때 하위 50%는 6.6t을 배출했다. 상위 10%가 약 9배 많은 온실가스를 배출했다. '경제 정의'만이 아닌 '기후 정의'라는 용어가 중요해질 수밖에 없게 되었다.

2 제6공화국은 수명을 다했다

한국에서는 1987년 6월 항쟁으로 오랜 군부독재정권의 시대가 끝나고 제6공화국이 수립되었다. 이후 각 계급계층의 정치 투쟁은 국회에서 제도화되기 시작했다. 노태우 정부 시기 국제정세는 급변했고 냉전이 종식되었다. 그리고 한국 자본주의는 구旧 사회주의 국가들을 소련, 동유럽, 중국, 베트남 등 새로운 시장으로 삼아 성장했다. 노태우 정부는 과도기적 성격을 갖는 정부였다. 절차적 민주주의는 확대되기 시작했지만, 많은 분야에서 오래된 관행이 지배했다.

김영삼 정부 때부터 본격적으로 '제도권 정치'가 시작되었다. 혁명의 시대는 막을 내리고 개혁의 시대가 열렸다. 이때부터 절차적 민주주의는 발전했고 사회 문화는 빠른 속도로 과거와는 그 모습이 크게 달라졌다. 하지만 '80년대의 과제' 중 상당 부분은 해결되지 않았다.

그러다가 1997년 IMF 사태를 맞았다. 이른바 IMF 체제는 우리 사회를 크게 바꾸었다. 김대중–노무현 정부에서도 '개혁'을 계속 외쳤다. 절차적 민주주의는 크게 나아졌지만, 사회경제적 민주주의는 나아지지 않았다. '누구를 위한 어떤 개혁'인지가 본격적인 문제로 떠올랐다. 재벌–관료–법조–언론은 본격적으로 지배력을 강화했다. 두 정부 시기 불평등과 양극화가 본격화되었다. 하층은 본격적으로 경제적인 곤란을 겪고 중산층은 몰락하기 시작했고 상층은 더 큰 지배력을 획득했다. 이제 제6공화국은 지배 카르텔이 주도하는 국가임이 명확해졌고, 이에 속하지 않는 타계급계층은 '부'와 '제諸 권리'를 둘러싸고 본격적으로 대립하게 되었다. 6공화국 초까지의 '독재 대 민주화'라는 프레임은 더 이상 유효하지 않게 되었다. 군부와 정보기관들이 떠난 자리를 재벌, 법조, 언론이 차지하며, '부를 통한 지배세력과 사회경제적 평등을 원하는 세력' 간의 대결로 사회구조가 바뀌었다. 제5공화국과는 다른 '제6공화국의 정체성'이 완성되었다. 그러나 이는 다수의 숫자를 차지하는 하층과 중산층이 원하는 공화국이 아니었다. 다수를 위한 개혁은 존재하지 않았다. 이를 깨달은 '진보층' 다수와 '합리성층' 일부는 이제 제6공화국을 자신들의 것이 아니라고 인식했다. 이렇게 공화국은 완성과 동시에 '균열'되었다.

뒤이은 이명박-박근혜 정부는 게다가 권력을 공공연하게 사익을 위한 도구로 사용하였다. 이에 대해 진보층과 합리성층은 직접적인 대중행동과 투표를 통해 이를 견제하며 바로 잡으려 했다. 이는 촛불혁명에서 정점을 이루었다. 이후 출범한 문재인 정부는 기대했던 개혁을 하지 않았다. 이명박-박근혜-문재인 정부 시기, 하층과 중산층을 위한 사회경제적 민주주의는 없었다. 따라서 진보층과 합리성층의 사회의식이 보다 급진화하고 있는 것은 당연한 일이다. 제6공화국은 이제 거의 완벽하게 균열되었다. 이제 이 균열을 봉합할 수 없도록 완전하게 깨뜨리려는 세력이 집권했다. 윤석열 정부이다. 이들은 이명박-박근혜를 넘어서는 절차적 민주주의의 퇴보도 이루어내려 한다. 이제 제6공화국은 수명을 다했다.

제7공화국 수립의 때가 왔다.
평등, 평화, 생태가 시대정신이다

자연을 그대로 두는 것이 중요하다. 그것이 자연의 행복이다. 동시에 인간의 행복이 중요하다. 인간은 자연이라는 생태계의 일부일 뿐이다. 그간 인간이 다른 인간을 제도적으로 약탈하며 지배하고, 같은 방식으로 '자연을 정복'해온 인식과 행동방식을 버려야 한다. 이를 위해 먼저 한국에서의 인간 간 그리고 인간과 자연의 관계를 평등하게 재정립해야 한다.

먼저 인간의 관계는 시급하게는 북서유럽과 같은 보편적 복지국가를 만드는 데 집중해야 한다. 현재의 자본주의 체제에서 '최대한'의 사회경제적, 정치적, 문화적 평등을 이루어내기 위해 노력해야 한다. 서문에서 밝힌 대로 기본적인 노동권이 지켜지는 사회를 이루어야 한다. 절대다수의 삶을 규정하는 교육, 의료, 문화는 상품이 아니고 기본 주거 또한 그러하다는 것을 현실로 만들어야 한다. 그리고 글로벌 약탈과 전쟁에 맞서 투쟁하며 평화를 이루어내야 한다. 전쟁 없이 평화롭게 통일된 나라에서 외세의 간섭 없이 호혜 선린의 외교를 하며 타국의 시민들과 연대하며 사는 세상이어야 함은 물론이다. 그리고 인간과 자연이 하나의 생태공동체로서 모두가 정당한 생명권을 실현하는 사회를 만들어야 한다. 이 평등, 평화,

생태 세 가지는 서로 연결되어 있다. 한국에서의 보편적 복지국가 수립은 분권형 정치지형을 만들어낼 것이고, '생태사회'는 자본주의를 넘어서는 전망을 구체적으로 만들어낼 것이고, 평화의 옹호는 남북통일의 기초로 작용할 것이기 때문이다.

이 세 가지의 연결된 인식과 경험은 과거로부터 현재까지 이어져 온 남북 모두 분단 사회로서의 성격을 크게 변화시키고, 통일에 대한 '구체적인 상'과 통일 이후 미래 사회에 대한 '형식과 내용'을 드러낼 것이다. 이것이 제7공화국의 핵심 내용이다. '헌법'은 이를 담아야 한다. 헌법은 기본권 강화는 물론 직접민주주의 제도를 강화해야 한다. 이제 한국의 절대다수 대중은 불평등, 불안과 전쟁 위협, 오염된 생태계에서 더 이상 살고 싶어 하지 않는다. 절대다수 대중을 위한 제7공화국을 세울 때가 됐다. 위기는 새로운 대응을 통해 극복할 수 있다. 새로운 정치가 필요하다. 시대정신을 자기 소명으로 삼고, 기득권 정치체제 청산을 위한 새로운 정치세력이 탄생할 시점이다. 이런 의미에서 이 일은 민주당 내 개혁파, 진보정당, 시민사회가 핵심과제로 삼고 함께 나서야 한다. 그렇지 않으면 지배 카르텔은 '지배 질서 유지를 위한 개헌'에 나설 것이기 때문이다.

4 개념의 구체화

새로운 정치세력이 공유해야 할 첫 번째 개념은 'IMF 이후 체제의 극복'이다. 지난 25년간 부모–자식 두 세대가 모두 고통을 받고 있고, 이는 절대다수 대중의 경험과 인식의 준거로 작용하고 있다. 따라서 이는 진보–개혁세력이 계급, 지역, 성을 포괄하는 '세대 간 연대'를 주장할 수 있는 근거가 된다. 이는 정치 전략으로 유효하다. 김대중, 노무현, 이명박, 박근혜, 문재인 정부 모두 'IMF 이후 체제의 극복' 책임으로부터 자유롭지 못하다. 이제는 한국 사회의 소수 기득권인 지배 카르텔과 절대다수 대중 간 관계의 큰 변화가 필요한 시점이므로, 이를 전면에 드러내야 한다.

다음은 '국가 미래전략 수립'에 대한 고려사항이다. 우선 자산, 소득, 시간, 성, 권리 불평등 해소를 상위 내용으로 잡아야 한다. 그리고 실업자, 비정규직 노동자, 중소기업 정규직 노동자, 자영업자, 영세 전문직, 농민, 신용불량자, 파산자, 회생자 등과 소통 및 공감을 형성해야 한다. 이들이 고통받는 다수를 이루고 있고, 새로운 정치세력의 주체가 될 것이기 때문이다. 기존의 진영 논리로 검찰개혁, 사법개혁, 언론개혁 등 용어로만 일관해온 민주당과 그에 맞서 '전前 정권 책임론'을 주장해온 국힘당의 프레임을 벗어나야 한다. 즉 '불평등 해소' 및 '사회경제적 민주주의', 한반도 평화

정착, 기후 정의 실현, 평등하고 자유로운 문화가 핵심 의제가 되어야 한다. 그리고 이를 기초로 제7공화국 헌법 초안을 작성하고, 이에 따른 각종 입법 과제를 기존의 법 개정, 폐지, 신설 입법 등을 통해 일종의 '로드맵'을 준비하여 대중에게 밝혀야 한다. 이는 또한 울림 있는 정책으로 구체화하여야 한다. '누구'를 위해, '어떤' 정책을, '어떻게' 실현할 것인지에 대해 밝혀야 한다. 이 과정은 새로운 정치세력 스스로를 '훈련하며' '힘을 모으는데' 크게 기여할 것이다.[34]

5 몇 가지 실천 과제

첫째, 다당제를 현실화하는 것이다. 이는 2020년 비례위성정당 사태가 불러온 '정치 공작'에 대한 대중의 거부감이 큰 현실이므로, 거대 양당에서도 더 늦출 수 없는 과제가 되었다. 압도적 원내 1당인 민주당의 결단이 특히 필요하다. 민주당 내에는 국힘당과 윤석열 정부의 헛발질이 계속되면 '반사 이익'으로 2024년 총선에서 승리할 것이라고 믿는 분위기가 있다. 그러나 정치는 생물이다. 그렇게 될 것으로 믿는 것은 또 다른 헛발질이다. 민주당은 문재인 정부 실패에 대해 제대로 반성하고, 시대정신에 맞는 실제 변화와 혁신을 해야 한다. 그렇지 않을 경우, 차기 총선에서 상당히 후퇴할 가능성이 크다. 2020년 총선을 앞두고 정의당과 합의한 '연동형 비례제'를 도입해야 한다. 그런데 이 안은 '선진적'이지 않다. 선관위가 제시한 안에 비해 상당히 후퇴한 안으로써 민주당과 국힘당의 욕심이 많이 담겨 있는 안이다. 보다 나은 안으로 조기에 합의하여 도입해야 한다.

둘째, 시대정신은 새로운 정당을 요구하고 있다. 그것은 성격상 진보정당이다. 현재의 진보정당들을 해산하고 새로운 인물들을 내세워 새 당을 만들어야 한다. 이 일에 기존 진보정당들은 기득권을 내려놓고 개별적으로 합류하여야 한다. 이 일에 시민사회단체 활동가들이 적극적으로 나서야 하고, 뜻 있는 개인들도 나서야 한다. '신진세력'이 주도하는 새로운 단일진보정당은 2024년 총선에서 곧바로 원내교섭단체 구성 이상의 제3당 위치를 점할 수 있고, 기존 거대 양당과 충분히 정치적인 경쟁이 가능하며, 거대 양당의 변화와 혁신을 끌어내어, 현안 문제들에 대한 개선을 이뤄낼 수 있다. 이 과정을 통해 수구세력의 정치적 영향력을 크게 감소시킬 수 있다. 또 민주당 일부 개혁파들의 합류도 가능하다. 민주당 정치인들은 오랜 기간 '중원中原을 차지'하는 것을 금과옥조로 삼고 있다. 진보정당이 서 있는 곳을 '골짜기'라고 이해하고 있다. 그러나 시대가 바뀌었다. 하층이 50%이고 30-40%의 중산층이 급격히 악화되고 있는 환경변화, 즉 골짜기가 중원으로 변했음을 모르는 것이다. 민주당 내에서도 시대교체, 정치교체 이야기가 나온 것은 오래된 일이다. 시대정신과 가치, 정체성 면에서 민주당 내 개혁파들의 새로운 진보정당 합류는 가능한 일이다. 문제는 정치권 및 언론 등에 오랫동안 형성되어 있는 '제3당 불가론'이다. 그런데 그것은 제3당을 주도했던 이들이 계속 정당의 입지를 강화하지 않고, 스스로 분열하거나 또 거대 양당으로 들어갔기 때문일 뿐이다. 앞서 많은 선거 분석에서 본 것처럼 지금은 제3당 수립이 충분히 가능한 시점이다. 그러나 단일진보정당이 제대로 수립되지 않고 현재의 진보정당들로 다음 총선을 치를 경우, 진보정당들은 거의 소멸할 것이다. 또한 새로운 정당 준비가 지지부진할 경우는 거대 양당으로부터 제3당이 출현할 가능성도 있다. 이 경우 시대정신과는 거리가 있는 제6공화국의 온존 또는 권력 제도 형식만 바꾸어 지배 카르텔의 이해관계를 반영하는 방식의 개헌과 제7공화국 수립 가능성도 충분하다.

셋째, 사회단체들은 힘을 모아 제대로 된 연구소 설립 및 운영, 사회연대 기금의 조성, 사회연대 투쟁의 일상화를 만들어내야 한다. 담론과 정책을 생산하고 정기적인 여론조사 및 대중과 소통하는 역할을 하는 연구소는 매우 중요하다. 지배 카르텔 산하의 수많은 연구소와 정책 생산기관들을 생각해보라. 새로운 사회를 원하는 이들이 제대로 된 연구소 하나가지고 있지 못한 것은 매우 부끄러운 일이다. 당장 큰 단체 몇 개가 힘을 모으면 충분히 가능한 일이다. 민주노총 100만 조합원이 월 1만 원만 내도 월 100억 원이다. 연구소, 사회연대 기금 등 모두 가능한 일이다. 과거 60−80년대에 유럽, 미국 등의 교회들에서 한국 교회를 지원한 것이 한국 민주화운동에 매우 중요하게 기여했음을 상기해보자. 사회연대 기금을 조성하여 해고자, 비정규직 노동자, 자영업자, 농민, 실업자, 청년 등을 지원해야 한다. 거리에서 농성하는 수많은 이들을 실질적으로 지원하고 연대해야 한다. 특히 민주노총의 적극적인 태도와 행동이 중요하다. 사회연대를 실질적으로 하지 않으면서 노동자, 민중을 얘기하는 것은 웃기는 일이다. 언제까지 민주노총이 피해자이며, 시민들에게 도와달라고 연대요청만할 것인가? 제 밥그릇만 챙기는 노조를 누가 예쁘다 할 것인가? 게다가 이제 한국인은 스스로만이 아닌 제3세계의 피압박 민중을 위해서도 기여할때가 됐다. 오히려 늦었다. 충분한 물적 기반을 가지고 있음에도 이를 현실화 시켜내지 못하고 있는 점에 대해, 사회단체의 중요 활동가들은 반성해야 한다. 연구소의 정책 생산, 소통 기능은 우리 사회의 평등, 평화, 생태의 현황과 과제를 학습하는 기풍을 형성할 것이다. 이 과정에 단일진보정당이 힘을 합하면 큰 성과를 얻을 수 있다. 이는 민주당에도 큰 영향을미쳐 민주당과 연구소, 선출직과 평당원들의 역할과 기능에 큰 변화를 가져올 것이다.

넷째, 평범한 시민들은 '1인 1시민사회단체 가입'을 하자. 단체에 가입하여 후원하고 활동하자. 우리가 노력한 만큼만 세상은 변한다. 어떤 단체도 관계없지만 가능한 지역의 풀뿌리 단체라면 더욱 좋다. 현재 한국 정치의 근간은 지역이기 때문이다.

이상의 과제들을 수행하는 과정에서 우리는 스스로 변화를 이뤄내며, 정치적인 힘을 모을 수 있고, 이 힘으로 시대정신을 구현하며 새로운 미래를 열 수 있다. 이것이 현실적인 대안이다.

주석

01 산업화와 민주화를 각각의 역할론으로 보려는 이들이 많다. 그러나 산업화세력과 민주화세력이라는 용어는 한국 역사에 대한 이해를 이원론적으로 보게 되는 문제를 가지고 있다. 해방과 동시에 시작된 분단과 대한민국 정부 수립과정, 그리고 전쟁을 통해 한국에서 좌파는 정치적으로 소멸했다. 이후 유일하게 제도권에서 실용적 진보 노선을 추진해온 이승만의 가장 큰 정적이었던 진보당 조봉암이 59년 살해당했다. 4·19 이후 혁신계 운동이 주기적으로 나타났지만 제도권에서 자리를 잡지 못했다. 1950년대부터 자유와 민주주의를 주장하고, 60년대는 물론 70년대 유신 정권까지 정부를 주도한 이들이나 저항세력 모두가 이념적으로는 우파로서 같았다. 핵심은 누구를 위한 또 무엇을 위한 산업화고 민주화인가이다. 이에 대한 자세하고 깊은 내용은 〈대한민국의 설계자들-학병세대와 한국 우익의 기원〉(김건우, 느티나무책방, 2017.)을 참고하기 바란다. 한국의 제도를 만든 이들과 반정부운동의 핵심을 이룬 인물들에 대해 그들의 '의식'과 실제 '행동'에 대해 매우 잘 정리한 책이다. 일독을 권한다.

02 장하준 교수는 그의 책 '사다리 걷어차기'에서 산업-기술-무역 정책을 중심으로 최근 몇백 년간의 세계사를 설명한다. 그는 이책과 다른 책에서 후발 자본주의 국가인 한국에서는 이 정책이 매우 유효했다는 점과 한국에서의 정책 퇴보와 소멸을 여러 차례 안타깝게 언급한다.

03 "경제기획원은 소득수준, 주택보유 여부, 직업의 안정성 및 학력 등으로 중산층의 기준을 설정하였는데, 1990년에 중산층의 기준으로 소득이 최저생계비의 2.5배를 넘고, 자가 또는 독채전세의 주택을 가졌으며 안정된 직업이 있고, 고졸 이상의 학력을 가지는 것으로 규정한 바 있다. 중산층의 규모는 그 기준과 정의에 따라 차이가 나는데, 홍두승(2009)은 2002년 서울 중산층(핵심적+주변적)은 75.9%, 비중산층은 24.2%지만, 중산층 내부의 취약층인 주변적 중산층이 27.1%로 분석하였다. 중산층을 중간값 소득의 50~150%에 해당하는 계층으로 정의한 연구(삼성경제연구소, 2006)에 따르면, 중산층 규모가 1997년 64.8%, 2000년 61.9%, 2005년 59.5%로 축소되어가고 있고, 특히 1997년 외환위기 이후 8년간 중산층은 5.3% 감소한 반면 하위층은 3.7%, 상위층은 1.7% 증가한 것으로 보고한 바 있

다." (출처: 한국민족문화대백과사전. 2022)

한국에서 중산층이라는 용어는 엄밀한 계급 분석으로부터 나온 용어라기보다는, 80년대 중반 사회 분위기에서 '계급'이라는 용어를 사용하기 어려웠던 점을 고려하여 -중간계급 (Middle Class)이라고도 간혹 사용되었지만- 계층의 개념으로 도입되고 사용되었다. 경제 기획원이 1985년 '중산층 육성정책'을 발표하면서 학계, 언론을 넘어 일반적인 용어로 통용 되었다.

당시는 대기업, 중기업 소유주나 대기업의 임원급 경영자, 군 장성, 의사, 법조인 등 소득이 높은 전문직, 고위관료, 정치인 등을 상층이라 불렀다. 중소상공업자와 '샐러리맨'이라 불린 관리사무직 노동자, 중급 이상의 공무원, 자격증이 있는 전문직 등을 포함해서 중산층이라 불렀다. 즉 경제 수준이나 사회문화 수준이 중간 정도이며, 생산직 노동자, 농민, 도시 빈민 등 '서민'과 구별되고, '상층'과 구별되는 나머지 사회 집단과 사회의식을 가리키는 용어로 사용되었다.

중산층 용어에 대해서는 사회학, 정치학, 경제학 등 학계에서의 규정과 다루는 방식이 서 로 차이가 있고, 전통적인 계급, 계층 이론을 적용할 때의 어려움도 있다. 또 위 인용문 중의 중간값 소득 기준 분류의 타당성 문제도 있고, 교육-소득-자산-중산층 의식(스스로의 계 급 계층 지위에 대한 의식) 등의 측정 지표 활용 방법의 어려움도 있다. 그리고 그동안 '중산 층 규정과 역할에 대한 논의의 변화'도 있었다. 즉 1980년대에는 시대 과제로 민주화, 논쟁 의 핵심으로 사회안정 세력, 민주화 지지 세력으로서의 역할이었고, 1990년대 후반에는 시 대 과제로 경제 위기 극복, 논쟁의 핵심으로 중산층의 위기라는 점에서, 2천년대 이후에는 시대 과제로 사회통합, 논쟁의 핵심으로 중산층 분화 및 양극화라는 점에서 용어의 사용 폭 이 매우 넓어졌다.

이런 여러 가지 이유를 고려하여, 필자는 '상층'과 '서민'과 구분하는 보통의 일상용어로써 교육-소득-자산을 기초로 하여 경제적 중간층 의미로써, 또 이 층이 위아래 다른 계급과 맺는 사회적 관계와 '사회의식'을 합하여 이 책에서 사용한다.

04 1987년 15세 이상 인구는 2,895만 명이고, 취업자는 1,635만 명, 비경제 활동인구는 1,208만 명이었다(통계청. '경제활동인구 조사'). 그런데 '경제활동인구 및 참가율'을 보면 -1999년까지는 실업자의 구직기간이 1주 기준이었고, 2000년 이후 4주 기준으로 변경되

었다. -1987년에는 경제활동인구는 1,687만 명, 참가율 58.3%이다. 여성 673만 명, 남성 1,014만 명이었다.

05 - 앵커: 경제가 호전되고 소득이 늘어나면서 자기 자신이 중산층이라고 생각하는 사람들도 역시 함께 늘어나고 있습니다. 최근 한국일보의 조사결과로는 79%가 자신이 중산층이라고 대답을 했습니다.

- 기자: 우리 사회는 최근 들어 자기 자신을 중산층이라고 생각하는 사람들이 많아졌습니다. 경제가 좋아지고 소득이 늘어나면서 우리 사회를 건실하게 지탱해주는 핵심 세력이 폭넓게 자리를 잡아가고 있는 것입니다.

- 임영효(회사원): 교육 수준으로 보나 생활수준으로 보나 또 예를 든다면 어느 정도의 여가를 즐길 수 있는 그 정도 수준이 된다고 나 자신이 생각하고 있기 때문에 스스로 평가하면 중산층 정도는 될 것 같습니다.

- 정진민(주부): 규모는 작지만 아파트를 하나 갖고 있고 또 남편이 조그만 사업을 하고 있고, 애들 교육시키는 면을 포함해 모든 면에서 보기에 괜찮은 것 같아서 저도 중산층이라고 생각해요.

- 기자: 동아일보와 중앙일보, 한국일보 등이 최근 몇 년 동안 실시한 의식조사를 보면 자기 자신이 중산층이라고 응답한 사람이 84년에는 43%였던 것이 작년에는 60%로 늘어났고 올 4월에는 76%, 그리고 가장 최근에는 79%로 해마다 급격히 증가하고 있습니다. 중산층에 대한 명확한 신분 규정은 아직 없지만 사회 통념상 안정된 소득을 바탕으로 가정과 직장에 대해 만족하고 자신의 노력을 통해 개인과 사회 전체가 함께 발전할 수 있다고 생각하는 안정 지향적 계층으로 평가되고 있습니다.

- 주화중(한국 개발연구원 박사): 중산층이야말로 사회적으로 보다 높은 계층으로 이동할 가능성을 가지고 있는 사람들입니다. 따라서 이런 계층은 사회 안정 세력으로 역할을 할 뿐만 아니라 사회안정 또한 바라는 그러한 계층이라고 하겠습니다.

- 기자: 우리는 지금까지 폭넓은 중상층을 육성하는데 많은 정책적 배려를 해왔습니다. 경제발전의 결실을 고루 분배해서 상대적 빈곤감을 해소하기 위해서는 중산층의 폭넓은 확산이 필요하기 때문입니다. 그러나 현재 70% 이상의 계층이 스스로를 중산층이라고 인식하고 있는 만큼 그들의 소리에 귀를 기울이는 것도 결코 소홀히 할 수 없을 것입니다.

- 유운용(럭키 영업과장): 제 나이와 소득수준 그리고 제가 다니고 있는 회사가 안정되어 있는 점을 감안할 때 저 자신은 중산층이라고 자부하고 있습니다. 중산층의 한 사람

으로서 사회에 대해서 바라고 싶은 점이 있다면 사회가 보다 안정적인 발전을 이뤄 줬으면 합니다.

- 기자: 결국 우리 사회를 지탱하는 다수 계층인 중산층을 보호, 육성하기 위해서는 그들이 바라는 대로 기존 질서의 급격한 변화보다는 사회의 지속적인 안정을 통해 경제의 꾸준한 성장을 확고히 다져나가야 할 것입니다. MBC 뉴스 김철호입니다. (출처. MBC 뉴스. 김철호 기자. 1987.6.14. '중산층 증가 및 의식 조사')

한편 1987년 6월 9일 서울대 사회과학연구소는 1,043명을 대상으로 5월 중순에 실시한 '한국 중산층 의식 조사' 결과를 발표했다. 여기에서 경제성장을 늦추더라도 인권을 신장시켜야 한다는 응답자는 85.7%, 헌법에 저항권을 명시해야 한다는 응답자는 96%였다. 예로 든 MBC 뉴스와 서울대 사회과학연구소의 발표를 통해 6월 항쟁 당시 이른바 '중산층의 의식'을 알 수 있다.

재야세력은 박정희 집권 이후 한일협정 반대 투쟁, 3선 개헌 반대 투쟁 때부터 형성되었다. 그러다가 정치적인 의미를 갖게 된 것은 유신 이후였다. 유신 이후에는 야당의 기능이 미약했기 때문이다. 유신 시절 '반독재 민주화'를 모토로 하여 전직 정치인, 교수, 종교계, 문인, 인권 변호사, 60-70년대 학생운동 출신 청년 등이 주를 이루었다. 이들은 김대중의 정치 역정으로 인해 김대중과 상대적으로 가까웠다. 전두환 집권 후 재야세력은 더욱 커진다. 노동자, 농민, 빈민 단체들이 형성되고, 문화예술인, 해직언론인, 해직 교수, 학생운동 출신자들이 대폭 증가했기 때문이다. 성장한 부문별, 지역별 운동을 모아 1985년 3월 29일 출범한 것이 '민주통일민중운동연합(民主統一民衆運動聯合), 약칭 민통련(民統聯)'이다. 민통련은 85-87년 의회 밖에서 반정부 투쟁의 구심점이 된다. 6월 항쟁은 민통련과 야당이 결합한 '민주헌법쟁취 국민운동본부'가 이끌었다. 한편 80년대 내내 반정부 투쟁의 물리력은 학생운동에 있었다.

06 나중에 김대중은 집권한 이후 자신이 주도하던 정당의 성격을 '중산층과 서민의 당'으로 규정한다. 노무현도 마찬가지이다. 이후 민주당계는 당명이 바뀌어도 그 정체성을 이렇게 삼아왔다. 반면 초기 민주노동당은 '노동자와 민중의 당'이라는 정체성을 내세웠으나, 여러 번의 선거를 거치면서 자영업자, 중소상공인을 포괄한다. 이후 현재까지 진보정당들은 87년에 김대중이 말한 '노동자, 농민, 도시빈민, 자영업자, 중소상공인'의 정당이라고 말해왔다.

즉 모두가 '특권층을 제외한 국민정당'을 표방해온 것이다.

07 '비판적 지지론' 문제

1987년 처음 나온 비판적 지지론은 당시 김영삼, 김대중 가운데 상대적으로 개혁적인 김대중을 지지하되, 그 지지는 절대적인 것이 아니고 집권 후에 그의 한계를 비판하여 바로 잡자는 뜻으로 사용되었다. 이는 당시 김대중과 가까운 재야세력이 사용했고 학생운동과 청년운동에 매우 큰 영향을 끼쳤다. 이는 김대중이 주장한 '지역 구도에 입각한 4자 필승론'과 함께 '후보 단일화'가 되지 못하게 한 결정적인 프레임이었다.

4자 필승론

김대중은 호남과 호남 출신이 많은 서울 경기의 본인 지지자가 많아서, 경남 부산은 김영삼, 대구 경북은 노태우가 반분할 것이고, 김종필은 충남에서만 지지를 받을 것이어서, 본인이 이긴다는 이론이었다. 이는 역으로 전두환이 똑같이 생각한 4자 필승론, 즉 김대중을 복권시켜 김영삼, 김대중을 분열시키고, 김종필을 포함하면 노태우가 당선된다는 이론과 경합하였다. 결과는 권력, 자본, 인적 자원을 모두 장악하고 있던 전두환의 승리였다. 김대중은 출마 과정부터 이 4자 필승론을 주장했고, 재야가 본인을 지지한다고 일관되게 주장했다.

비판적 지지를 주장하던 재야의 대표적인 인물들(민통련 회의 때마다 이를 주장한 대표적인 이가 이해찬이었다)은 대선 기간부터 입당하기 시작했고, 1988년 총선을 통해 국회의원 배지를 달았다. 당시 이들은 모두 '비판적 지지'를 민주통일민중운동(당시 재야를 대표하는 단체인 민통련의 이름임. 삼민 이념에서 민족이 통일로 발전되었음)의 '중간 목표'라고 강조하였다. 그러나 이들의 이후 인생행로를 볼 때, 중간 목표가 아닌 '최종목표'였음을 알 수 있다. 이들의 뒤를 이어 1992년, 1996년, 2000년에 이들의 영향력 아래에 있던, 재야, 청년, 학생운동 출신자들이 대거 '민주당'으로 들어갔고, 유력 정치인들이 되었다. 2000년대 이후 전통적인 학생운동이 소멸하고 나서는, 이른바 '시민사회단체' 출신들이 같은 입장을 가지고 충원되기 시작했다.

이 '비판적 지지'는 그 자체로 모순인 용어이다. '지지'라는 단어 앞에 수식어는 필요 없다. 지지(동의, 찬성보다는 물리적인 느낌이 더 크다), 반대, 유보(관망) 등의 일상용어로 유권자들은 의사표명을 충분히 할 수 있다. 또 지지했다가 실망하여 비판할 수도 있고, 지지를 철회할 수도 있고, 더 나아가 비난하거나 적극적인 반대를 하거나 규탄할 수도 있다. 그런데 '비판적'이라는 수식어를 붙이는 것은 지지가 곧 절대 지지라고 생각하거나, 아니면 다른 속셈을 은폐하려는 의도이다.

비판적 지지는 선거 과정에서는 '최악의 존재'를 상정하고 그에 맞서는 '차선의 선택'을 유도하는 것이고, 집권 이후에는 절대 지지로 전환된다. 이를 우리는 김대중, 노무현, 문재인 정부의 성립과정과 집권 이후 벌어진 태도들에서 충분히 경험한 바 있다. 즉 '비판적 지지론'에 입각하여 주장하고 투표했던 많은 이들은 비판적 지지의 대상이 잘못을 저질러도 이를 비판하면 최악을 돕는 것이 되므로 삼갈 수밖에 없다. 그래서 이는 '진영 논리'로 발전한다. 따라서 '비판'을 하는 주장이나 행동을 하는 이들을 '수구'세력을 돕는 이적행위로까지 몰아붙인다. 또 더 심각한 것은 비판적 지지의 대상이 과거나 현재 저지르고 있는 잘못들에 대해 '궤변으로 옹호'하는 것이다. 그래서 비판적 지지론자들은 그들의 목표가 이루어져도 정권 옹호와 과거 정권에 대한 비난을 하며 세월을 보낸다. 그리고 이들이 야당일 때는 '수구 거악'과 맞서 싸울 때 '현실적으로 힘이 있는 야당'을 지지해야 한다는 프레임으로 상설화되었다.

이는 1987년 이후 2022년까지 35년간 우리 정치를 규정하고 있는 '초대형 프레임'이다. 이 비판적 지지론은 현실에서 거대 양당의 적대적 공생관계를 뒷받침하는 프레임으로 작동하고 있다. 즉 이런 비판적 지지론에 반대하는 유권자들이, 비판적 지지론자들이 떠받드는 대상을 '최악'이라 보고, 그들 또한 '차선'이나 '차악'을 선택하는 프레임을 일상화하게 했기 때문이다. 이로 인해 정당 밖에 있는 대부분의 비판적 지지론자들은 선거 때마다 나타나는 계급 배반 투표, 성별, 지역별, 세대별 대립 전략을 통해 양당 체제를 지속하려는, 거대 양당의 의도를 제대로 이해하지 못하게 된다.

현재 진보정당들의 성장을 가로막는 가장 결정적인 것이 이 '비판적 지지론'이다. 이는 세상을 고정불변으로 보는 세계관 즉, 반변증법적이고 반진보적인 세계관이다. 이상을 품은 사람들이 최선은 생각하지 않고, '차선'만 선택한다든지 '차선 옹호'에만 전력을 기울이는 것은 매우 불행한 일이다. 비판적 지지론은 '이상을 품었던 운동권'을 이론적, 실천적으로 궤멸시킨 프레임이다. 또 현재 거리에서 아우성치는 수많은 민중의 애환을 도외시하는 프레임이다. 비판적 지지가 횡행하는 한 우리 사회는 크게 진보-보수-수구로, 세분화하면 급진-진보-온건 개혁-온건 보수-수구-극우 등으로 재편하지 못한다. 비판적 지지론의 가장 큰 수혜자는 '역대 민주당'이다. 이들은 선거 때마다 변형된 비판적 지지론인 '민주연합론'으로 이를 유지하고 있다. 이를 실천적으로 넘어서야만 한국에서 '진보 정치'가 가능하다(이윤섭의 〈87 체제의 성립〉에서 일부 인용하였다).

08 한겨레민주당은 예춘호가 상임대표였고, 조순형, 고영구 등의 야당 인사와 장을병 등 교수, 60-70년대 중반 학생운동 출신인 제정구, 유인태, 원혜영, 김부겸 등이 있었다. 총선 이후 예춘호는 정계를 은퇴하고 청년활동가와 소장 학자 지원 등 후진 양성에 전념한다. 1990년 3당 합당으로 민주자유당이 출범하자, 1990년 4월에 민중당을 준비하던 이우재, 장기표 등과 합당을 시도했으나, 선(先) 진보정당 재건론과 선(先) 야권 통합 후 3당 합당 심판론의 의견 차이를 극복하지 못하고 합당은 무산되었다. 90년 7월 조순형, 원혜영 등 당 지도부가 민주당에 입당하면서, 한겨레민주당은 공식적으로 해체되었다. 주요 인물들은 90년, 92년, 96년, 97년에 민주당 또는 신한국당에 합류한다.

한편 '일하는 사람들과 함께 하는 민중의 당'이라는 슬로건을 건 민중의 당은 주로 70년대 중후반-80년대 초반 학생운동 출신들로, 노동운동, 농민운동 등 민중운동에 투신한 그룹들이 주를 이루었다. 선거 직후 '진보정당추진위원회'로 있다가 90년도에 이우재, 김낙중, 장기표, 이재오, 김문수 등이 합류하여 '민중당'을 창당한다. 민중당은 91년 지방선거에서 탄광 광부였던 성희직이 정선에서 출마하여 첫 도의원 당선자가 된다. 92년 총선에서 지역구에서 당선자가 없고 전국구에서도 득표율 미달로 정당 등록이 취소된다. 이후 이우재, 이재오, 김문수, 박형준 등은 민주자유당에 입당한다. 당시 김영삼은 민자당이 군사정권 잔당이라는 색채를 지우기 위해 또 김대중과의 경쟁에서 '재야세력' 영입이 필요해서였다. 이들은 96년 총선에서 신한국당 후보로 대거 공천된다. 또 당시 청년 그룹인 김성식, 정태근, 신지호, 김용태, 차명진, 박형준, 임해규 등이 한나라당-새누리당 국회의원을 지냈고 박형준은 현재 부산시장이다. 한편 노회찬, 주대환, 조승수 등은 한국사회주의노동자당 창당을 준비하다가 1992년 초 민중당과 합당하였다. 민중당 해산 이후 '진보정당추진위원회(진정추)', 92년 백기완 후보 선거운동본부, '진보정치연합', 97년 '건설 국민승리21'을 거쳐 2000년 1월 민주노동당 창당에 이르게 된다.

09 재야단체와 진보정당 약사

1. 재야단체

1) 민주통일민중운동연합(民主統一民衆運動聯合, 약칭 민통련)

1985년 3월 29일 민주통일국민회의와 민중민주운동협의회가 통합하여 결성된 단체로, 85-87년 반독재 민주화운동을 이끌었다. 민주화운동을 위한 연합체의 성격이었다.

2) 전국민족민주운동연합(全國民族民主運動聯合, 약칭 전민련)

1989년 1월 21일 창립하였다. 민통련과 지도부의 인적구성은 비슷하다. 대선 과정의 분열을 극복하기 위해 민통련을 발전적으로 해소하고 전민련을 결성하였다. 민통련에 비해 달라진 것은 참여 단체가 확대된 것과(대중조직임을 자임함), 자주와 통일문제가 강화된 점이었다. 청년과 학생들은 통일전선운동으로 이해하였다. 3대 투쟁과제로 반외세 자주화운동, 반독재 민주화운동, 자주적 조국통일운동을 삼았다. 참여 단체는 서울민족민주운동협의회 등 지역운동 통합단체 12개, 전국노동운동단체협의회, 전국농민운동연합 등 부문 운동 통합단체 8개 등 모두 20개의 단체와 개별운동단체 200여 개가 있었다.

3) 민주주의민족통일전국연합(약칭 전국연합)

1991년 12월 결성하여 2007년 해체하였다. 전국연합은 전민련이 내부 논쟁과 정권의 탄압으로 약화되자 재야운동세력이 재결집해 만든 단체였다. 민주노총의 전신인 전국노동조합협의회(전노협), 전국농민회총연맹, 한총련의 전신인 전국대학생대표자 협의회(전대협) 등 14개 운동단체와 13개 지역운동단체 등이 포함됐다.

1994년 범민련에 대한 입장 차이로 조직의 내부 분열이 시작된다. 김영삼 정부가 대북 화해, 협력을 주장하자 문익환 목사는 북한의 영향을 강하게 받는 범민련을 해산하고 새로운 통일운동조직(민족회의)을 만들 것을 주장하였으나, 북한 정부의 강한 반발과 함께 한총련을 중심으로 한 범민련 사수파와 대립하게 된다. 이 대립은 1997년 대선을 앞두고 정치세력화에 대한 입장 차로 다시 불거진다. 1997년 6월 전국연합 대의원대회에서는 국민승리21에 참여하여 권영길 후보를 지지할 것을 결정하였으나, 범민련 노선을 지지하는 지역연합과 한총련 주류 등은 민주대연합을 고수하면서 대의원대회 방침을 거부하고 비판적 지지론(김대중 새정치국민회의 후보 지지)으로 선회했다. 이후 이창복, 이인영 등이 전국연합을 이탈해 정치권으로 이동하면서 지도부가 붕괴되고, 인적구성에 변화가 생긴다. 97년 이전의 전국연합은 전국적인 대중단체들의 연합이었지만, 그 이후는 사실상 자주, 민주, 통일을 기치로 한 민족해방 계열(이른바 자주파) 운동의 전국조직으로 볼 수 있다.

그러다가 2000년 민주노동당이 창당할 때 전국연합은 공식적으로 불참을 결정하였으나, 경기동부, 부산울산경남, 광주전남 등 일부 지역연합 구성원들은 개별적으로 민주노동당에 입당하여 활동하였다. 2001년 9월 전국연합은 '3년 안에 광범위한 민족민주전선과 민족민주정당을 건설하여 10년 안에 자주적 민주정부를 수립하고 연방통일조국을 건설하자'는 취지의 특별결의문을 채택하였고, 이후 전국연합 소속의 인천연합, 전국농민회총연맹, 한총련 등 단체의 구성원들이 조직적으로 민주노동당에 가입하였다. 이에 민주노동당은 당원 수가 크게 증가하고, 전국의 지역기반이 형성됐으나, 창당 당시에는 부각되지 않았던 노선의 차이를 둘러싼 논쟁이 시작되었다.

4) 한국진보연대(韓國進步連帶)

2007년 9월 16일 대선을 앞두고 전국연합의 발전적 해소를 통해 창립되었고, 약칭 진보연대로 부른다. 한미 FTA 저지, 비정규직 철폐, 평화협정 체결과 주한미군 철수, 국가보안법 철폐 등 4대 과제를 걸고 창립하였다. 현재까지 활동 중이다.

2. 진보정당

1) 민중의 당, 한겨레민주당(주8 참고).

2) 1990년 4월 13일 민중의 정당 건설을 위한 민주연합추진위(약칭 민연추)가 결성된다. 89년 8월 전민련 내부에서 합법 진보정당 결성을 둘러싸고 반대파와 찬성파가 충돌한다. 찬성파는 전민련을 탈퇴한다. (주8)에 나오는 대로 민연추 내에서 선통합론과 선창당론으로 갈등이 생긴다. 90년 5월 30일 선통합파가 탈퇴한다. 탈퇴한 이부영, 제정구, 유인태 등은 야권통합을 주장하며 '통추회의'를 결성하여 활동하다가 그해 12월 해체한다. 이부영, 유인태는 '민주연합'을 거쳐 이기택의 옛 민주당과 통합하고, 제정구는 신민-민주당 통합 이후 민주당에 입당한다. 반면 선창당파는 (주8)의 경로를 밟는다.

3) 1991년 7월 한국사회주의노동당 창당준비위가 결성된다. 이른바 평등파 계열의 비합법 노동운동 조직들이 중심이 되었다. 주대환, 노회찬 등이 주도했다. 노동자계급이 중심이 되어 독자적인 합법정당을 건설하고, 이 정당을 통해 의회민주주의 공간을 활용하자는 취지였다.
1992년 1월 한국노동당 창당준비위원회를 발족하고, 선거 50여 일 앞둔 2월 7일 민중당과 한노당 창준위가 통합한다는 기자회견을 하였다.

4) 통합민중당. 1992년 3월 총선에 51명 후보가 출마하여 전체 득표율 1.5%, 출마자 평균득표율 6.5%를 얻어, 법에 의해 해산된다. 직후 '진보정당추진위원회(진정추)'를 결성한다. 이후 진정추, 민정추, 민중회의 준비위, 전국노련 4개 단체가 모여, 민중후보추

대와 진보정당 건설을 위한 민중연대(민중연대)를 결성하여 92년 겨울 대선에 백기완 후보를 낸다. 중간에 민정추가 사회당으로 변신했다가 93년 5월 사회당과 민중회의가 합쳐 민중정치연합을 결성한다. 95년 9월 진정추와 민중정치연합 내 통합파가 합쳐 '진보정치연합'을 출범하여 97년까지 활동한다.

5) 건설 국민승리21

1997년 11월 24일 진보정치연합, 국민연합, 민주노총 공동으로 추진하여 정당 등록을 하였다. 당대표 및 후보는 권영길이었다. 1999년 11월 15일 해산한다.

6) 민주노동당

2000년 1월 30일 창당한다. 2004년 총선에서 13%의 정당 득표율, 10석의 국회의원 확보로 첫 원내 진입에 성공한다. 2007년 대선 이후 노선을 둘러싼 갈등으로 자주파가 남고, 평등파가 탈당한다. 분당 후 치러진 2008년 총선에서 지역구 2석, 전국구 3석을 얻는다. 2011년 12월 6일, 국민참여당, 진보신당 탈당파와 신설 합당하여 통합진보당을 결성한다.

7) 진보신당

2008년 3월 16일 민주노동당에서 탈당한 평등파 당원들을 중심으로 창당한다. 노회찬, 심상정, 조승수 등이 주도했다. 이후 2011년 노회찬 등이 탈당하여 통합진보당을 만들면서 잔류파가 진보신당 이름으로 2012년 총선을 치른다.

8) 통합진보당

2011년 12월 6일 민주노동당, 국민참여당, 새진보통합연대(노회찬 심상정 등)의 합당으로 출범한 정당이다. 2012년 총선 비례대표 경선 과정에서 부정선거 의혹이 제기되어 이른바 통합진보당 부정 경선 사건이 일어났다. 이 사태를 계기로 민주노동당계 일부, 참여당계, 진보신당계가 탈당해 진보정의당을 창당했다. 2012년 12월 대선에서 이정희가 후보로 출마했으나 중도에 사퇴했다. 박근혜 정부 출범 후 탄압을 받아 2014년 12월 19일 헌법재판소가 위헌정당으로 해산시켰다.

9) 진보정의당-정의당

통합진보당 비례경선 사건 이후 탈당파가 2012년 10월 진보정의당을 창당한다. 심상정이 대통령 후보로 확정되었으나, 11월 26일 정권교체와 야권 단일화를 위해 대통령 후보직을 사퇴한다. 2013년 7월 21일 진보정의당에서 정의당으로 당명을 변경하여 현재에 이른다.

10) 민중연합당-민중당-진보당

통합진보당 해산 이후 경기동부연합, 광주전남연합이 주도하여 2016년 2월 민중연합당을 창당한다. 2017년 10월 부산울산경남연합이 주도하는 '새민중정당'과 신설 합당하여 '민중당'을 창당한다. 2020년 6월 20일 당명을 진보당으로 개정하여 현재 에 이른다.

11) 녹색당-녹색당 더하기-녹색당

2012년 3월 4일 녹색당으로 창당했으나, 총선 결과 지역구 및 비례대표에서 의석 획 득에 실패하고 정당득표에서도 0.48%를 얻어 등록 취소되어, 4년간 동일 당명을 사 용하지 못하는 규정에 따라 2012년 10월 녹색당 더하기로 당명을 바꾸어 재창당하 였다. 그런데 해당 정당법 조항이 2014년 1월 28일 헌법재판소의 위헌 판결에 따라 무효화되었다. 이후 2014년 2월 19일 중앙선관위의 승인으로 원래 당명인 '녹색당'을 되찾았다.

12) 노동당

2013년 7월 21일 창당하였다. 선행조직은 진보신당과 사회당이다. 노동당의 전신은 2008년 3월 16일 창당한 진보신당이다. 진보신당은 사회당과 2012년 2월 통합했으 나, 두 달 뒤 총선에서 정당득표율 1.11%를 얻어 해산됐다. 이후 재창당을 추진해 진보 신당 연대회의라는 이름으로 활동하다가 2013년 7월 '노동당'을 창당했다. 2020년 총 선을 앞두고 사회당계가 탈당하여 '기본소득당'을 창당하였다. 기본소득당은 더불어 민주당의 비례위성정당 추진 과정에서 1석을 얻어 원내정당이 되었다. 이후 남은 노동 당 잔류파는 2022년 2월 사회변혁노동자당과 합당하여 현재에 이른다.

10 1989-1991년 소련 및 동유럽 사회주의 국가들의 정부 및 정당 붕괴는 당시 20대 후반 30 대 초반 '전업 운동가'들에게 큰 충격을 주었다. 이들은 대다수가 '혁명'과 그 내용으로 자본 주의를 넘어서는 '사회주의'를 지향하고 있었기 때문이다. '현실 사회주의의 붕괴'는 목표를 상실하게 했고 신념을 흔들리게 했다. 하지만 맑스, 레닌 등의 원전이 복사본을 통해 85-87 년에 몇 권 보급된 정도였고, 88-89년에야 정식 출판본들이 출간되기 시작한 점을 고려하 면, 당시 운동가들은 실제로는 책을 몇 권 본 정도에 불과했던 '의식적인 사회주의자'였다. 보다 중요한 것은 '세상의 변화'에 대해 '해석할 수 없었다'는 점이었다. 이것이 당시 혁명을 꿈꾸던 이들의 집단적인 '수준'이었다. 즉 전두환 집권 시기 정치 상황에 따라 스스로 급진 화했을뿐, 미래를 설계할 능력은 갖추지 못했었다.

한편 87년 노동자 대투쟁 이후 노동조합이 기존과 비교가 되지 않을 정도로 엄청나게 생겼다. 노조는 대의원 제도를 갖추는데, 89년이 되면 2기 대의원들이 등장한다. 즉 노조 자체에서 노동자 출신 대의원들이 재생산되고 그들이 실무를 맡으며 성장했다. 87년에 정국 상황에 따라 주로 현장 밖에서 활동을 해왔던 학생운동 출신 운동가들이 해오던 역할이 크게 바뀌게 된다. 또한 이렇게 크게 바뀐 상황에서(당시는 보통 25-27세에 결혼을 했고, 스스로 불안정하게 생활비를 벌며 운동을 했다.) '생활 문제'가 중요해졌다.

또 한편 소수는 남아서 계속 '혁명을 위한 전위 운동'을 90년대 초반까지 하다가, 체포되거나 해체하여 소멸한다. 이로써 80년대에 탄생한 '혁명의 시대'는 막을 내린다. 그리고 한국 사회에서' 정치 투쟁의 제도화'가 의회를 통해 이루어지고, 이를 반체제세력의 다수와 절대다수의 국민이 지지하면서 '개혁의 시대'로 전환된다.

11 〈외환위기와 그 후의 한국경제〉(한울아카데미에서 2017)라는 책이 있는데 이제민 연세대 경제학부 명예교수가 쓴 책이다. 우리가 보통 IMF 시대라고 부르는 1997년 외환위기의 원인과 경과, 그 후 책 발간 시점까지의 한국경제를 '주류 경제학'의 용어와 관점을 가지고 제대로 다룬 거의 유일한 책이다. 오랜 시간에 걸쳐 작업한 책으로 여러 부분에서 기여한 바가 크다고 생각한다. 당대사를 폭넓고 깊이 있게 다룬 책들의 존재는 우리 사회에 매우 필요하고 중요하다. 여러 이유가 있겠지만 소위 '진보'를 자처하는 이들이 여러 분야에서 그동안 책을 많이 내지 않은 점은 매우 아쉬운 일이다. 다음은 이 교수의 책 중 결론 부분의 일부를 인용한다. 이른바 IMF 사태의 진실과 그 결과로 변화된 한국경제 구조의 핵심을 독자들이 이해하기 바라서이다. 김대중 정부부터 박근혜 정부까지도 그러했지만 문재인 정부의 정책실장을 맡았던 장하성-김수현-김상조 또한 자유주의적 개혁을 원했으나 실패했다. 물론 윤석열 정부에서 등용된 한덕수, 추경호 등은 과거 이헌재부터 이어져 온 '모피아' 세력의 일부로서, IMF 때부터 현재까지 외자의 입장에서 한국경제의 성과를 팔아먹고 부를 유출한 이들이다. 이 교수의 책을 꼭 읽어볼 것을 권유한다.

"1997년 한국이 외환위기 가능성에 직면하게 된 것은 국내 경제구조가 잘못되어서가 아니라 자본시장 개방 과정에서의 실책으로 유동성 부족 사태가 빚어졌기 때문이었다. 그 유동성 부족도 일본의 유동성 제공으로 해결할 수 있었지만, 미국이 한국의 유동성 부족을 자신의 국익을 관철하기 위한 기회로 잡는 바람에 본격적인 외환위기가 일어났다. 미국은 한국을 IMF로 가게 해서 전면적 구조 개혁과 자본시장 개방을 요구했고, 한국의 조야(朝野)는 그것을 국내적 개혁의 기회로 활용하고자 했다. 그 결과 한국은 기업의 부실채권으로 대표되는 오랜 구조적 문제를 해결할 수 있었고 여러 가지 제도적 승격을 이루었다. 그러나 그 것은 한편으로 현실에 맞지 않은 제도를 급격하게 도입하는 것을 의미했다.

외환위기 후 경제성장률이 떨어졌는데, 그것은 그 전의 과잉투자가 조정된 자연스러운 하락이 아니라 새롭게 과소투자가 일어난 결과다. 과소투자가 일어나고 있는 이유는 재벌기업의 과잉투자 행태가 해소된 상태에서 그것을 대체할 투자 메커니즘이 나타나지 못했기 때문이다. 벤처기업 육성이 기대했던 성과를 거두지 못하고, 중소기업 대출보다 가계대출이 늘어났다. 연구개발비는 크게 늘었음에도 불구하고 기업의 투자를 뒷받침하지 못했다. 외국인 직접투자 유치도 그런 빈자리를 채워주지 못했다. 한편 외환위기 후 외국인 자산 소유가 늘어난 결과 국제투자에서 대규모 순차손이 발생해서 국민소득이 줄었다. 2008년 이후에는 대침체의 영향으로 경제성장률이 더 떨어지고, 재정건전성 악화와 출산율 하락으로 성장잠재력도 떨어졌다.

그렇게 성장률이 떨어진 한편 부실채권을 생산하는 구조가 청산되고 경상수지 흑자 기조가 정착한 데다, 기업과 은행의 외국인 소유가 확대됨으로써 경제의 안정성은 올라갔다. 그러나 외국인 소유 확대에 따른 소득 감소가 위험 감소로 상쇄되지는 못했다. 1997년 외환위기 후 한국경제체제가 더 위험해졌을 가능성은 2008년에 또 외환위기가 일어난 데서 드러났다. 그 뒤 자본시장 개방을 제한하는 조치가 취해졌지만, 그것이 투자 능력 차이에 의한 소득감소 효과까지 상쇄하지는 못한다. 거기에다 외환위기 전 체제는 정부의 대응능력까지 감안하면 부실채권 통계로 보는 것 같이 불안정한 체제는 아니었다. 외환위기 후 노동시장에서의 불안 감은 크게 늘었다는 것까지 감안하면 경제의 안정성이 올라갔다고 보기는 어렵다.

외환위기 전 한국경제는 형평을 수반하는 성장으로 특징지어졌지만, 위기 후 소득분배는 급격하게 악화되었다가 그 후 변동이 있었지만 위기 전 수준으로 돌아가지 못했다. 외환위기 직후 구조조정 과정에서 대규모 정리해고가 소득분배를 악화시켰다. 그 후에도 일자리가 지속적으로 만들어지는 구도가 사라진 데다, 비정규직 노동자가 늘고 대기업과 중소기업 간의 하청구조가 확대됨으로써 소득분배가 악화되었다. 그런 노동시장의 사정은 노동소득분배율 하락과 표리관계를 이루면서 진행되었다. 노동소득분배율 하락은 주로 기업저축 증가로 나타나는데 그 소유권은 매우 불평등하게 분포되어 있다. 외자는 위기에서 살아남은 재벌과 함께 기업저축에 대한 중요한 소유자다. 외환위기 후 한국경제는 노동자의 이익이 희생된 위에 살아남은 재벌과 외자의 이해가 복잡하게 상호작용하는 체제가 되었다.

종합적으로 볼 때 외환위기의 결과는 부정적 평가가 불가피하다. 한국은 외환위기 전 십수 년간 과거 신중상주의 정책의 유산을 정리하려는 자유주의적 개혁을 하고 있었다. 그러나 외부 환경은 신자유주의적으로 바뀌어 있었고, 그런 환경에서 개방 과정이 잘못되어 1997년 외환위기가 일어났던 것이다. 외환위기가 일어난 후에는 외부의 신자유주의적 요구를 이용해서 자유주의적 개혁을 하려고 했지만, 그런 시도는 실패했다고 볼 수밖에 없다."

12 민주노총과 진보정치연합은 97년 대선에서 민주노총 위원장이던 권영길을 대통령 후보로 추대했다. 권영길은 1.19%를 얻었다. 진보정치연합은 노회찬, 조승수 등이 주도하였다.

13 김대중 정부에서 검찰 내 차관급은 41자리였다. 당시는 호남 출신 검사들 간에 권력 암투가 벌어졌다. 검찰청은 법무부의 외청일 뿐이지만, 오랜 세월 차관급이 수십 명에 달할 정도로 특별 대우를 누려왔다. 사법부도 고등법원 부장판사 이상들이 차관급 예우를 받아왔다. 노무현 정부에서는 차관급 자리가 더 늘어났다. 당시 검찰은 정권에 5년 내내 도전했다. 그리고 행정부와 지자체에 검사 파견이 점점 늘어났다. 이명박-박근혜 시절에는 검사 출신 정치인들이 전성기를 누린다. 박근혜 정부 때 47석이던 검사장 자리는 문재인 정부 들어 43석이 됐다. 검사장급들은 2019년 10월 관용차가 폐지되고 12월 차관급 예우가 사라졌다. 2022년 현재 공식적으로 차관급 이상 예우를 받는 사람은 법무부 장관, 차관, 장관급 대우를 받는 검찰총장 등 총 3명이다. 한편 사법부는 2017년 2월 고등법원 부장판사급 법관이 167명이었지만 김명수 대법원장이 2019년 2월 정기인사부터 고법 부장판사 신규 보임을 중단했다. 이후 고법 부장판사제가 폐지되면서 현재 차관급 대우를 받는 법관은 11명으로 줄었다. 하지만 이들은 직급과 호칭에 지금도 매우 민감하다.

한편 국회의원은 차관급이다. 많은 급여, 예우, 특혜를 받는다. 검사, 판사, 국회의원들이 누리는 파격적인 특혜의 본질은 무엇일까? 그것은 한마디로 '제도화된 뇌물'이다. 군사독재정권 시절부터, 집권세력이 자신들을 감시하고 견제할 권한을 가진 검찰, 법원, 국회를 '제도화된 뇌물'을 이용해서 매수하고 길들였던 것이다. 그 결과 검찰, 법원, 국회는 특권의식에 물든 기득권층이 되었다. '정치권력은 유한하지만 재벌은 영원하다'는 말처럼 '검찰 권력도 영원하다'는 말이 나오는 이유이다.

14 박창기는 그의 책 〈블랙오션〉(필로소픽, 2013)에서 이권 장악 집단을 0.1%, 이권 비호 집단을 1%, 이권 추종 집단을 10-20%, 침묵 대중 집단을 50-60%, 극빈 소외 집단을 20-30%로 잡고 있다. 2012년 박창기는 〈혁신하라 한국경제〉(창비, 2012)에서 한국 재벌의 독과점 역사와 현황, 관료, 정치인, 법조계 등의 결탁에 대해 상세히 다뤄 큰 파장을 일으켰다. 한편 이때의 계급 계층 분류를 〈블랙오션〉에서 조금 더 발전시킨다. 하지만 필자는 박창기의 분류와 조금 다르게 계급 계층과 사회의식이 일치하지 않은 점에 주목하여, 이를 구분하여 다룬다. 박창기의 두 책은 모두 우리 현실에 대한 실제적인 고발과 개혁적인 제도들을 제안함에 있어 의미가 매우 크다. 일독을 권한다.

15 과거 일제로부터 해방을 위해 피 흘리던 독립운동 단체들은 좌우를 막론하고 해방된 나라의 주요 정책으로 다음과 같은 내용을 주장했다. 특권계급에 의한 독재 배격, 전국의 토지와 대생산 기관의 국유화, 의무교육, 보통 선거제, 지방자치제, 남녀평등, 거주 언론 출판 집회 결사 신앙 통신 등의 자유, 8시간 노동제, 파업권 보장 등이 그것이다. 대표적으로 대한민국 임시정부 건국강령(1941)을 보면 알 수 있다. 이는 해방 이후 제헌 헌법에도 상당 부분 반영되었다. 그러나 이런 내용들은 80년대에도 많은 단체가 주장한다. 즉 해방 이후 40년이 지났어도 많은 문제가 해결되지 못했기 때문이다. 이런 의미에서 필자가 '80년대 과제'라고 사용하고 있다.

16 빈곤층, 즉 하층에서 수구정치세력을 지지하는 현상은 오래된 일이다. 이에 대해서는 한국에서 여러 측면에서 많은 연구가 있다. 여기서는 간단하게 필자의 견해를 밝힌다. 독립성을 잃은 개인들은 권력(돈, 힘, 명예 등)에 의한 종속을 통해 순응한다. 종속된 개인은 정신적 사회적으로 무기력해지고 권력을 동경하고 찬양하며 권력과 관련된 문제들에 대해 부자연스러울 정도로 주의를 기울인다. 이것이 독재자나 지배세력을 찬양하고 이들에게 투표하는 하층계급 행동으로 나타난다. 종속적인 개인은 폭력적인 이데올로기들의 먹잇감이 되고, 동원되는 군중이 된다. 그러면서 개인은 자신을 권력과 동일시하게 된다. 이를 우리는 이명박-박근혜 정권 때, 태극기부대 등에서 보게 된다. 수구정치세력은 이를 매우 의도적으로 조직하고 육성하며 관리한다. 종편도 중요한 도구로 기능한다.

17 김대중 정부 때부터 민주당 정치인들은 재벌 및 관료들과 유착관계를 형성했고, 법조, 언론, 학계, 종교계 등과도 관계를 형성했다. 노무현은 2002년 대선에서 소액후원자들의 돼지 저 금통 모금으로 7억6000만 원을 모았지만, 안희정을 통해 삼성으로부터 30억 원을 받았다. 또 인수위 때 이광재가 삼성경제연구소로부터 국정과제를 받았고, 경제관료들이 재벌과 외 자의 이익을 위한 정책을 세우고 집행한 것 등은 후에 언론을 통해 알려졌다. 또 삼성에 각 료를 추천해달라고 요청해 삼성 내에서 논의하여 추천한 사례가 노무현 정부 첫 정보통신 부 장관인 진대제 삼성전자 사장이었다. 이건희 회장의 처남인 홍석현 중앙일보 회장의 주 미 대사 기용도 마찬가지였다. 반면 삼성에 불리한 정책을 추진한 인물들은 자리에서 물러 났다. 삼성생명이 계약자 몫인 3조원을 주주 몫으로 변칙 회계한 것을 제기한 이동걸 금융 감독위원회 부위원장, 국무회의에서 금산법 개정안에 대해 문제를 제기하는 등 재경부, 금 감위, 삼성에게 껄끄러웠던 이정우 정책실장은 밀려났다. 삼성경제연구소는 노무현 정부가 주장했던 동북아 중심 국가론, 신성장동력 개발론, 혁신 주도형 성장론, 산업 클러스터론, 한미 FTA에 이르기까지 국정 과제를 제시하며 노무현 정부에 영향을 미쳤다. 게다가 정부 는 삼성인력개발원에 정부 부처 과장급 이상 공무원들의 교육을 위탁했다. 노무현 정부에 서 '친노'라 불리는 집권 정치인-경제관료-삼성 간 결합은 매우 강화됐다. 이후 열린우리당 정치인들이 재벌과 밀접하게 관계가 형성되어 있음은 'X 파일', '삼성 장학생' 보도를 통해 알려졌다. '삼성 공화국'이라는 말이 일반화됐다. 이런 점에서 김대중-노무현 시기에 민주당 정치인들이 재벌에 '포획되기 시작하였다'고 언급한 것이다. 사실 노무현 정부 때는 '포획'이 아니라 '동맹을 맺었다'는 것이 더 적절한 표현일 것이다. 반면 노무현 정부 시기 법을 통해 '비정규직의 제도화'가 이루어졌다. 사회경제적 하층의 생활은 개선되지 않았고, 중산층은 꾸준히 약화되었다.

18 한국선거학회가 2007년 대선 직후 실시한 국민여론조사는 이런 견해에 힘을 보태주고 있다. '노무현 정부 5년에 대해 어떻게 평가하느냐'는 질문에 '잘못하고 있다'는 비율이 71.9%인 반 면, '잘하고 있다'는 응답은 27.1%에 불과했다. 2002년 대선에서 노무현 후보를 지지했던 사 람들조차 '잘못하고 있다'는 비율이 62.5%로 '잘하고 있다'(37.1%)보다 훨씬 많았다. 더구나 '5년 전과 비교해 우리나라 경제 사정이 어떠냐'는 질문에 '좋아졌다'는 4.4%에 불과하고 '나 빠졌다'는 이보다 10배 이상 많은 59.3%였다. 노무현 정부 5년에 대해 '매우 잘못하고 있다' 고 평가한 사람의 73.1%, 5년 전과 비교해 우리나라 경제 사정이 '나빠졌다'고 응답한 67.5% 가 이명박 후보를 지지했다는 사실은 노무현 정부에 대한 일반 국민들의 분노가 얼마나 강렬

했는지를 잘 보여주는 것이다. (출처. 김형준 명지대 교수. 2012.2. 월간 조선)

19　이명박은 대선 후보 때 '기업 하기 좋은 나라'라는 슬로건을 걸었는데, 이는 삼성이 노무현 정부 때부터 강조한 것이다. 이명박의 '국민성공시대'라는 구호도 삼성의 작품이었다. 또 그는 삼성의 숙원인 '삼성은행 설립'을 위한 '금산분리정책 철폐'를 주요 공약으로 내걸었다. 삼성은 노무현 정부 시기에 이데올로기 장악에 성공하면서 하나의 재벌 이상의 '사회적 권력'으로 자리 잡았다. 삼성의 주장은 그 어느 것보다 우선시되고, 삼성의 이익이 사회 전체의 이익인 것처럼 여겨지며, 삼성이 하는 것은 한국 사회의 '표준'으로 인식되었다. 이런 일은 이명박-박근혜 시기에도 계속되었다. 박근혜 말기 '국정 농단' 사태가 터진 후 이명박과 삼성, 박근혜와 재벌들 간의 관계가 상당 부분 드러나면서 그 이유가 밝혀졌다. 이명박 정부 시기 지배세력은 재벌-정치인-관료-법조-언론-학계-종교-전문가 집단으로 구성되었다. 재벌이 정치인과 관료 사회를 포획하였음이 많은 사건을 통하여 드러났다. 반대쪽에는 민주당의 일부-진보정당-시민사회단체-민주노총, 전농, 전빈련, 진보단체 등이 있었다.

20　중요한 것은 중앙일보는 조선, 동아와 달리 상위 10%보다는 상위 25%를 자기 기반으로 삼고 있고, 강남, 분당, 일산 등에서 2011년 기준 40대 구독자 대상으로 1위인 언론기업이다. 요일마다 섹션을 만들어내는데, '중산층의 욕구'에 가장 맞는 의제들을 생산했다. 종편도 중앙은 예전 TBC 이름을 달았고, 알다시피 삼성과 함께했다. 조동이 80년대 과제의 반대편에 서서 무식한 짓을 서슴지 않고 있다면, 중앙은 매우 세련된 자본주의, 신자유주의, 돈의 중요성을 주장하고 전파하는 언론기업이다.

21　필자는 당시 박근혜가 '최초의 여성 대통령'을 핵심적인 대권 논리로 꺼낼 가능성을 높게 보았다. 이 용어가 박근혜와 이명박의 대선 경선 과정에서 나왔을 때 진보적인 여성단체에서도 박근혜에 대한 지지가 많았다. 또 미국 대선에서 긴 시간 동안 힐러리 클린턴이 나왔던 학습효과에다, 박근혜가 부정부패 이미지는 없고 원칙론자의 이미지를 가지고 있는 점도 컸기 때문이다. 그리고 여러 나라에서 여성 지도자가 부상하는 추세, 우리 사회에서도 많은 분야에 서 여성의 약진이 이루어지고, 특히 20-30대에서는 양성평등이 크게 개선되는 점도 트렌드라고 보았기 때문이다. 2012년 대선에서 박근혜 캠프는 이를 실제로 꺼냈다.

22 주16)에서 본 것과 기제는 비슷하다. 하지만 다른 점은 청년들은 주로 온라인에서 의견을 표출한다는 것이다. 2010년경부터 시작된 '일베' 같은 문화가 그것이다. 한편 청년들은 이전 세대보다 돈에 대해 매우 민감하다. '개인적으로 살아남기', 가족, 친구, 사회로부터 '인정받기' 위해 고투하고 있다. 우석훈, 박권일의 '88만원 세대'가 출간된 것이 2007년이었다. 책의 저자들은 "지금의 20대는 상위 5% 정도만이 한전과 삼성전자 그리고 5급 사무관과 같은 '단단한 직장'을 가질 수 있고, 나머지는 이미 인구의 800만을 넘어선 비정규직의 삶을 살게 될 것이다"고 말하였지만, 청년들은 '돈'과 '인정받기'가 여전히 중요했다. 이런 현상은 2008년 이후에도 계속 심화되었고, 2011년 경향신문 시리즈 '복지국가를 말한다'에서 연애, 결혼, 출산을 포기한 '삼포세대'로 명명된다.

23 이 선거에서 나온 막대한 무효표에 관해서는 다음 신문기사를 참조하기 바란다.
http://www.ajunews.com/view/20140609182229228

24 1987년 개헌 이후 제6공화국 첫 정부였던 노태우 정부 때부터, 현재까지 이른바 '제왕적 대통령제'가 항상 한국 정치의 문제라고 지적돼왔다. 이에 대한 정의와 적용에 대해서는 다양한 의견이 있다. 주로 한 정당의 리더가 대통령에 당선되어 행정부를 장악한 상태에서, 국회의원 공천권과 장관직 등을 무기로 하여 집권당 의원들을 통제하고, 삼권 분립의 국정운영이 아닌 국회와 국정원, 검찰, 경찰, 국세청, 공정거래위 등 행정부 권력, 그리고 대법원장과 대법관에 대한 임명권을 통한 사법부 권력을 전체적으로 동원하는 방식의 정치행위를 하는 것을 뜻한다. 한편 안철수는 다당제 성립이나 내각제 추진을 위해서가 아니라, '대선 출마'를 위해 신당을 창당했다. 현재 유권자의 대다수는 국회의원들을 신뢰하지 않고 있어, '내각제 주장'이 유권자들에게 받아들여지지 않고 있다.

25 필자가 앞에서 말한 3계층과 3가지 사회의식은 계속 변화하였다. 이 중 3계층의 변화에 대해 몇 가지 통계를 보자. 먼저 97년 IMF 사태 이후 15년이 지난 2012년 자료이다.

〈자료 1〉
"나라 튼튼해진 외환위기 15년 서민들 살림은 잃어버린 15년"

1. 국가

   수출: 1,361억6,400만 달러에서 5,552억 1,400만 달러로 4배 상승

   외환보유액: 203억500만 달러에서 3,064억200만 달러로 15배 상승

2. 기업

   매출(100대 기업 매출 합계) 542조 원에서 2,062조원으로 상승

   부채 비율: 390.00%에서 170.98%로 하강

   현금 보유액(상장회사의 현금 및 현금성 자산): 22조원에서 57조원으로 상승(출처. 중앙

   일보 2012.11.20.)

〈자료 2〉

1. 중소기업(300인 미만) 총 312만 개, 종사자 1,226만 명.

   이 중 소상공인은 275만개(88%)이고 종사자 수가 952만 명, 제조업체는 32만개(10.4%)

   고 274만 명(22.3% 고용)이 일을 한다.

   중견기업(중소졸업 비대기업)은 총 1,291개, 종사자 80만 명

   대기업(상호출자제한집단)은 53개 기업집단 총 1264개, 종사자 118만 명

2. 총 사업체 수 비율: 중소기업 99.9%, 중견기업 0.04%, 대기업 0.04%

   총 종사자 수 비율: 중소기업 86.8%, 중견기업 6.5%, 대기업 9.6%

3. 자영업자: 580만 명(도소매업 28.6%, 음식숙박업 21.2%)

   자영업자는 매년 43만개를 설립하고 39만개를 폐업한다. 이중 고용원이 없는 자영업자

   는 429만 명(74%)이다. (출처. 중소기업청, 중견기업정책과, 2012.10.16.)

〈자료 3〉

한국비정규노동센터는 지난 8월 통계청 경제활동인구조사 부가조사 자료를 재분석한 결과

비정규직 비율이 47.5%로 나타났다고 1일 밝혔다. 비정규직 노동자는 현재 843만여 명이

다. (출처. 파이낸셜뉴스. 2012.11.1.)

〈자료 4〉

1. 자영업자 580만 명 중 67%인 388만 명이 평균 1억 대출, 급여생활자의 2배 수준.

2. 가계의 가처분소득 대비 부채비율은 1997년 93.08%에서 2011년 163.73%로 2배가량

   급증하였다.

3. 가계저축률=(총소득-총지출)/총소득은 1997년 12.60%에서 2011년 4.30%로 3배가량

감소하였다. (출처. 2012.11.14. 한국은행)

자료들을 보면 국가와 대기업은 좋아졌고, 자영업자와 노동자의 삶은 매우 힘들어졌음을 알 수 있다. 가계의 저축은 급속히 줄어들고 부채는 급격히 늘고 있음도 알 수 있다. 알다시피 이 기간에 대기업과 중소기업의 임금 및 노동조건 차이는 계속 커졌고, 비정규직의 제도화로 인해 비정규 노동자가 급증했다. 조기 퇴직 등 고용불안은 자영업자를 양산하고 있는데, 매년 창업자 대비 폐업자 비중은 90%에 달하고 있다.

〈자료 5〉
"상위 0.1% 근로소득 155% 늘었는데 나머지는?"
김낙년 동국대 교수(경제학)가 23일 〈한겨레〉에 제공한 '한국의 소득불평등, 1963~2010: 근로소득을 중심으로'란 제목의 논문에서 (중략) 1996년부터 2010년까지 근로소득 상위 20%(5분위)의 1인당 연평균 근로소득은 41.3% 증가한 6,856만 원을 기록했다. 범위를 더 좁혀 최상위층으로 올라갈수록 증가 폭은 훨씬 커지는 것으로 나타났다. 지난 14년 동안 근로소득 증가율은 상위 10%의 경우 53.8%, 상위 1%는 77%, 상위 0.1%는 155%로 점증하는 양상을 보였다. 이 가운데 상위 0.1%에 해당하는 1만6971명의 2010년 기준 1인당 연평균 근로소득은 5억 4,435만 원으로 추정됐다. (이하 생략) (출처. 한겨레신문 2012.10.24.)

〈자료 6〉
하나금융연구소 보고서에 따르면 국내에 금융자산 10억 원 이상을 보유한 인구는 15만9천 명으로 20세 이상 성인 인구(4,046만 명)의 0.39%인데, 이들이 보유한 금융자산은 약 445조원으로 국내금융자산의 19%라 한다.(출처. 시사저널. No. 1212. 2013.1.8.-1.15.)

김낙년의 연구는 한국에서는 처음 발표된 자료로 매우 큰 의미를 가지나, 근로소득과 소득 집중도에 국한된 아쉬움이 있었다. 근로소득 상위 20%, 10%, 1%, 0.1%의 상승을 볼 수 있다. 특히 상위 20%의 근로소득이 41.3% 증가한 것은 시사하는 바가 많다. 즉 '근로소득'이라는 점에서 대기업, 공기업, 전문직 등의 소득이 꾸준히 증가했음을 알 수 있다. 앞의 (주 14) 및 그 대목 본문에서 상위 20%를 '이권 추종 집단화'라고 표현했는데, 이 기간에 실제로 이렇게 진행되었음을 뜻한다. 한편 이 상위 20%에는 민주노총과 한국노총을 주도하는 대기업, 공기업 노조, 전교조 등이 상당 부분 포함된다. 조중동 등에 의해 이른바 '노동귀족론'이 나온 것은 이를 배경으로 한다. 대기업, 공기업 노조들과 전교조에서 정규직과 비정규직의 차이를 용인, 확대, 제도화하는 데 동의하고, 일부에서는 '세습 일자리 요구' 등을 한 것은 분명한 사실이다. 이점은 비판받아 마땅하다. 하지만 이들 중 상당수가 기본급이 아닌 특근, 야근 등을 통한 장시간 노동으로 소득 보전을 해야만 했던 점, 권력과 자본의 방해에 따라 한국의 노조 조직률이 턱없이 낮은 점, 같은 시기 기업들이 '주주 중심주의' 논리에 따라 '단기 경영목표'가 일반화되며 주주 배당이 대규모로 확대되고, '노동자 몫'과 '하청업체 몫'을 급격히 줄여나간 점도 지적해야 한다. 한편 시사저널의 기사는 '금융자산'이 근로소득 외에 사업소득, 부동산소득, 배당소득을 포함한 것이므로, 자산 불평등이 매우 커졌음을 알 수 있다.

이상의 통계들을 기초로 볼 때, 필자가 든 3계층은, 1987년-1997년까지와 달리 1998년-2012년 사이에 급속한 변화가 있었음을 알 수 있다. 즉 상층 10%, 중산층 10-70%, 하층 30%를 초기 기준으로 잡았는데, 상층 10%의 자산이 대폭 증가하며 지배력이 커지고, 중산층은 자산이 줄어 20-60%로 축소되며, 하층은 30%에서 40%로 늘어난 것으로 확인된다. 소득, 자산과 불평등 심화에 대한 연구는 이후 계속 진행되어 2018년에 많은 학자에 의해 그 결과가 발표된다. 이를 토대로 한겨레사회문제연구원에서 '한국형 불평등을 말한다'는 기획 시리즈를 한겨레신문에 2018년 10.8.-10.18. 연재하였다. 이 연재에서 몇 가지 핵심만 인용한다. 연재 시리즈를 간단히 요약하면 근로소득보다 자산소득(부동산, 주식 등)이 핵심이 되었고, 자산을 갖지 못한 이들의 소득은 더 급격히 줄어들고, 부의 세습이 심화되고 있고, '불평등 심화'는 주거, 출산, 육아, 돌봄 등 여러 분야에 직접 영향을 미쳐, 다수 대중의 삶의 질을 급격히 악화시키고 있다는 것이다.

"'연구원'이 입수·분석한 국세청의 자료들을 보면, 2016년 한 해 동안 근로소득과 이자·배당·부동산임대소득 등을 합쳐 최소 1억 원 이상을 번 사람은 88만 명에 이른다. 같은 해 하위 37% 아래 집단에 포함되는 800만 명은 최저임금 연 환산액(1,512만 3,240원)만큼도 벌지 못했다. (중략) 2016년 귀속분 통합소득 2,400만 원은 상위 46%의 경계값에 해당하는 수치다. 뒤집어 말하면, 근로소득과 재산소득을 합쳐 한 해 소득이 2,400만 원에도 미치지 못한 사람이 54%(1175만2600명)에 이른다는 뜻도 된다. (중략)
자산 불평등이 '불평등의 구조화'에 가장 큰 영향을 주고 있으며, 자산 불평등이 심각해짐에 따라 전반적인 불평등도 더 심화하고 있다는 연구 결과가 나왔다. (중략) 자산 불평등은 세습을 통해 더욱 심해지고 있다. (중략) 자산이 지배하는 사회는 결국 현재보다는 과거가 미래를 좌우하는 세상이다. (중략) 김낙년 교수는 연간 상속(증여) 규모와 저축액을 장기에 걸쳐 누적해봤을 때, 우리나라 전체 부의 축적에서 상속 등의 이전 자산이 차지하는 비중이 2000년대 이후 과거보다 크게 높아져 42%에 이른다고 추산했다. 일을 해 번 돈을 저축하며 부를 늘려가던 사회가 더 이상 아니란 뜻으로 풀이할 수 있다. (중략) 정준호 강원대 교수는 "상층 자산계급이 자산의 대부분을 독점하고 상속·증여를 통해 불평등 구조를 직접적이고 노골적으로 확대 재생산하는 흐름이 한국에도 이미 출현했다"고 평가했다. (중략) 주거불평등이 출산율도 낮춘다. (중략) 시간의 불평등은 돌봄, 여가, 사회적 관계 등에서 격차를 만들어 다른 불평등을 강화하고 재생산하는 연쇄 고리가 된다."

한편 통계청이 2022년 2월 발표한 '2021년 사회조사' 결과에 따르면 지난해 월평균 가구 소득이 600만 원 이상인 사람 중 91.1%는 본인의 사회적 경제적 지위가 '중' 이하라고 답했다. 34.7%는 자신이 중하층에 속한다고 했고, 12.8%는 하층에 속한다고 답했다. 소득이 높은 구간인 사람들에게서 나타난 이런 현상은 근로소득과 자산소득 간 격차에서 비롯된 것으로 보인다. 최근 몇 년간 부동산가격이 폭등했고, 근로소득이 많아도 무주택자들은 자신을 상층으로 분류하지 않기 때문이다. 이런 '사회의식'은 현재의 한국 자본주의 사회가 '자산 중심' 사회임을 뜻한다. 그리고 모든 '사회의식'의 근본은 '계급' 문제임을 다시 한번 확인해준다. 사람은 매우 다양한 경험과 생각을 가지고 살기 때문에, 하나의 흐름을 갖는 '사회의식'은 의제가 집중적으로 표현될 때(주로 선거 때) 그것들을 비교적 정확하게 파악할 수 있다. 이 점에서 필자가 분류한 '진보층', '수구층', '합리성층'은 아직 유효하다. 다만 각층의 '사회의식'이 어떤 시점에 특정 내용이 중요해지고, 그것들이 현실에서 어떻게 대립하고 투쟁하여 다시 새롭게 변화하는지는 추이를 계속 살펴야 한다. 구성비의 변화도 마찬가지이다. 앞에서도 말했지만 '계급계층'과 '사회의식'은 일치하지 않는 면이 많다. 하지만 크게 보아 사회의식은 계급계층의 처지를 반영한다. 우리가 바로 위에서 본 2012년의 통계들에 기초하여, 사회의 변화를 예상하고, 사회의식의 변화에 맞는 실천 활동을 했다면(특히 정당의 정치 활동) 정치 구도는 상당히 달라졌을 것이다. 참고로 필자는 2022년 현재 3계층은 '자산과 소득'으로 볼 때 상층 20%, 중산층 30-40%, 하층 50% 정도인 것으로 추론한다.

26 지방자치제는 1991년 지방의회만 선거로 구성되었고, 1995년 6월에 자치단체장 선거가 진행되며 본격화되었다. 이후 부정부패, 비효율, 전시행정 등이 문제로 지적되어왔다. 그중 단체장-지방의원-공무원-지역 기업 간 부정부패는 끊이질 않았다. 김대중 정부 이후부터 국회의원이 비리 사건으로 구속되는 경우는 거의 없는 반면(이전에는 국회의원들이 기업으로

부터 돈을 받거나 이권에 개입한 사건이 많이 드러났었다), 단체장이나 지방의원들의 경우는 너무나 많다. 이는 이들에 대한 공천권을 정당의 지역위원장(주로 전현직 국회의원)이 행사하고, 이들이 '상납을 받는 구조'이기 때문이라는 것이 '정설'이다. 특히 단체장은 선거 비용이 많이 든다. 이는 지방으로 갈수록 더 그렇다. 이 비용을 회수하기 위해 많은 단체장이 '무리'를 하게 되어있는 것이 현재 구조이다. 또 지방일수록 단체장-지방의원-공무원-지역 기업인 등은 혈연, 학연, 지연 등으로 얽혀 있다. 지방자치제의 원래 취지인 '주민 자치'(풀뿌리 민주주의)와 '지방자치단체의 자치'(중앙정부로부터의 권한 이양 등) 중 후자가 압도하고 있는 것이 현실이다. 그래서 보통 '토호세력'이라는 말을 많이 사용한다. 특정 정당이 장악하고 있는 영남, 호남지역에서 특히 두드러진다.

27 2015년 하반기에 정의당의 노회찬, 민중연합당, 노동당 등과 천정배, 정동영, 그리고 시민사회단체의 주요 인물들 간에 '통합신당' 논의가 여러 달 있었다. '통합신당'의 성격은 '민주노동당'과 비슷했다. 당시는 정동영, 천정배가 진보적인 행보를 하던 때였다. 노회찬, 노동당은 당내 설득에 어려움을 겪었고, 민중연합당은 가까운 세력들을 설득하는데 어려움을 겪었다. 시민사회단체들도 일부 힘을 모았다. 하지만 논의가 길어지자 정동영, 천정배가 이탈해서 12월 초 안철수와 손을 잡았다. 그리고 진보정당들은 각개약진을 하게 되었다.

28 촛불 과정에 대한 상세한 내용은 다음 책들을 참고하기 바란다.
〈박근혜정권퇴진 촛불의 기록 1, 2〉(박근혜정권퇴진비상국민행동 기록기념위원회. 2018.)
〈촛불과 함께한 모든 날이 행복했습니다〉(퇴진행동 기록기념위원회 엮음. 동연. 2021.)

한편 당시는 정국이 극히 유동적인 상황이었다. 당시 광장을 준비하고 이끈 이들의 인식이 어땠는지에 대한 독자들의 이해를 돕기 위해 올린다. 11.5. 직후인 11.7에 비상시국회의 등 당시 광장 운동가들에게 긴급히 회람된 글 중 일부이다.

"지금은 비상시국이다. 두 세대 전의 4월 혁명이, 한 세대 전의 6월 항쟁이 시작되고 있다. 지금은 각 계급계층의 정치적 대표자들에 의한 상호투쟁이 격화되고 있으며, 정치적 대표자들은 급격히 분화하고 있다. 지배세력동맹 내의 투쟁, 집권세력과 야당 간의 투쟁, 야당들 간의 투쟁, 여야에 맞선 광장에서의 대중의 투쟁이 혼재되어 있다. 박근혜 정권의 몰락은 필연이다. 정치 경제 사회 문화 등 모든 분야에 걸쳐 오래 쌓여 온 여러 모순과 오랜 기간 참고 견디던 대중의 분노가 드디어 행동으로 표출되고 있기 때문이다. 그러나 그들의 몰락과 대중의 승리는 결코 간단하게 오지 않는다(실제로 2018년에 박근혜가 종교계, 재야인사, 시민사회단체 인물들로 구성되어 있던 '민주주의 국민행동'을 간첩단으로 조작하려 했고, 군대를 동원한 친위쿠데타 계획을 세운 것이 밝혀졌다. 당시 기무사령관은 도망가서 지금도 미국에 있다).

(1) 정세와 각 정치세력의 입장
- 새누리당

지배세력동맹을 정치적으로 대표하는 청와대와 새누리당은 집단적인 혼란 속에서 분화하고 있다.

친박 세력은 최순실 등 비선세력에 의해 정치적 존립 근거가 매우 약해졌다. 그러나 이들은 박근혜를 정점으로, 김기춘 최병렬 강창희 등과 이정현 최경환 정진석 등을 통해, 대통령 사과-청와대 개편-총리 지명-대국민 담화-책임총리제-박근혜의 2선 후퇴 표명-영수회담-정국수습-개헌 국면으로의 전환 등을 통해 공세로 전환하고 있다. 이들과 수구 언론, 재벌, 검-경-군-국정원 등이 호흡을 맞추고 있다. 이들은 제도적 권리를 이용하여 최대한 시간 벌기를 하고 있다. 야권의 요구를 일일이 쉽게 들어주지 않는다. 왜 이들이 야당들과 광장의 비판을 무릅쓰고 협의 절차 없이 어이없게 '김병준 카드'를 꺼냈을까? 간단하다. 시간 벌기이다. 이게 관철이 되면 더 좋고 관철이 안 되면 다른 이를 총리로 내면 된다. 언론을 통해 책임총리제나 거국중립내각에 대해 광장은 분노하지만 원내정당들인 여야는 받아들이는 분위기이다. 즉 이들의 카드가 먹힐 토대를 만들어 놓았다는 것이다. 김종인과 손학규의 발언은 이를 뒷받침한다. 이 시간 벌기 카드는 또한 급격한 정국 수습방안을 원내정당들의 몫으로 즉 국회로 만들어 놓으려 하는 것이다. 한편 이들은 계절이 겨울로, 연말연시로 가면서 생기는 자연스런 광장의 힘의 약화를 계산하고 있다. 명심하자. 이들은 정보, 자금, 언론, 물리력을 가지고 있는 집단이다. 이 중 어느 것 하나도 아직 무너진 상황이 아니다. 광장을 약화시키고, 야당을 광장과 분리하는 것, 지배동맹 내에서 주도권을 뺏기지 않는 것, 이것이 이들의 현재 목표이다.

비박 세력은 새누리당이라는 간판을 더 이상 감당하기 어려운 국면이다. 분당을 무기로 하여 당권을 내놓으라고 친박을 공격하고 있으나 아직까지는 소득이 없다. 이들은 당권 획득-친박 정치인 제거-당명 전환-새로운 보수 천명-여야에 의한 거국중립내각수립-박근혜 2선 후퇴-개헌 및 대선 국면으로의 전환을 바라고 있다. 이들이 탈당 및 분당을 하는 순간 야 3당과 손을 잡고 국회는 탄핵국면으로 돌입하게 된다. 하지만 이들 세력은 단일하지 않고 미래권력을 세우는 데 입장이 서로 다르다. 김무성 류승민 남경필 중 1인이 합의된 지도자로 떠오르기는 아직 이르다. 또 이들은 탈당 이후 정치 생명의 유지가 어려움을 잘 알고 있는 집단이므로 탈당 선택에 주저하고 있다. 또 지금은 반기문의 내년 초 입국을 통한 재집권 전략이 새누리당의 변신을 통해서인지 아니면 신당을 통해서 일지 알 수 없는 유동성 때문에 더욱 몸을 사리고 있다. 또 친박이든 비박이든 국회의원들은 이제 임기가 6개월 되었을 뿐이다. 3년 6개월이 남아 있다. 이들은 결코 국민을 위해 일하지 않는다. 자기의 입지가 중요할 뿐이다. 자신들이 새로운 권력 서클을 가지고 싶은 것, 이것이 비박의 욕심이다. 이 때문에 비박의 투쟁은 멈추지 않을 것이다.

수구 언론은 기업으로서의 생존을 위해 형식적으로는 박근혜 정권에 등을 돌렸고, 꼬리 자르기를 통한 시국수습과 수구세력 내의 질서재편을 진행하고 있다. 이들의 목표는 당연히 재집권이다. 이를 위해 이제 야당 공격에 나서고 있다. 안보와 경제위기라는 명분을 가지고 '국정 혼란론'을 본격적으로 제기하기 시작했다. 수구 종교는 신자들의 분노를 박근혜-최순실의 사교적 주술행위로 국한하며 지배세력동맹의 본질을 감추고 있다. 재벌들은 지배동맹의 중심축이지만, 미르-K스포츠재단 비리 건 등을 통해 피해자로서의 태도를 취하기로 입장 정리했다. 이들에 대한 본질을 드러내려 일부 언론이 애를 쓰지만 언론의 밥줄을 쥐고 있는 재벌을 정면으로 공격하기는 힘들다. 고위관료들은 침묵하고 있다. 겉으로는 복지부동하고 있는 것처럼 보인다. 그러나 이들은 정치인-재벌-언론 등에 의해 그 자리에 오른 사람들이고 이익을 주고받아 온 사람들이다. 이들이 지배세력동맹의 행정력을 가지고 있다. 이들은 중하위 관료들을 변함없이 장악하고 있다. 물리력을 가진 검찰-경찰-군-국정원 등은 꼼짝 않고 있다.

현재 지배세력 내에서 은밀하게 야권에 정보를 주는 일은 벌어지고 있는 것으로 보인다. 그러나 적극적 행동은 아직 나타나고 있지 않은 상황이다. 균열은 분명히 있다. 균열을 넘어 깨지는 데에는 차기 권력이 야권으로 넘어갈 것 같은 상황이 확실해지는 것, 생존을 위해 비박이 친박과의 투쟁을 더욱 격렬히 벌이는 것, 지배동맹 내에서 책임 소재를 둘러싸고 상호투쟁이 격렬해지는 것, 차기 권력의 방향을 세우는 의견이 격렬히 대립하는 것 등에 따라 결정될 것이다. 이 근저에는 물론 야당과의 투쟁, 대중과의 투쟁이 있다.

- 더불어민주당, 국민의 당

중산층과 서민을 대변한다고 자처하는 야당들은 서 있는 자리나 행동이 실제 그렇지 않음을 우리는 익히 알고 있다. 이들 또한 지배세력의 일원으로 살며 행동하고 싶어 한다. 이들이 새누리당과 맞서는 것은 오직 권력이 새누리당 집단에 의해 독점되었을 때, 이를 나누어 갖기 위해 투쟁할 때뿐이다. 따라서 이들의 투쟁은 본질적인 사회경제적 의제들의 해결과는 거리가 멀고, 주로 민주주의 문제 그것도 권력독점으로 인한 폐해를 지적하고자 하는 절차적 민주주의 문제에 머무를 때가 태반이다. 마침내 이들이 때를 만났다. 대통령이 몸통인 권력형 부정부패 및 국정농단 사태가 터진 것이다. 야당의 집권이 가능한 상황이 대규모로 터진 것이다. 급격한 새누리당의 지지율 하락과 야당의 상승을 즐기고 있다. 우상호는 이 사태 이후 명확히 '하야 투쟁을 위해 거리로 나오는 일은 없을 것'이라 말했다. 추미애 박지원은 언급을 피했다. 그러나 당 지도부와 유력 대권 주자들 간에 입장이 분화되고 있다.

이재명, 박원순, 안철수가 '하야'를 주장했다. 문재인은 부자 몸조심하고 있다. 안희정과 김부겸은 이 국면에서 존재감이 없다. 이제 야권 주자는 넷으로 압축되었다. 지금의 하루는 평소의 한 달이나 1년에 해당할 만큼 급격한 정치 투쟁의 고양기이기 때문이다. 문재인의 최대요구는 박근혜 퇴진 없는 거국중립내각이고 공정한 대선 관리이다. 박원순과 안철수는 단지 하야만을 말했을 뿐 이후 정치 경로에 대해서는 아직 발표가 없다. 박원순은 거리로 나왔고 안철수는 아직 안 나온 것이 차이일 뿐이다. 이재명은 박근혜 하야-광장에서 추천하는 이들로 과도중립내각 설치, 새누리당 배제- 대선-새로운 나라 건설을 말했다. 현재로썬 이재명만이 야권 주자 중 유일하게 하야와 이후 정치 경로에 대해 그리고 대중 편에 서서 광장의 요구를 명시했다. 광장에서 박수를 받을 수밖에 없는 이유이다. 그런데 이들은 모두 공식적으로는 당권을 가지고 있는 인물들이 아니다. 물론 문재인은 친문이라 불리는 당 지도부를 가지고 있고, 안철수는 당내에서는 가장 큰 대중적 지지자를 가지고 있는 정치인이긴 하나, 공식 직함은 없다. 그런데 역사는 비상시기에 한 정치세력 내에서의 투쟁이 결코 단일하게 이루어지지 않음을 일깨워준다. 여야의 대표들 및 청와대와의 타협 가능성이 높아지고 있는 지금 시점에서는 타협 후 정치 경로를 둘러싼 대립이 있을 것이다. 즉 유력 대권 주자마다 자신에게 유리한 선택을 요구할 것이고 이를 조율하는 것이 당 지도부의 역할인데 갈래가 많은 야당 특성상 이는 단일하게 처리되기는 쉽지 않을 것이다.

- 진보정당들

정의당은 10.27. 하야를 주장하며 거리로 나왔다. 노동당, 민중연합당, 녹색당 등은 이미 거리에 있었다. 하지만 전체적으로 현 시국에서 독자적인 영향력은 미약하고 떠오르는 인물도 없다. 대중적으로 알려진 노회찬 심상정은 이재명과 비교하여 전략적인 입지가 약하고 행보가 느리다.

(2) 현재 다음과 같은 몇 가지 시국 수습방안이 표출되고 있다.

가. 박근혜와 친박 일부

청와대 비서진 개편, 국무총리 지명과 내각 개편, 최순실 관계자 구속, 박근혜 사과, 개헌 국면으로 전환

- 여야 간에 타협 가능성이 낮음. 광장은 받아들이지 않음.

나. 비박-야권

박근혜 탈당, 거국중립내각의 결성, 박근혜 권력 무력화, 국회 권력 강화.

- 여야 간에는 타협 가능성 높음. 수구 언론들이 요구하고 있으며, 국정 혼란 명분으로 야당 책임론 부상시킴.

- 야권에서는 현재 다수의 견해임.

다. 광장

청와대 및 내각 인적 쇄신에 대한 문제 제기, 박근혜 즉각 하야 요구 커짐(11.5). 11.12. 더 커질것. 광장에서의 다수 목소리임.

- 하야 후 정치 경로에 대해서는 주관단체 어디서도 과감하게 의견을 내지 못하고 있는 상황임. 정치력이 모자라는 것임, 수많은 단체의 연대체로서의 논의 기능과 집회 중심 이기 때문임.

- 위의 청와대와 여야의 태도를 볼 때 광장의 목소리가 관철되는 경로는 다음 가능성이 높음.

비박 탈당(또는 투표 반란), 국회의 박근혜 탄핵안 발의, 박근혜 업무정지 및 탄핵, 새 헌정 질서 수립. 이는 야권이 나설 수 있도록 거리에서의 대중투쟁이 매우 고양되었을 때 가능함. 이를 위해 최선을 다해야 함.

(3) 재야의 복원-'박근혜퇴진 범국민운동본부' 결성

그간 민중운동단체들, 진보정당들, 시민단체들은 각각 자신의 의제들을 가지고 투쟁하고, 연대 활동을 해왔다. 이제 드디어 때가 왔다. 각성한 수백만의 시민들이 직접 나설 수 있도록 해야 한다. 그러려면 선두에 선 이들의 성격이 명확해야 한다. 지금은 '정치적인 의미'를 정확히 갖는 '재야'가 선두에 서야 하는 시점이다. 원내 야당들의 보수화와 대립하며, 거리와 광장에서의 분노에 찬 대중의 목소리를 표현하는 정치세력이 필요하다. 진보정당들과 노동자 농민 빈민단체들, 진보단체들, 시민단체들을 아우르는 조직이 필요하다. '87년 국본'

처럼, 대중의 분노와 행동을 하나로 묶어 세우며, 대열의 선두에서 헌신하며, "정치 활동"을 수행할 수 있는 단체와 사람들이 필요하다. 이는 단지 80년대의 '재야의 귀환'이 아닌 이 시대의 "재야의 복원"인 것이다. 물론 군사독재정권 당시 투쟁하고 헌신했던 사람들의 참여는 중요하다. 여야 제도권과 맞서 비제도권의 힘을 모아내는 것, 이를 정치적인 힘으로 제도권을 변화시키는 것, 이것이 재야이며 이를 수행하는 것이 새로운 '국본'이어야 한다. 각성한 촛불시민 수백만에 기초한 재야의 복원, 바로 이것이다.

가. 국본은 민중운동, 진보정당, 시민사회단체의 구성원들이 잘할 수 있는 일이다. 사회 원로들과 각 분야의 대표성 있는 단체의 인물들이 망라되어야 한다.

나. 기존의 많은 단체와 대중에게 새로운 희망을 제시할 수 있다.

수십, 수백 가지의 문제를 단 하나의 슬로건으로 모아내는 것-박근혜는 퇴진하라! 새누리당 해 체하라! 이것이 현재 재야의 정치적 몫이다. 정부 여당과 맞선 야 3당의 활동은 거의 모든 분야에서 제한적이다. 사회구조에 대한 근본적 변혁에 관한 사항은 더더구나 미미하다. 이런 점에서 제도권에 맞선 비제도권의 표방이 중요하다. 박근혜정권 퇴진투쟁은 지난 대선 이후부터 정권에 의해 갇혀 있는 야당들의 프레임을 깰 수 있는 방법이며, 정권에 맞서 저항해왔지만 개별 의제 중심으로 활동이 제한되어 왔던 많은 단체들에게 용기를 불어넣는 일이다.

다. 국본의 힘이 커질수록 사회적으로 명확한 하나의 독립적인 정치세력으로 기능하게 된다. 이때부터 야당들과도 힘을 토대로 한 대화가 실제로 가능해진다. 우리는 4·19혁명이 미완에 이르게 된 데에 '국본'과 같은 투쟁 지도부가 없었음을 알고 있고, 6월 항쟁 이후 국본이 정치적 역할을 방기하면서 야당이 모든 정치적 성과를 가져가고, 결국 노태우가 승리한 역사적 교훈을 잘 알고 있다. 이들 교훈을 통해 2016년 국본은 독자적인 힘을 가지도록 해야 한다.

라. 이 힘을 가져야 향후 거국중립내각(또는 과도정부)이나, 개헌, 대선 등에서의 실제적인 활동이 가능하다. 개헌에서는 그 무엇보다 '기본권 강화'가 중요하다는 점만 언급한다. 한편 대선을 치를 수 있는 인적 물적 토대를 갖출 수 있다. 이는 각성한 촛불시민들이 합류하면 가능하다. 이 힘을 토대로 범진보진영의 혁신과 통합도 끌어낼 수 있다. 이 힘을 가지면 야당들과의 경쟁 및 협력이 가능하고, 연합권력 형성이 실제로 가능하며, 우리가 원하는 의제들을 중심으로 시대가 원하는 새로운 정권을 세울 수 있다.

마. 국본의 목표

정치적인 최대목표는 즉각적인 박근혜 퇴진이다. 최소목표는 국회를 통한 탄핵 가결이다.

(이하 생략)

광장은 투쟁의 지도부를 단단하게 세워야 한다. 핵심은 두 가지이다. '정치력'을 높이는 것과 '집행력'을 높이는 것이다. 현재까지 '여론전'에서는 광장이 여야를 이겨 왔다. '박근혜 퇴진, 새누리당 해체'를 외치며 역사를 만들고 있는 중이다. 그러나 정당들은 광장과 청와대의 대결을 국회에서의 정당 간 대결로 옮겨갈 계획을 세우고 있다. 광장의 정치 경로는 흔들리지 않아야 한다.”

이후 이 글의 내용 중 '집행력' 부분은 현실화하였고, '정치력' 부분은 현실화하지 못했다.

29 새누리당은 2017년 2월 13일 자유한국당으로 당명을 변경했다. 한편 새누리당에서 2016년 12월 27일 비박계가 탈당해 2017년 1월 24일 바른정당을 창당했다. 2018년 2월 13일 안철수의 국민의당과 바른정당이 신설 합당하여 바른미래당을 창당했다. 한편 2018년 초 국민의당과 바른정당의 합당에 반대하는 국민의당의 국회의원과 지역위원장들이 탈당하여 2월 6일 민주평화당을 창당했다(민주평화당은 이후 2020년 2월 민생당에 합류한다).

30 이른바 '중도' 세력은 2017년 대선 이후 계속 입지가 약화되었다. 이는 민주당을 진보로 자유한국당-미래통합당을 보수로 규정하며, 그 사이에서 입지를 갖고자 하는 정치세력의 자기표현이다. 이에 부응한 것은 '합리성층' 중 보수적 성격을 지닌 일부이다. 한편 2년 전 미투와 지방선거에서 신지예 현상으로 표출된 성(젠더) 이슈는 이 선거에서 신생 여성의 당으로 모였고, 이는 진보정당들의 지지율 하락과 연결된다고 보아, 진보로 분류하였다.

31 '워라밸'이라는 용어가 몇 년째 유행하고 있다. 일과 삶의 균형을 의미하는 단어로 Work and Life Balance를 한국식으로 줄인 말이다. 급여를 줄여도 나만의 시간을 갖고 싶다는 뜻이다. 88만원 세대, 수저계급론, 헬조선, 모태솔로, 청년실업, 비정규직의 제도화, 조기 명퇴 현상 정착, 제2 제3 인생론과 직업론 등의 용어들처럼, 불평등 사회의 개선이 더 어려워지면서 '레미제라블'(비참한 자들)의 몸부림에서 만들어진 용어라고 생각한다.

32 IMF 이후에 지배 카르텔 내에서 서열 변화, 관행, 문화 등이 변화한다. 그리고 집권세력의 권력 행사 방식도 변하고, '재정 확보' 방식도 변한다. 김대중 정부 때부터 두드러지는 것은 모피아라 불리는 '경제 관료'들의 힘이 매우 커진 것이다. 행정고시 출신으로 미국, 일본, 유럽 등에 유학과 연수를 다녀와 '내부 엘리트' 그룹을 구성하였던 이들이 이때부터 공개적으로 활동한다. 이들은 재벌 기업들의 전문 경영진, 금융권, 법조계, 언론계, 학계와 탄탄한 학연, 혈연, 지연을 구축하고 있었다. 특히 '학연'을 적극적으로 활용했다. 이들은 당시 상황을 '국란'으로 규정하며 언론과 학계를 동원하여 그들의 논리를 펼치며 '사회의식'을 지배했다. '글로벌 스탠다드', '소유가 아닌 전문 경영진론' 등이 그것이고, '국란 극복'은 정부의 핵심 구호가 되었다. 이들은 재벌과 노동자에 대한 생사여탈권을 쥐었고, 인수합병 등을 주도하며 '경제 권력'을 마음껏 행사했다. 이들은 IMF 및 배후의 미국 자본과 정부의 요구를 받아들이며, 오히려 그들의 요구보다 더 많은 것을 내준다. '국부 유출'을 주도하였다. 이들은 국부 유출과 재벌 퇴출, 재벌간 빅딜, 은행권 통폐합 등을 진행하며 막강한 힘을 자랑한다. 그러면서 이면에서는 재벌에 대한 통제력 강화, 금융권에 대한 통제력 강화, '론스타 사건'으로 대표되는 '국부 유출' 사건 등을 통해 스스로 '재정 확보'에 나선다(론스타 펀드의 활동은 한국계 미국인이 주도했는데, 펀드에는 종교계, 정치인, 관료 등의 한국계 자금이 포함되어 있다는 것이 정설이다). 과거 명절 때 받는 '인사 수준'의 금품 규모가 아닌, 수백 배, 수천 배 이상의 돈을 만드는 일들을 한다. 이른바 '이헌재 사단'의 중요 인물 중 하나인 변양호가 퇴직 후 대규모 '사모펀드'를 만든 것이 노무현 정부 때인 2005년이다. 설립 파트너로 리먼 브러더스 한국 대표이던 이재우와 모건 스탠리 한국지사 기업금융부문 대표이던 신재하가 있고, 이후 김앤장 법률사무소 변호사 박병무가 합류하였다. 사모펀드는 이후 관료 출신, 금융권 CEO 출신들에게 일반화된다. 사모펀드에는 금융권, 재벌, 관료, 정치인, 언론, 법조, 종교, 학계 등 지배 카르텔들이 참여하며, 외국계 자본도 참여한다.

한편 김대중 정부 때 벤처기업 육성 정책으로 '코스닥'을 통한 자산 증식 방식이 생기면서 '선수들'은 투자 유치-기업 투자-상장 또는 인수합병-자본 이득의 각 과정을 세분화하며 역할을 나누고 자본의 규모를 늘리게 된다. 이 과정에 지배 카르텔이 '돈을 넣고 돈을 튀긴 일'은 물론이다. 노무현 정부 때부터는 대규모 사모펀드 및 금융자본의 활동이 매우 활성화된다. '검은 머리 외국인'만이 아닌 미국 유학파, 미국 금융기업 출신들이 나서고, 이에 질세라 국내 금융기업 출신들도 합류한다. 금융자본 전성시대가 열린다. 이에는 지배 카르텔 내의 부모세대의 혈연, 지연, 학연 등이 작동한다. 박태준 전 총리의 사위인 미국 금융투자기업 출신인 김병주가 2005년 MBK파트너스를 설립했다. 그는 2019년 포브스코리아의 한국

50대 부자 순위에 재산 1조7661억 원을 보유해 23위에 올랐다. 이학수 전 삼성그룹 부회장의 두 아들도 사모펀드 업계에서 활동하고 있다. 이명박과 이상득이 집권 기간 사익을 챙겨 법적 처벌을 받은 것 외에, 이명박의 형 이상득의 아들, 최시중 전 방송통신위원장의 양아들은 이명박 정부 때 맥쿼리의 민자 건설 등 많은 사건에 연루되었다. 이렇게 전통적인 제조업 기반의 재벌들의 시대를 대신하여, '돈 놓고 돈 버는 금융자본' 시대에 정치인, 관료, 법조, 언론, 종교, 학계, 전문가 집단(회계사, 변리사, 세무사, 의사, 약사 등) 등이 뛰어들지 않으면 오히려 이상한 일이다. 재벌 역시 '큰손' 역할을 수행하며 각종 방법들을 익혔다. 이는 박근혜 정부-문재인 정부에서도 반복되었다. 예를 들어 다음 기사를 보자.

"장하성 재산 93억 원, '소액주주 권리 찾기' 힘써 왔는데…"
장하성 청와대 정책실장이 청와대 참모진들 가운데 가장 많은 93억1,962만 원의 재산을 신고했다. 25일 정부공직자윤리위원회가 공개한 재산등록사항(5월 30일 기준)에 따르면, 장 실장은 본인 소유 주식 규모가 47억가량 되고, 배우자의 주식 보유 금액은 6억2,963만 원이다. 예금은 장 실장 본인이 2억8,000만 원, 배우자가 18억7,000여만 원을 갖고 있다. 부동산은 서울 송파구 잠실동의 주거용 아파트(11억 원)와 경기도 가평군의 단독주택(1억9,800만 원)을 보유한 것으로 나타났다. 1998년부터 국내 최초로 소액주주 권리 찾기 운동에 나서고, 재벌 중심 한국경제 비판에 목소리를 내며 '재벌 저격수'로 불려온 그는 청와대 참모가 된 후 주식보유 내역이 알려지며 따가운 시선을 받기도 했다.(출처. 동아일보. 2017.8.25.)

한편 김대중 정부에서 금융감독위원회 위원장과 재경부 장관을 지낸 이헌재는 퇴직 후 김앤장에서 일을 한다(이후 노무현 정부에서 재경부장관 겸 부총리로 다시 발탁된다). 그리고 회전문 인사가 본격화된다. 김앤장에는 행정부 및 산하 기관, 국회, 청와대 출신 등이 많다. 다음은 기사 중 일부이다.

"김앤장은 또 하나의 정부"
"예컨대 공정거래팀에는 공정거래위원회(공정위) 출신 고문과 위원이 적어도 50명 넘게 있다. 작은 공정위다. 10~20년 일한 OB(Old Boy·업계 선배)들이 몇십 명 있다. 만약 공정위가 어떤 사건을 맡더라도 이 50명 중 한 명은 해당 사건의 담당자와 막역하다. 로비라고 할 것도 없다. 이미 친했던 사이라 불법적인 청탁마저 무의미해지는 것"이라며 "공정위 담당 사무관이 특정 사건을 A로 인지하는지 B로 인지하는지에 따라 죄의 중함이 달라진다. 여기에

추가 조사 여부 및 외부 공개 여부 등도 달라진다. 이 모든 게 관계만으로도 해결 가능하다는 것"이라고 전했다. (중략) "금융팀에는 규제를 담당하는 팀이 따로 있다. 여기에는 금융위원회·금감원 출신이 거의 100명 가까이 있다. 어느 팀이든 장차관급뿐만 아니라 과장이나 국장급, 주무관(7급)에서 시작해 사무관으로 끝난 실무형 공무원 출신이 최소 3명의 세트를 이뤄 포진해 있다. 중앙부처가 아니더라도 처나 청 단위 조직, 국회 사무처 출신 인재도 있다. 사실상 김앤장이라는 울타리 안에 입법부와 행정부, 사법부 등 대한민국의 작은 정부가 또 하나 존재하고 있다고 보면 된다"고 밝혔다(이하 생략). (출처. 시사저널. 2018.11.09.)

이렇게 행정부 및 산하 기관, 국회, 청와대 출신 등은 돈을 벌다가 다시 공직을 맡는다. 돈 버는 방법을 그들만의 리그에서 충분히 익힌다. 따라서 예전처럼 재벌에게 받는 '떡고물'에 의존하지 않는다. 이 과정에서 법조계의 힘이 커진다. 회전문 인사의 주된 수혜자이기도 하고, 재벌의 불법 탈법은 물론, '돈을 둘러싼 각종 소송 내용'을 법조계가 알고, 지배 카르텔 내의 온갖 추문을 '정보 획득'하기 때문이다. 특히 검찰의 힘이 커진다. 이른바 '반부패 부서'의 힘이 커진다. '정보' 및 수사권, 기소권을 가지고 있으니 당연하다. 또 앞서 언급한 대로 정치권 스스로가 고소 고발을 남발하니 이 또한 좋은 일이다. 선거법과 정치자금법 위반에 대한 판단 권한도 가지고 있으니 금상첨화이다. 국정원, 기무사 등이 사라진 상황에서 검찰은 독립 권력을 가지게 되었고, 이를 지탱하는 재정 기반을 갖게 되었다. 이것이 검찰 스스로 또 법조계를 주축으로 하여, 카르텔 내의 힘들을 동원하여 '대통령 권력'을 직접 노리게 된 배경이다.

33 윤석열은 취임 이후 한동훈을 법무부장관으로 임명했고, 한동훈은 장관 겸 검찰총장 겸 민정수석의 역할을 하며 검찰 인사를 주도했다. 또 고교-대학 후배인 판사-변호사 출신 이상민을 행정안전부 장관으로 임명하여 경찰국을 설치하는 등 경찰을 장악하고 있다. 금감위원장도 검사 출신을, 공정거래위원장에 사법연수원 동기인 서울대 로스쿨 교수를 임명했다. 국정원 기획조정실장, 국무총리 비서실장에 검사 출신을 임명했다. 청문회를 거치지 않고 국세청장을 임명한 것을 제외하면 이른바 모든 중요 권력 기관들을 법조계 인물들로 채웠다. 여야 정치권, 관료, 재벌, 언론 등에 대한 견제와 통제의 의도가 드러났다. 이를 통해 권력 기반을 강화하려 한다. 그러나 이런 의도가 언제까지 관철될지는 의문이다. 대중의 삶이 급격히 악화되고 있고, 이에 대한 문제 해결의 의지가 없는 상황에서는 반드시 '정치 투쟁'이 격화될 것이기 때문이다. 이는 또한 지배 카르텔 내에서의 상호 갈등을 불러 일으키기 때

문이다. 한편 외교 문제에서 윤석열은 미국, 일본에 대한 치우침이 도를 넘고 있는데, 이 또한 큰 갈등 가능성이 있다.

34 민주당 개혁파, 진보정당, 시민사회단체에서 정책을 고민하는 이들을 위해, 필자가 준비한 다음의 3가지 정책을 제안한다. 발상에 도움이 되기를 바란다. (2012년 창비에서 발간된 고 김석철 교수의 '한반도 그랜드 디자인'과 같은 발상이 진보 정치에 필요하기 때문이다)

1. '나도 자연인이다'
"시골에서 주 30시간 일하고 월 180만 원 벌어 마음 편히 살자!"
"1년에 1백만 명씩 시골로!"
"도시가 아니라 시골이 희망이다!"

　1) 대상
　45세-55세 명퇴 고민 층, 55세-65세 부부, 20-35세 청년 실업자, 창업 희망자.

　2) 상황
　① 도시 중산층(노동자, 자영업자, 전문직)의 본격 몰락과 불안 심리가 매우 큼. 고령화 사회는 되는 데 미래가 불안함. 모아 놓은 돈은 없음. 도시에서는 각박하게 살 수밖에 없음. 청년들은 구조적인 산업정책과 고용 조건 때문에 실업 및 비정규직, 저임금에 시달릴 수밖에 없음.
　② 현재까지의 국가정책으로는 해답 없이 도시에서 무한경쟁 체제에서 버틸 수밖에 없음. 정치인 누구도 담대한 사회경제 시스템의 변화를 주장하지 않고 있음. 또 대중은 기본소득에 대한 반향이 크지 않음. 액수가 적은 것도 이유이고 현실성에 대한 의문도 큼. 무상급식처럼 의제가 되기에는 넘어야 할 고비가 많음. 또 대중은 '내가 일해서 벌수 있으면 좋겠다'는 생각이 매우 강함. 따라서 이들을 움직일 수 있는 의제 설정이 필요함.
　3) 정책 구성
　① 시골의 국공유지를 30-50년 초저금리로 임대를 해준다. 여기에 공동 주택단지를 짓는다(또는 헌 집을 리모델링 하는 방안도 병행한다). 주택은 신재생에너지를 이용하여 친환경으로 짓는다. 건축 비용은 도시에서 이주하는 개인들이 낸다. 주택에 대한 소

유권은 개인이, 토지권은 국가(또는 지자체)가 갖는다. 주택에 대한 매매와 임대에 대해서는 별도로 법률로 정한다(북유럽, 서유럽, 중국, 베트남 등의 사례 원용). 한편 장기공공임대주택을 짓는 방안도 가능하다.

공동 주택단지의 주민들이 공동 작목반이나 협동조합을 만든다. 이들에 대한 농어업 지도는 농촌지도소 등 정부 기관이 맡는다. 국공유지인 논, 밭, 임야를 저렴하게 빌려준다. 이를 빌려 작목반과 협동조합이 공동생산을 한다. 이 과정까지 전국의 농산어촌으로 분류되는 지자체는 반대할 이유가 없다. 현재 인구가 줄어들어 골치 아프고, 지자체의 존립이 문제가 되고 있기 때문이다. 또 예산은 중앙정부의 각 부처를 통해 지자체로 내려가는 예산을 효율적으로 재배치하면 충분하다. 귀농한 사람들은 주 30시간을 일하고 월 180만 원을 벌 수 있도록 해야 한다. 도시 비정규노동자의 평균급여가 2021년 176만 원이다. 노동시간은 선진국형으로 하고, 월 소득이 적지만 시골 생활은 돈을 많이 쓰는 구조는 아니다. 도시에서 괴롭게 일하며 버틸 것인가? 아니면 시골에서 즐겁게 일하며 돈과 물질을 적게 쓰며 행복하게 살 것인가? 삶의 질과 마인드의 변화는 충분히 가능하다.

② 공동생산을 위한 국가의 계획수립과 집행과정에서의 지도 지원이 매우 중요하다. 매년 벌어지는 농수산물 파동의 한 축은 국가의 계획 없이 소생산자인 농어민에게 생산을 자유롭게 맡긴(시장에 맡긴) 문제도 또한 크다. 박근혜-문재인 정부의 생색내기식 스마트팜이 아닌, IT 결합형 농업 임업 축산업 수산업 식품가공업 등은 충분히 가능하다. 동시에 생산물에 대한 유통은 '한국농수산식품유통공사 aT'와 가락시장을 비롯한 전국의 32개 공영도매시장과 연계하여 진행하면 된다. 생산물은 식량 자급률을 높이는 품목들이어야 하고 친환경 유기농이어야 한다. 최대한 '토종 씨앗'을 활용해야 한다. 유통에는 저장 시설이 포함되고, 판매 및 소비까지 원스톱 시스템을 구축할 수 있다. 이는 이미 산재한 국가 및 지자체 예산이 투입된 시설들을 종합하여 관리 운영하면 가능하다. 또 학교, 군경, 공무원 급식, 저소득층 등 공공 급식과 연계할 수 있다. 또 기존의 생협, 농협, 우체국 택배 시스템과 연계하여 민간 대자본의 시장점유율을 대폭 줄여나갈 수 있다. 이를 통해 제대로 된 생산비 보전과 안정적인 농산물 가격 형성이 가능하다.

③ 기본적으로 농산어촌에 일자리가 많이 생긴다. 공공 일자리는 귀농 상담부터 주택-에너지-생산-유통-마을의 유지에 들어가는 인력이 필요하며, 학교, 병원, 교통, 문화 시설 관련 일자리가 또한 그러하다. 청년들은 창업 기회가 많이 생긴다. 농산어촌으로 분류되는 현재의 지자체들 중 시군청 소재지나 큰 읍면에는 기반시설이 어느 정도 되

어 있다. 대부분 학교의 시설은 오히려 수도권보다 훨씬 낫다. 병원-보건소와 문화시설, 교통문제만 해결하면 활기찬 마을 만들기는 기본적으로 가능하다. 사람이 안 살아서 그렇지 살기 시작하면 문제는 없다.

④ 서울 등 대도시의 도시 문제를 해결할 수 있다. 비싼 주택문제, 과잉 교육문제, 저임금-장시간 노동-비정규직-자영업의 과잉, 저출산 고령화 문제 등을 종합적으로 해결하는 기초를 마련할 수 있다.

⑤ 60년 넘게 진행되어 온 농산어촌 분해-농수산업 몰락-도시빈민 증가-도시노동자 형성-대기업 육성과 중심의 수출주도형 경제체제- 이에 기초한 소수 특권층 체제의 구축이라는 기본 골격을 바꿀 수 있는 토대가 마련된다. 도농 간 문제의 해결이 시작된다.

⑥ 신 산업군이 형성된다. 전자 철강 자동차 석유화학 중공업 통신 등 주력 산업군의 국제경쟁력은 이미 종말이 왔거나 오고 있다. 새로운 산업군을 만들어야 하는 데 아무도 꺼내지 못하고 있다. 관료들은 과거 회귀성이 강하고 기존 재벌에 포획되어 있다. 지배 카르텔이 주장하는 '4차 산업 혁명'과 AI, 빅 데이터, 메타버스, 플랫폼 등은 노동자, 인간의 행복과는 거리가 멀다. 농수산업이 미래산업이다. 식량 위기는 곧 심각해진다. 이는 전 세계에서 공통으로 받아들여지고 있다. 한국에서도 현재 투자처를 찾지 못하고 있는 자본들도 관심을 가질 수밖에 없는 분야이다. 한국의 지정학적 위치상 일본, 중국, 동남아시아, 중앙아시아에서의 한국산에 대한 수요는 매우 커질 수 있다. 철도를 통해 유럽으로의 진출도 가능하다. 남북 협력을 통한 상생 발전도 가능하다. 네덜란드 꽃 산업을 부러워할 필요 없다. 지정학적으로는 우리가 훨씬 유리하다.

4) 정책 의미
농산어촌의 기초는 생산과 생활 공동체로 두고, 유통의 큰 뼈대는 기존 공영도매시장, 국가유통공사와 우체국 택배를 연계하여 잡고, 활동 분야에서 민간 자본을 활용하여 기업군(群)으로 육성하고 제대로 된 산업군으로 육성하는 것이다.

1년에 1백만 명이 시골로 간다. 가능하다. 이제까지처럼 무조건 개인과 시장에 맡겨 해결되지 않는다. 국가가 지자체와 연계하고 각 부처에 흩어진 기능을 종합하여 한국 사회를 '리빌딩'하는 것이다. 5년간 500만 명이 이동하면 한국 현대사를 새롭게 써나갈 수 있다. 저출산 고령화 문제, 7포 세대라는 청년들의 문제, 구조적 과잉인 자영업자 수의 문제, 비정규직 양산으로 인한 각종 문제 등을 해결할 수 있다. 생태사회의 토대를 만들 수 있다.

2. 국제분업과 연대, 평화통일의 토대 만들기

9988이라는 말이 있다. 중소기업의 수가 99%이며(대기업은 1%) 중소기업 노동자 수가 88%(대기업은 12%)라는 말이다. 즉 중소기업이 한국에서는 대부분이라는 말이다. 한국에서는 젊은 층이 소위 3D 업종에 종사하지 않는다. 이는 벌써 20년 넘은 사회현실이다. 이 때문에 16개국으로부터(한국 노동부와 정식 MOU를 맺은 나라임) 약 1백20만 명(구체 숫자는 코로나로 인해 변동이 있음) 노동자들이 들어와 있다. 국제결혼을 한 사람은 20만 명이다. 이 숫자를 노동 인력은 4백만 명으로, 다문화가정은 1백만 명으로 늘려야 한다. 즉 현재 한국 인구의 10%이다. 유럽, 캐나다, 호주 등처럼 개방형 이민정책을 써야 한다. MOU를 더 늘려 실현할 수 있다(현재 우리 사회처럼 단지 저임금으로 부려먹고, 한국 노동자와 다른 처우를 하며, 심지어는 직장 선택의 자유도 주지 않으며, 임금을 떼먹고, 각종 산업재해에 노출시키는 방식은 안된다. 국가가 나서서 이런 일을 단연코 없애야 한다. 민주노총, 한국노총 등 노동자 조직도 이를 위해 적극 나서야 한다).

단 다른 나라들과는 근본적으로 다른 점이 있다. 산업적으로는 '직업훈련원'과 '중소기업진흥공단', '창업투자회사', 해외봉사단 등을 결합한 국가-자본-민간 협력 모델이다. 한국에는 '직업훈련원' 제도가 있었다. 70-80년대 각 산업의 기능공을 무수히 길러낸 제도이다. 지금은 산업인력공단이 관리하는 민간 위탁의 형태로 변화했다. 이 제도를 16개 나라에 한국 정부가 후원하여(현재 한국 정부는 개발도상국 특히 아시아에 다양한 후원을 하고 있다), 실제 건물을 짓고, 기자재를 지원하고, 강사를 파견하고, 제도 노하우를 전수하는 등, 해당 국가에서 산업 분야의 인력을 길러낼 수 있도록 체계적인 도움을 준다. 이 과정을 마친 사람 중 필요한 인력은 한국으로 데려와서 중소기업에 근무하게 하고, 현지에서 뛰어난 사람이나 한국근무에서 뛰어난 사람들이 자기 나라에서 '창업'을 하도록 지원하고 투자한다. 이를 연계하거나 사전 사후 관리와 한국기업과의 연계성장을 위해 '중소기업진흥공단'을 각 국과 협의하여 설치하고 긴밀히 운영하는 방안이다.

이렇게 하면 한국의 중소기업들은 인건비 문제 때문에 해외로 나가지 않고도 실질적으로 국제분업을 할 수 있게 되고, 이로 인해 국내의 중소기업 간 내수는 확장되며 중소기업의 위상은 높아지고 강소기업이 탄생할 수 있다. 한국과 연결되는 해당 국가들은 최소비용으로 자국의 산업을 일으킬 수 있으며, 자국의 과잉 노동력 문제를 해결할 수 있다. 과거 70-80년대에 일본이 한 것처럼 타국의 싼 인건비만 이용하고, 단물이 빠지면 철수하는 방식이 아닌(지금 한국인들이 세계 곳곳 특히 아시아에서 '제국주의적 행태'를 보이는 것은 잘 알려진 사실이다. '어글리 코리안'의 이미지를 더 이상 심으면 안 된다), 실제로 국가 간 국제분업을 하는 방안이다. 산업 분야는 사양산업만이 아닌 첨단산업도 충분히 가능하며 오히려 권장되어야 한다. 16개국의 나라와 실제적인 국제분업을 갖게 되고, 산업적으로 긴밀해지고, '사람들' 5백만 명이 한국에 들어와 살게 되고 또 한국인들이 16개 나라에 나가서 살게 되면, 이는 경제만이 아닌 정치 외교 군사적인 면에서도 대단히 유익한 상황이 된다.

중국의 예를 들면 이미 중국에 진출한 한국기업들에 16개국의 노동자들을 훈련시켜 진출할 경우, 국내 및 중국에 많은 한국 우호세력을 갖게 된다. 이는 결과적으로 남북 간의 긴장을 완화하게 하고, 전쟁이나 대결은 어렵게 만드는 실제적이고 힘 있는 무기가 된다. 북한에도 유사한 방식으로 '제3국인'들이 들어가 살게 되면, 이는 경제적인 면에서는 통일의 효과를 상당 부분 볼 수 있고, 실제적인 평화통일의 초석이 되리라 생각한다. 또 장기적으로는 중국의 동북 및 산동 지역을 주축으로 해서 남북 중심의 경제권 형성이 가시화될 수도 있고, 이를 토대로 16개국과의 관련성이 긴밀해질수록, 통일 전후로 한국의 국제적인 위상을 만드는데 기여하는 정책이 되리라 생각한다. '16개 나라가 한국을 지지할 수밖에 없는 물적 토대의 구축' 이것이 중요하다. 알다시피 한반도는 역사상 항상 개방적일 때가 그 위력이 컸다. '단일민족' 개념은 개념상으로만 존재하지, 사실은 그렇지 않음을 잘 알고 있으리라 생각한다(이미 한국에서 태어나는 신생아 100명 중 5명이 다문화가정의 아이다). 토목사업비 중 일부만 투자해도 앞에서 언급한 일을 통해 상당한 성과를 낼 수 있다.

한국은 여러 가지 이유로 급속하게 초고령화 사회가 되고 있다. 반면 불평등과 양극화의 근본 원인인 산업구조의 재조정과 새로운 산업군의 형성 및 정착에는 앞에서 말한 방향으로 가더라도 시간이 걸릴 것이다. 그렇다면 그동안 우리 젊은 세대들은 어떤 삶을 살아야 하는가의 문제가 남는다. 국내에서의 취업 및 창업은 현재로써는 매우 어렵다. 이미 20년간 증명이 되었다. 그렇다면 해외로 나가야 한다. 즉 앞서 말한 개방국가로의 전환과 동시에 젊은 세대(중장년도 가능하다)의 일자리를 그와 연계하여 창출해야 한다.

현재 국외교포의 수가 대략 750만 명이다. 불행했던 근대사로 인해 이주할 수밖에 없었던 중국에 200만, 독립국가연합에 53만, 일본에 250만을 제외하면, 미국 200만, 캐나다 10만, 유럽 11만, 중남미 11만, 기타 등, 약 250만 명은 60년대 이후의 경제 이민이라고 볼 수 있다. 즉 의식적인 이민이 약 250만 명이고, 최근 20년간 한국기업의 해외 진출이 가속화되면서 주재원으로 나가 있거나, 실거주지는 해외이고 한국을 잠깐씩 다녀가는 이들의 숫자도 꽤 될 것으로 생각한다. 한국은 섬나라이다. 비행기를 타지 않으면 다른 나라에 갈 수가 없다. 남북 간의 철도, 도로 연결은 매우 중요한 문제이다. 철도와 도로를 통해 중국, 러시아, 중앙아시아, 동남아시아, 유럽으로 연결되는 것은 우리 젊은 세대에 새로운 시대를 열어줄 것이다. 그래서 특히 러시아-북한-남한에 이르는 가스 파이프라인의 연결문제와 중국-북한 경계지역의 한국 참여 문제, 남북 경협 등이 매우 중요한 시점이다.

우리는 통일을 위한 실제적인 방식에 대해 더 치열하게 고민을 해야 하고, 통일이 갖는 당대의 삶의 의미와 형태, 내용만이 아니고, 통일 후 차세대들의 삶에 대해서도 최대한 지혜를 모아 내다보아야 한다. 현재 정전협정을 평화협정으로 바꾸고, 남북의 평화공존 및 교류 협력, 점진적인 통일방안은 한국 사회 전반에 받아들여지고 있는 기조이긴 하나, 실제 분단 문제의 해결을 위한 물적 토대의 변화를 어떻게 만들어 낼 것인가와 이에 연관된 정치 외교적인 움직임을 어떻게 비가역적인 방식으로 획득해 나갈 것인지에 대해 준비를 해야 한다. 남북 및 4강 체제 소위 6자 관계를 기본으로 놓고, 정치 외교 군사적인 관점에서 어떻게 통일을 해나갈 수 있을까 하는 오래된 관점 및 정책은 이제 수정되어야 한다. 실제로 남북한이 주도적으로 나서고 관련국들이 이를 반대하지 못하도록 하는 정책은 일시에 만들어지지 않는다. 실제적인 통일이 가능하도록 하는 실천방안을 마련해내야 한다. 6자만이 아닌 16개국을 우리 편으로 만들어야 한다. 그래야 남북이 주도적으로 문제 해결을 하는 상황을 만들어 낼 수 있다. 통일은 앞으로 남북의 젊은 세대들이 다른 나라에 가서 사는 문제와 다른 나라 젊은이들이 한반도에 들어와서 사는 문제도 포함하여 검토하여야 한다. 현재 미, 일, 중, 러 사이에 끼어 있는 남북이 현재의 국가 능력으로 미래를 준비하는 하나의 방안이 될 수 있다고 생각한다. 윤석열 정부의 미국-일본으로의 급격한 무게중심 이동에 맞서는 방안으로도 의미가 있다.

정리하면 요점은 다음과 같다.

첫째, 글로벌 네트워크를 가진 중소기업 육성으로 인한 국내외 일자리 창출.

둘째, 16개국과 동반성장으로 인한 경제 강국의 새로운 모델 제시(10대 경제대국으로서 '제국주의적'이지 않은 '선린 호혜'의 방식을 국제사회에 제출함).

셋째, 통일의 실제적인 물적 토대 준비 및 정치 외교력의 강화.

넷째, 한국 내 여러 문제 해결에 직접적인 도움이 됨.

3. "한국에는 밥 굶는 사람이 없습니다"
- 함께 나누는 사람들이 있기 때문입니다

1) 개념: 공공 급식

① 기존의 초중고 학생들을 위한 무상급식을 빈곤층으로 확대한 것임

- '송파 세모녀 사건'이 다시는 일어나지 않도록 노력하겠다는 정책.
  유사 사건이 지금도 전국에서 계속 일어나고 있음(서초 발달장애인 모친사망 사건 등).
- 가난한 어르신, 실업자, 청년, 비수급 빈곤 가구 등을 대상으로 함.
  기존의 복지서비스가 기초생활수급자에게 주로 맞추어져 있는 현실을 넘어서 기초
  생활 수급자가 아닌 빈곤층 전체로 확대함. 국민기본생활권 중 하나임. 특히 청년층
  에 소구력이 큼. 청년들이 밥 먹는 문제가 매우 심각하기 때문임.

② 보편적 복지를 지향하지만 실제로는 선별적 복지 측면도 있음.

- 누구나 와서 무료로 먹을 수 있다: 보편적 복지.
  돈 있는 사람은 오지 않을 것임. 와도 돈을 내거나 상응하는 대가를 치를 것임: 선별
  적 복지 측면.

③ 시민참여형 복지 서비스

- 정부, 지자체(관청)만이 아닌 '문제 해결을 위한 시민들의 연대' 활동으로 기획 가능.
  '우리 사회문제를 우리가 함께 해결하자'는 취지의 운동이 됨.

2) 구성

① 기본 활동 주체와 역할

- 기초지자체 예산 투입, 지자체 및 산하 기관 시설을 식당 공간으로 활용. 기본 활동을
  관리함. 한편 접근성 좋은 민간 시설을(종교시설 등) 자원 받아 식당 공간으로 활용.
- 광역지자체가 운영하는 친환경급식센터와 연결하여 기본 재료 수급 운영.
- 곡류, 장류 등 기초 재료들은 농산어촌 지자체와 거래를 통해 도농 상생 모델을 만듦.
- 공영도매시장 상인들, 도시 텃밭 참여자들 등 시민들의 식재료 기부, 현금 기부받음.
- 식재료 취합 및 운송, 가공, 후처리, 공간 관리 등을 위한 사회적 기업 창업 지원. 기
  업 경험 있는 중장년 은퇴자+청년들로 구성하여 일자리 창출. 주메뉴인 밥, 국(찌
  개)을 만들어 공간에 제공. 재료 준비부터 쓰레기 수거까지 전 과정.

② 제휴 활동 주체와 역할

- 떡, 빵, 도시락 등은 기존 기업들과 제휴(유무상 가능할 것임. 비영리/영리 기업 등).
  규모가 커지면 각 지자체마다 독립적인 사회적 기업 창업 지원

3) 기본 운영 계획

① 사업 초기 모델은 1일 1만끼 제공을 기준으로 설계. 성장에 따라 규모 늘림.

- 2021년 군 장병 급식 기준. 1인 1일 3끼 8,790원. 1끼 기준을 3,000원으로 잡음.

월: 1일 1만 끼* 3천원*30일=월 9억원

년: 9억*12개월=연 108억원

운영비를 10%(12억) 잡으면 연 예산 총 120억원. 100곳이면 1조 2천억 원. 예산은 기초지자체 예산을 기본으로 하되, 민간 참여를 유도함. 민간은 지자체 내 각종 종교기관, 시민사회단체, 상공회의소, 향우회 등 다양할 것. 민간 참여가 활성화될수록 사업 대상자 숫자가 늘어나고, 급식 질이 높아질 것임.

- 주 7일 아침, 점심, 저녁을 제공하는 것을 기본으로 하되, 지역별 장소를 접근성과 이용자 수를 예상하여 결정.

- 음식을(도시락, 김밥, 떡, 빵, 과일 등) 이용자가 가져가서 해결하는 방식도 도입.

4) 기대 효과

① 비수급 빈곤층에 대한 사회적 의제 형성.

이용자가 눈치 보지 않고 먹고 가져갈 수 있는 모델이기 때문.

- 기존의 무상급식(학생), 무상교복(학생), 산후조리원(임산부), 청년수당(청년)으로 국한되었던 복지 모델을 넘어섬. 특히 청년층 여론 좋을 것으로 예상함(사전 조사 결과).

② 시민참여형 모델이라는 점에서 큰 차별성이 있고, 사회적 울림을 형성할 수 있음. 시민들에게 '당대의 문제 해결을 위한 연대 활동의 필요성을 호소'할 수 있음. '저예산 사용과 시민참여'는 더 크게는 증세와 복지 관련 의제 등 향후 다른 프레임 투쟁에도 기여할 수 있는 정치적 자산이 됨.

③ 중앙·광역정부의 정책 우선순위를 변경해야 한다는 사회적 목소리를 형성할 수 있음.

④ 기본소득론자나 보편적 복지론자의 지지를 다 얻어낼 수 있음. 또 중도층에는 소구력이 있는 의제로 증명된 사안이므로 합리적 보수까지 포괄할 수 있음. 한편 기존 이재명 지사의 '경기도형'은 '범죄자 발생 방지'에 맞춰져 있었음. 이것과는 다름.

5) 검토 사항 및 기본 검토 결과

① 기 진행 중인 푸드 뱅크나 사회복지관련 기관들의 사업 관련 활동 현황 파악.

- 기존 지원이 기초생활수급자 중심으로 되어 있어 큰 문제가 없는 것으로 확인했으나, 지역에 따라 현황 재확인 필요함.

② 기존 식당들을 참여시키는 방안을 적극 고려할 필요 있음.

　　이 경우는 자영업 문제 해결에 도움이 될 수 있음. 한편 참여하지 않는 식당들과의 차별성 문제가 있으므로 관내 식당업의 현황 파악 후 정책 수립이 필요함. 하지만 1일 1만 끼는 시간대별 3,300끼이므로 권역별, 동별, 소지역별로 나누면 적은 숫자이고, 예상 이익률이 높지 않으므로 식당 주인 간 갈등 소지는 크지 않을 것으로 판단함.

6) 향후 결합 의제와 확대 방안

주거, 의료 등 생활 필수요소의 의제를 형성할 수 있음. "한국에는 집 때문에 우는 사람은 없습니다", 한국에는 돈이 없어 질병으로 고통받는 사람이 없습니다" 등.

- 국민기본생활 보장 수준을 점점 더 높여나가는 정책 방향 수립.

　주거비, 에너지비(전기, 가스 등), 의료비, 교통비, 통신비, 식비, 의류비, 문화활동비 등 생활 필수요소부터 시민참여형으로 공공화해나가는 정책을 수립함.

- "의료는 상품이 아닙니다" "문화는 상품이 아닙니다" "교육은 상품이 아닙니다" 등으로 표현 자체를 진일보시킬 수 있음. 북서유럽 모델임. 소위 선진국인 한국으로서는 당연히 해야 함.